다른 사람

신경 쓰지 않는 연습

큰글자책 1쇄 발행   2021년  8월  31일


도서명 [큰글자책] 다른 사람 신경 쓰지 않는 연습

지은이 정순규

펴낸이 유종열

펴낸곳 미다스북스

주소 서울 마포구 양화로 133 서교타워 711 호

전화 02-322-7802

팩스 02-6007-1845

전자우편 midasbooks@hanmail.net



공급 및 판매처
제작 : 부건애드
주문 : 한국출판협동조합 kbook.biz 플랫폼
전화 : 070-7119-1791, 070-7119-1789
팩스 : 02-716-6769

ISBN 978-89-6637-951-4
정가 28,000 원

다른 사람
신경 쓰지 않는 연습

지금 누구를 위해
살고 있나요?

정순규 지음

미다스북스

# 세상은 내게만 어렵고 힘든 걸까?

나는 자유로웠다. 혹은 자유롭지 못했다. 어린 시절에는 모든 것이 궁금했다. "왜?"라는 질문은 나를 가득 채우는 마법이었다. 나는 끊임없이 답을 원했다. 모르는 것을 알아가고 상상하는 것은 즐거움이었다. 상상이라는 세계에서 일어나는 일은 전부 기적이었고 설렘이었다. 그 속에서 나는 자유로웠다.

자아가 모습을 갖춰갈수록 답은 딱딱했다. 요지부동. 한곳에 앉아 움직이지 않았다. 아무리 힘을 주어도 꿈쩍도 안 하는 단단한 바위였다. 더 이상 상상할 여지는 없었다. 이런 일에는 이래야 하고, 저런 일에는 저래야 했다. 정답을 어기면 나는 나쁜 아이가 되었다. 어른들이 휘두르는 회초리가 매서웠다. 그 속에서 나는 자유롭지 못했다.

아이들을 가르치며 나는 그 순수함에 놀란다. 한 점의 악의도 없는 순수함. 웃고 싶을 때 웃고 울고 싶을 때 우는 솔직함. 아이들의 웃음은 어른의 마음을 한순간에 무너뜨린다. 며칠 전 수업 도중 아이의 조막만한 손등에 볼펜이 묻었다. 방금 전까지 하얀 이를 드러내며 방긋 웃던 아이가 "어, 볼펜 묻었다. 이거 잘 안 지워지는데…." 하더니 금세 닭똥 같은 눈물을 흘렸다.

"할머니, 나 손에 볼펜 묻었어."라며 쪼르르 할머니에게 달려갔다. "아이고, 그랬어? 괜찮아 금방 지워져. 이리 와봐." 아이는 할머니 손길에 흔적도 없이 깨끗해진 손등을 보고 기분이 좋아졌다. 반달눈으로 환하게 웃으며 다시 내게 온다. 발걸음이 신이 났다.

"조심해라, 넘어질라."

초코파이 입에 욱여넣고 대답할 때면 교재에 파편이 마구 튄다. 손으로 쓱쓱 문대고 책상 밑으로 떨군다. 우유에 과자를 적시고 손으로 박박 긁어먹는다. 간식 먹으며 손에 묻은 가루까지 쪽쪽 빨아먹는다. 몇 주 전까지만 해도 텅 빈 잇몸에 고드름 열리듯 앞니가 돋아났다. 어찌 휑할 때가 더 귀여워 보이긴 했지만, 축하한다.

우주가 궁금하고 무한이 궁금한 아이는 100까지 세는 것도 어렵지만 무한이 좋다. 마음이 부풀어 숨이 넘어갈 듯 신난다.

"선생님, 무한은 100보다 엄청 더 큰 수죠?"

"응, 그렇지."

아이들은 숫자가 클수록 좋다. 마음이 넓으니 보고 싶은 숫자도 크다. 덧셈, 뺄셈이 뭐가 중요하랴, 내가 들뜨는 숫자면 됐지.

"너 먹는 것만 봐도 배부르단다."

이렇게 말해도 한사코 "안 돼요. 선생님 먹어야 돼요."라며 내 손에 초콜릿을 쥐어준다. 초인종 누르고 들어서면 숨어서 내가 찾기를 기다린다. 숨죽인 아이의 낌새를 알아차려도 모른 척 놀란다. 첫 수업에 멀뚱히 나를 바라보더니 끝내 선생님이라고 안 하고 반말을 하던 아이. "너 왜 나한테 반말로 해? 나 몇 살이게?" 하고 웃겨서 물으면 배시시 미소 지으며 모른단다. 아무렴 어떤가. 나는 아이들의 가식 없는 순수함이 좋다.

대학 시절 중학생 멘토링을 할 때였다. 초등학교 졸업한 지 불과 1년이 좀 지난 중학교 2학년 아이들. 아이들의 자아는 서서히 자리를 갖춰가고 있었다. 한창 아이들의 몸속 호르몬들이 요동치며 반항기가 드러날 때다.

그리고 서서히 가치관이 자리를 잡을 때였다.

나는 나답게 살지 못했던 후회로 아이들을 찾았다. 이루 말할 수 없는 방황과 두려움의 근원을 알고 있었다. 그것은 남들의 기준에 나를 맞추고 나를 숨기며 살았던 답답함이었다. 그래서 나는 혹시라도 나와 비슷한 처지의 아이들이 있다면 도움을 주고 싶었다. 내 경험을 공유하고 싶었다.

아이들의 상황은 예전의 나와 별반 다르지 않았다. 어른들의 교육은 아이들의 상상력을 짓눌렀고 가능성을 재단했다. 같은 점이라고는 한군데도 없는 아이들은 비슷한 가치관, 비슷한 고정관념, 비슷한 압박감을 공유하고 있었다. 구체적으로 말하지 않아도 알 것이다. 우리 사회에는 '보통의 잣대'가 있다. 그것은 이 사회의 대다수를 이루는 그 평범함, 현실에 대한 기준, 삶의 경로이다.

하기 싫지만 해야 하고 이유는 모르지만 이해해야 하는 것들이 많다. 그것들을 이뤄야만 남들처럼 살 수 있고, 운이 좋으면 남들보다 앞서갈 수 있을 것이었다. 왜 그렇게 생각하는지 물어보면 "남들도 다 그러잖아요."라고 대답한다. 남들도 다 그렇게….

남들의 답이 내 답인 줄 알았다. 그래서 억지로 나를 무시하며 살았다. 때로는 무시당하며 살았다. 이상과 현실의 괴리감 속에서 마음은 병들고 자존감은 타들어 갔다. 남들처럼 살지 못할 때 좌절하게 되었다. 남들처럼 살아도 행복하지 않았다. 이러나저러나 헷갈리고 혼잡한 일상이었다.

내가 무너질 때 내 세상도 함께 무너졌다. 아들로서, 제자로서, 친구로서, 연인으로서, 그 외 사회에서 내가 맡은 모든 역할로서 무너졌다. 자존감은 삐걱대는 의자 위에 위태롭게 기대어 있었다. 의자는 곧 부러질 모양인데, 그럼 나는 이제 어떻게 해야 하는가.

사람 사는 모습이 비슷하다. 간판이 다르고 명함이 다를 뿐 겪어내는 일상이 다를 바가 없다. 비교와 경쟁이 화두인 세상에서 보이지 않는 마음은 애타게 분투하고 있다. 두려움, 분노, 죄책감, 열등감, 질투, 원망 등. 지친 마음은 때로 체념이라는 길을 택한다. 기대도 없고 설렘도 없는 체념, 또는 포기를 하게 되는 것이다.

내면이 망가질 때 외면도 망가진다. 우리가 겪는 대부분의 문제는 무너진 마음에서 비롯된 것이다. 그런데 도대체 왜? 언제부터? 어떻게? 대부분 이런 질문에 대한 대답을 미룬다. 괴롭고 어렵고 귀찮기 때문이다. 차라리 안주하고 말자는 쪽으로 기운다. 사실 그럭저럭 살 만하니까. 그런데 안주함은 때로 무섭다.

나는 그간 처절한 방황과 고뇌로부터 많은 생각을 거쳤다. 시행착오가 많았다. 그 순간들의 기억이 결국 나를 편안하게 만들어주었다. 나는 요새 비슷한 고민을 하는 주변인들을 자주 본다. 드러내지 않아도 보이는 마음들을 느낀다. 쉽게 말하기 힘든 것을 안다. 나는 자만이 아니라 겸손으로 그들에게 이 글을 바친다. 그리고 나에게 바친다. 나답게 살지 못해 괴로운 영혼들에게 조금이나마 도움이 될 수 있기를 바라며.

# contents

다른 사람 신경 쓰지 않는 연습

## 1장

나는 지금껏 정말 「나」로 살았을까?

# 왜 마음이 쓸쓸하고 공허할까?

인생에서 최고의 행복은 우리가 사랑받고 있음을 확신하는 것이다.

– 빅토르 위고(Victor Hugo)

## 특별한 듯 특별하지 않은 우리

그럴 때가 있다. 많은 사람들 틈에 섞여 있어도 외로울 때, 신나는 음악을 들어도 눈물이 나올 때, 성취감을 맛보고서도 금세 초라해질 때, 세상이라는 바다에 나 혼자 표류하는 것 같을 때, 남들은 다 잘 사는데 나 혼자만 동떨어져 있다고 느낄 때, 나는 아무것도 가진 것이 없다고 느껴질 때…. 그럴 때면 젖은 안개처럼 낮게 가라앉은 마음이 쉽게 고개를 들지 않는다.

우리는 자존감의 시대에 살고 있다. 자존감은 이 시대의 요구다. 처절

**17**

한 갈구의 대상이다. 너도 나도 자존감을 찾아 한 번도 가보지 못한 곳으로 여행을 떠난다. 그 여정은 굉장히 낯설고 생각보다 어렵다. 각자 그 누구도 해내지 못한 최초의 시도를 한다. 바로 '나'라는 목적지를 향해서.

서점에 가보면 자존감에 대한 서적이 즐비하다. 책도 하나의 상품이다. 수요가 없으면 공급도 없다. 이토록 많은 책이 나오는 이유는 자명하다. 많은 사람들이 자존감에 대해 알고 싶어 하기 때문이다. 또한 스스로 존중하고 싶기 때문이다. 그런 것을 보면 기술이 날로 발전하여 점점 살기는 편해지는데, 살기 좋은 세상은 아닌가 보다.

나 역시 마찬가지였다. 나를 잊고 살다 보니 결국 큰 좌절과 방황을 겪게 되었다. 열등감, 분노, 원망, 두려움 같은 것이 나를 휘감았다. 제정신이 아니었다. 무엇 하나 올바르게 판단할 수 없었다. 나에게 희망은 없다고 느꼈다. 겉으로 괜찮은 척했지만 속으로는 뜨겁게 소리쳤다. 마음이 망가지니 몸도 함께 망가졌다. 용기가 없어 차마 죽음을 선택하지 못할 지경에 이르자 비로소 나는 질문하기 시작했다. 살아야 했기에 질문했다. 나는 '나'라는 존재를 알아야 했다.

우리는 모두 특별하게 태어났다. '둘도 없는 귀한 내 아들, 내 딸'이란 수식어는 우리의 또 다른 이름이었다. 세상은 우리의 존재를 환영했다. 똘망똘망한 눈에 보이는 모든 것이 궁금했다. 어린 시절의 질문은 숨처럼 잦았다. 옹알거리는 혀는 끊임없이 무언가를 창조해냈다. '엄마, 아빠'를 외쳤을 때 세상은 환호했다. 세상은 '너는 분명 크게 될 거야, 너는 무엇이든 될 수 있어.'라며 독려했다. 들뜬 마음은 마음껏 상상했다. 상상력은 놀이 그 자체였다.

각기 다른 가지를 타고 내려온 아이들은 금세 하나의 줄기로 나아간다. 그리고 곧 크게 된다는, 무엇이든 될 수 있다는 의미가 굉장히 제한적이라는 것을 깨닫는다. 자아가 제자리를 잡아갈 때쯤 우리는 올바른 인생과 성공한 삶, 비교와 경쟁에 대하여 혹독하게 교육받는다. '사회의 기준'이라는 나무는 우리의 상상력에 뿌리내린다. 그리고 물을 빨아들이듯 우리의 상상력을 빨아들인다.

우리를 응원하던 목소리는 입을 닫고 우리를 매정하게 채찍질한다. 앞으로 나아가 남들을 앞지르라며. 학창 시절 친구들은 친구 그 이상의 존재다. 친구라서 함께 일상을 나누고 추억을 나눌 수 있어 좋지만 동시에 이겨내야 하는 대상이라 가슴 아프다. 얼마나 많은 아이들이 순수함을 잃고 사람을 숫자로 보고 있을까. 시험때가 되면 내 점수만큼이나 남의 점수도 관심거리였다.

학생은 좋은 성적을 받아야 한다. 좋은 성적을 받으면 좋은 대학에 갈 수 있다. 좋은 대학에 가면 좋은 기업에 취업할 수 있다. 좋은 곳에 취업하면 높은 연봉을 받을 수 있다. 차곡차곡 돈을 모아 집을 산다. 집을 사고 결혼을 한다. 아이들을 낳고 가족을 위해 산다. 동시에 노후를 준비한다. 어느 정도 회사를 다니다가 은퇴한다. 이것이 많은 사람들이 정답이라고 주장하는 삶의 경로다. 특별하게 세상에 태어난 사람들이 특별할 것 없는 삶을 택한다. 나는 궁금했다. 정답이라고 주장하면 정답이 되는 걸까?

비록 일찍 우회했지만 사실 따지고 보면 나는 정답에 가까운 삶을 살았다. 학창 시절 내 일과는 학교와 학원뿐이었다. 가장 큰 관심사는 학교 성적이었다. 물론 내가 원한 것은 아니었다. 말하자면 불안했고 두려웠기에 관심을 쏟을 수밖에 없었다. 어른들의 협박 아닌 협박이 무서웠다. 나는 좋은 대학을 가지 못하면 크게 실패하는 줄로만 알았다. 그래서 나는 공부를 열심히 했고 성과도 나쁘지 않았다. 특출하지는 않았지만 나름 만족스러웠다. 흥미가 없어도 능숙해지니 때로는 재미가 있었다. 가끔은 공부가 적성이라고 생각하기도 했다. 뭔가 배우는 것은 뿌듯한 일이었고 알아간다는 성취감이 좋았다. 그러나 나는 잘못된 목표의식을 갖고 있었다.

나는 오로지 대학 입학만을 목표로 공부했다. 좋은 대학은 내 인생의 끝이자 시작이라 여겼다. 억압된 삶의 끝이자 자유로운 삶의 시작이라고 믿었다. 대학 간판이 모든 것을 해결해줄 것이라고 생각했고 그렇게 배웠다. 그래서 많은 꿈들을 뒤로 미뤘다. '대학 들어가서 해도 돼, 좋은 대학만 들어가면 다 해결된다.'라는 말들은 많은 것을 포기하고 놓치게 만들었다. 친구들과의 추억이라든지, 사람을 소중히 여기는 법이라든지, 사랑하고 사랑받는 법 등. 그러나 그때는 그 사실조차 알지 못했다.

처음에는 한양대 공대에 입학했다. 적성에 안 맞아 자퇴하고 홍익대 산업디자인학과에 입학했다. 적응하지 못하고 학교에 안 나갔고 결국 제적당했다. 그리고 고려대 생명과학부에 입학했다. 주위에서 말했다. 너는 하고 싶은 것 다 하는 것 같다고. 실상을 모르고 하는 말이었지만 은근히 기분이 좋았다. 나를 인정해주는 듯한 느낌에 괜히 뿌듯했다. 하지만 나는 하고 싶은 것을 다 한 것이 아니었다. 그냥 수능 보고 수능 점수에 맞춰 학교를 갔을 뿐이었다.

사실 세 번째 학교도 처음에 공부가 재미없어 그만두고 싶었다. 하지만 슬슬 조급해졌다. 고등학교 졸업한 지 3년인데 아직도 1학년이라니. 엄청난 시간 낭비를 한 것처럼 느껴졌다. 하지만 다시 생각해보니 큰 문제는 아니었다. 이름 있는 대학 간판이 늦은 시작을 만회해주리라 믿었기 때문이다. 일단 당장은 놀고 내일의 일은 내일의 나에게 맡기기로 했다.

## 공허한 성취, 허무한 마음

나는 우여곡절 끝에 졸업했다. 대학생이 된 지 어언 10년 만에 졸업장을 받았다. 처음 대학교에 입학했을 때, 나보다 4학번 이른 선배들을 보며 '왜 아직도 학교에 있지?'라고 생각했다. 그런데 나는 졸업 전 마지막 수업에서 나보다 9학번 어린 친구들과 함께 강의를 들었다. 나는 학번을 공개하지 않고 조용히 수업을 듣다가 조용히 나왔다.

**21**

나는 10년 전 모든 것을 해결해줄 것이라 믿었던 대학 간판을 얻었다. 하지만 대학이 해결한 것은 아무것도 없었다. '고졸'을 '대졸'로 바꿔준 것뿐이었다. 10년간 '나는 뭘 해야 하지?'라는 질문을 달고 살았는데 단 한 번도 만족스러운 답이 나온 적이 없었다. 그래서 늘 대답을 뒤로 미뤘다. 고민해봐야 답이 안 나오니 머리만 아팠다. 언제든 골치 아픈 것은 미룰수록 좋았다. 당장은 편할 수 있기 때문이다.

남들이 인정하는 서울권의 대학을 갔다. 별것 아닌 성취에 자만하기도 했다. 그게 전부인 줄 알았으니 그럴 만도 했다. 하지만 그 이후의 삶에는 소홀했다. 사실 소홀할 수밖에 없었다. 나는 아는 것이 없었으니까. 어렵사리 졸업한 내 손에 남는 것은 졸업장뿐이었다. 신소재공학, 산업디자인, 생명과학을 전전했고 지금 나는 아이들을 가르친다. 공학도, 디자인도, 생명과학도 아닌 수학과 국어를 가르친다. 때로는 한자도 가르치고 사회와 과학도 가르친다. 또 이모티콘을 만들고 웹툰을 그리며 글을 쓴다.

나는 늘 공허했다. 열심히 살았다고 생각했는데 돌아보면 남는 것 하나 없었다. 허울뿐인 대학교에서 재미없는 공부를 했다. 억지로 했지, 신나서 한 것이 별로 없었다. 어쩌면 아예 없었다. 나는 더 이상 공부를 안 하려고 대학에 왔는데 알고 보니 더 어려운 공부를 해야 하는 곳이었다. 남들은 잘 적응해서 졸업하는 듯했다. 나만 이런 건가 싶어 외로워졌다. 별

탈 없이 사회에 적응하는 주위 사람들을 보며 쓸쓸했지만 따라가기는 영 마음이 내키지 않았다.

　다행히 나는 공허함의 이유를 알아냈다. 나는 '나'로 살지 않고 '남'으로 살았다. 그것은 나를 위한 삶이 아니었다. 나는 원래 하고 싶은 것이 많은 소년이었다. 화가, 카레이서, 과학자, 선생님, 만화가, 운동선수 등. 사실 나뿐만 아니라 많은 이가 그럴 것이다. 우리의 꿈과 상상력은 얼마나 무한했는가? 꾸밈없는 상상은 어린 날의 요술봉이었다. 우리는 그것으로 즐거웠고 행복했다.

　우리가 지금 하는 일은 우리의 가치를 높여주는가? 아니면 타인의 가치를 높여주는가? 내 시간을 스스로 통제할 수 없을 때 우리는 노예가 된다. 나름 자발적으로 살아왔다고 느끼지만 실상을 들여다보면 그렇지 못하다. 내가 가장 매몰차게 대했던 것은 바로 나 자신이었다. 내 욕망, 소망, 꿈, 행복, 자유 등 얼마나 많은 것을 폐품으로 여겨왔는지 생각해보기 시작했다.

# 나를 사랑해줄 사람 어디 없나요?

자신을 사랑하는 법을 아는 것이 가장 위대한 사랑입니다.
— 마이클 매서(Michael Masser)

## 나를 사랑해서 상처 주는 사람들

나는 외동아들로 자랐다. 많은 사람들이 "외동이면 외롭지 않니?"라고 물었다. 그 질문을 들으면 곧바로 대답이 나오지 않았다. 때로는 외롭기도, 때로는 외롭지 않기도 했다. 외로움이 단지 '혼자인 것'을 뜻한다면 나는 그렇지 않았다. 나는 혼자 있을 때도 잘 놀았다. 인형과도 잘 놀고 장난감과도 잘 놀았다. 자라면서는 컴퓨터로 잘 놀았다. 하지만 생각해보면 외로움이 정확히 어떤 감정인지 몰랐던 것 같다.

어릴 때는 친척 동생들과 신나게 놀고 헤어진 다음 날이 그렇게 쓸쓸했다. 동생들을 배웅하고 허전해진 거실을 보면 괜히 눈물이 났다. 하지만 또 하룻밤 자고 나면 괜찮아질 것이었다. 나에게는 엄마와 아빠, 아끼는 인형이 있었다. 서른 살이 넘어도 내가 반려견처럼 사랑하는 인형이 있다. 너구리 인형이다. 얼마 전에 엄마가 너구리를 세탁기에 넣고 빨아서 인형의 얼굴이 쭈글쭈글해졌다. 사실 이 인형은 나보다 나이가 많다. 너구리의 옛 주인은 지금 세상에 없다. 하늘나라에 있다.

내게는 형이 있었다. 형은 나를 못 봤다. 내가 태어나기 전에 교통사고로 외할머니와 함께 하나님 곁으로 갔다. 생각해보면 그때 우리 부모님은 지금의 내 나이쯤 된다. 사랑하는 엄마와 아들을 동시에 떠나보낸 아픔이 어땠을까. 감히 짐작하기 어렵다. 이따금 내가 느꼈던 나에 대한 엄마의 집착이 그런 슬픔으로부터 비롯된 것은 아닌가 생각한다. 짙은 원망들은 그렇게 점점 희미해진다.

형은 굉장히 온순한 아이라서 잘 울지도 않았다. 고모할머니는 형에게 너구리를 선물해주셨다. 엄마가 보여준 사진 속 형은 너구리를 꼭 품에 안고 있었다. 형이 그 인형을 참 좋아했다고 한다. 카메라를 빤히 올려다보는 눈빛이 나와는 사뭇 다르다.

나는 형과 달랐다. 잘 울고 온순하지도 않았다. 같은 점이 하나 있다면 너구리 인형을 그렇게 좋아한다는 것이었다. 나도 언제부터인지 기억도 안 날 무렵부터 너구리를 품에 꼭 끼고 살았다. 살짝 찌그러진 얼굴 모양이 마냥 귀여웠다. 품에 꼭 안으면 오동통한 부피감이 편안했다.

가족은 애증의 대상이다. 서로가 없으면 못 살지만 있어서 괴로울 때도 많다. 엄마와 아빠는 내게 그런 존재였다. 나는 부모님을 사랑했고 부모님도 나를 사랑했다. 하지만 우리는 서로 사랑하는 방법이 서툴렀다. 나도 아들로서 처음이고, 부모님 역시 엄마와 아빠로 처음인 삶을 산다. 그래서 서로에게 때로는 위로와 사랑이 되지만 때로는 상처가 되었다.

어린 시절 엄마는 내 전부였다. 하루 중 가장 많은 시간을 엄마와 보냈다. 그러다 보니 대부분의 사람이 그렇듯 나도 엄마의 영향을 많이 받았다. 엄마의 말투와 행동, 사고방식까지 흡수했다. 그것이 좋은지 나쁜지를 판단할 겨를이 없었고 물론 판단력도 없었다. 순수한 영혼은 스펀지처럼 엄마를 받아들였고 그것은 나의 일부가 되었다.

엄마는 몸도 마음도 약한 사람이었다. 늘 위장병을 달고 살았고 정신적으로도 건강하지 못했다. 많은 것이 엄마에게 스트레스였고 집착거리였다. 사람의 약한 마음은 건강하지 못한 방법으로 표출된다. 엄마도 그랬다. 나는 강요된 사랑을 배웠다. 엄마의 사랑은 조건이 필요했고, 그 조건은 엄마의 기준에 맞춰진 것이었다. 스스로 행복을 찾지 못한 사람은 바깥에서 행복을 찾으려 하는데, 그런 사람이 무언가를 강하게 통제할수록 그것은 점점 손아귀를 벗어난다. 물을 두 손으로 고이 받아두면 그대로 있지만 꽉 쥐면 손 틈 사이로 빠져나가는 것과 같은 이치다. 나의 영혼은 엄마의 통제 아래 점점 자유를 갈망하게 되었다.

머리 스타일이며, 옷이며, 행동 등 모든 것이 엄마 마음에 들어야 했고 내가 그렇게 살아야 평화가 유지됐다. 엄마가 화내고 짜증내는 모습이 싫었다. 하지만 그것이 싫어 결국 굴복해버리는 나도 싫었다. 누구도 만족시키지 못했다. 어릴 때는 친구와 다퉈도 다음 날이면 무슨 일이 있었냐는 듯 다시 편하게 지낸다. 바로 망각을 잘하기 때문이다. 그래서 당시 나는 엄마에 대한 불만도 망각하며 지냈다. 하지만 돌아보니 그것은 망각이 아니라 한편에 쌓아두고 있는 것으로, 곧 넘쳐흐를 것 같았다.

오래전의 일이 떠오른다. 기억 속에는 설거지를 하는 엄마의 뒷모습이 보인다. 그리고 아빠가 있다. 아빠는 나를 조용히 방으로 불렀다. 그리고 내 스케치북을 펼쳐 보이셨다. 스케치북에는 '엄마가 싫다.'라는 문장이 적혀 있었다. 아빠는 "네가 쓴 거야?"라고 내게 물었다. 혼나는 게 무서웠지만 나는 내가 쓴 것이 맞다고 대답했다.


"다 너를 위해서 하는 거야." 혹은 "다 너를 사랑해서 하는 일이야."라는 말로 정당화하는 부당한 일이 많았다. 정말 나를 사랑한다면 내가 행복한 일을 해야 하지 않을까? 부모님이나 다른 어른들이 나를 위해 하는 선택이 전혀 달갑지 않았다. 십중팔구 다 나를 좌절시키고 포기하게 만드는 것이었다.

이해할 수 없었고, 사실 이해하려고도 안 했다. 이해해야 할 필요가 있다는 것도 몰랐다. 그때의 감정에 나를 맡겼다. 그 감정은 대개 부정적인

**27**

것으로, 현실에서는 말하지 못하니 늘 머릿속에서 그들과 싸웠다. 상상 속에서 그들을 설득했다. 하지만 상상 속에서도 그들은 잘 설득되지 않았다. 섭섭했고 화가 났다.

인간은 적응의 동물이다. 나는 차츰 그런 상황에 적응했다. 사실 적응했다기보다는 체념했다고 봐야 맞겠다. 어린 영혼이 애써봐야 달라지는 것이 없으니 나중을 기약했다. 사랑을 앞세워 나를 통제하는 어른들을 보며 빨리 어른이 되고 싶다는 생각을 했다. 그래야 나에게 자유가 오리라 믿었다. 내게는 그런 날들이 많았다.

하지만 자유란 내 삶을 사랑할 때 비로소 얻을 수 있음을 알아야 했다. 나는 체념하면서 그들에게 내 삶을 맡겨버렸다. 내 다리로 걷지 않고 타인의 발등에 얹혀서 걷기를 선택했다. 내 삶은 자유에서 점점 멀어지고 있었다. 그렇게 어른이 되어 얻는 자유는 결국 내 것이 아니라는 사실을 몰랐다.

## 나는 어디로 가야 하나요?

나의 만족은 남들의 기대를 채워주는 것에 지나지 않았다. 스스로 할 수 있는 것이 없었다. 내 상상력과 욕망의 철도는 늘 중간에 끊겼다. 그곳은 다른 사람들의 철길이 놓여야 하는 자리였다. 그리고 나는 그 길로 가야 했다. 내가 성적을 잘 받아왔을 때, 어른들의 말을 잘 들었을 때, 남들보다 무언가 뛰어났을 때 비로소 나는 인정받을 수 있었다. 칭찬은 내가 살아 있음을 느끼게 해주는 힘이었다. 하지만 세상의 칭찬은 조건부였다. 내가 행복해서 하는 일을 성취했을 때보다 그들이 맞다고 주장하는 일을 성취했을 때 칭찬을 받았다.

하지만 남들의 기대에 맞추어 사는 것은 꽤나 힘든 일이다. 그들의 기대는 끝날 때까지 끝난 것이 아니다. 요람부터 무덤까지 일련의 과정이 준비되어 있다. '이 나이 때는 무엇을 해야 하고, 그 나이 때는 무엇을 해야 한다.'라는 것. 그냥 하는 것은 소용없다. 평균 이상은 되어야 한다. 그렇지 않으면 질책과 실망만 있을 뿐이다. 인정을 받지 못하면 나 자신도 무너질 수밖에 없다. 삶의 원동력이 '나'로부터가 아니라 '너'로부터 나오기 때문이다.

돌아보면 그랬다. 나는 나 자신보다 숫자로 평가받고 판단당했다. 그리고 그 숫자가 나를 훌륭히 대변한다고 느꼈다. 비교와 경쟁에서 앞서가야 사랑받을 수 있다고 생각했다. 그래야 인정받을 수 있다고 생각했다. 내 숫자가 남들의 숫자보다 가치 있게 평가받을 때 나 자신이 가치 있는 사람처럼 느껴졌다. 그때의 나를 만난다면 물어보고 싶다.

"너는 숫자로 살아가고 싶니? 사람으로 살아가고 싶니?"

나는 나를 사랑하는 법도, 사랑받는 법도 몰랐다. 어긋난 사랑은 갈피를 못 잡고 흔들렸다. 직선은 한참 그어봐야 기울어졌는지를 안다. 조금 비뚤어졌을지언정 처음에는 차이를 모르고 곧게 나아가는 줄 안다. 우리는 사랑에서 벗어날 때 그 순간의 영향력을 모른다. 나를 잊고 살아왔다는 사실은, 두고 온 지갑을 알아차리는 것처럼 금방 깨닫지 못한다.

나는 사랑받고 있었지만, 사랑받고 있지 않았다. 그들의 사랑은 나를 존중하지 않는 사랑이었다. 또한 나조차 나를 존중하지 않았다. 마치 최면에 걸린 사람처럼 괜찮은 척하고 살았다. 누구나 가는 길이기에 유별날 필요는 없다고 생각했다. "사람 사는 것이 다 그렇잖아."라는 말은 나를 주눅 들게 만들었다. 그렇게 이 세상에서는 주눅 든 것조차 다 사람 사는 모습이었다.

# 03

# 나를 사랑해줄 사람 어디 없나요?

인생에서 원하는 것을 얻기 위한 첫 번째 단계는
내가 무엇을 원하는지 결정하는 것이다.
– 벤 스타인(Ben Stein)

## 사는 대로 생각하는 사람

"생각대로 살지 않으면 사는 대로 생각하게 된다."

프랑스 소설가 폴 부르제의 명언이다. 처음 이 말을 들었을 때 가슴을 찌르는 무언가가 있었다. 무릎을 '탁' 하고 쳤다. '그래. 진짜 그래.'라며 고개를 끄덕였다. 노래를 듣다 보면 가사가 내 이야기 같을 때 감동한다. 공감하며 눈물도 흘린다. 나는 이 말에 그랬다.

나는 사는 대로 생각하고 생각하라는 대로 생각하던 사람이었다. 나 스스로 결정을 내리기보다는 타인에게 선택권을 넘겼다. 나에 대한 확신이 없었다. 인간에게 낯선 것은 두려움이라, 내게는 두려움을 극복할 용기가 없었다. 나는 낯선 것은 회피했다. 삶의 책임을 자꾸 다른 사람에게로 넘겼다. 대신해주길 바랐다. 혹시라도 내 선택이 실패가 될까 봐 무서웠다. 도전을 겁냈다.

나는 공부라는 궤도에 안착했다. 공부가 나의 길이라고 생각하지는 않았지만 관성의 무게는 무거웠다. 체념하고 가다 보니 어느새 너무 멀리 와 있었다. 벗어나기엔 속도가 너무 빠르고 함께 탄 동승자도 많았다. 나 혼자 문 열고 내리기도 겁나고 눈치도 보였다. 손가락질당하며 주목받기가 두려웠다.

그럭저럭 다 잘될 거라는 막연한 희망 속에 어른이 되었다. 아직도 어린아이인 나는 어른이 낯설었다. 내게는 혼자 삶을 책임질 수 있는 능력이 없었다. 나는 수능 공부만 할 줄 아는 바보였다. 그런데 내가 바보라는 것을 아무도 말해주지 않았다. 오히려 잘하고 있다고 말했다. 그대로만 하면 된다고 말했다. 꾸준히 학업에 충실해서 남들처럼 살아가는 것을 계속하면 된다고 부추겼다.

고려대학교에 입학하고 첫 1년은 엉망진창이었다. 여전히 나는 정신을 못 차렸다. 학창 시절 내내 만사를 다 제치고 수능만 생각했다. 온 신경이 대학 입학에 몰두해 있었기에 수능이 끝나고 나면 금세 그 상황에 안주해버렸다. 사람마다 각각 인생의 목표지점이 있다. 요즘 내 주위에는 그것이 '직장'인 사람들이 많다. 목표지점에 이르면 일이 수월하게 풀릴 거라는 막연한 기대감이 있다. 성취하고 잠깐은 좋지만 그 후에도 '여전히 내 삶은 계속된다.'라는 사실을 발견했을 때 우리는 혼란에 빠진다. 인생은 어느 한 지점에서 멈추지 않으니 우리는 계속 나아가야 한다.

지각은 기본이었고 거리가 멀다는 핑계로 결석한 적도 많았다. 시험 성적이야 어찌 되었든 당장 놀기에만 바빴다. 날마다 동네 친구들과 모여 놀았다. 참 신기하게도 열심히 했던 것은 하나도 없으면서 뭔가를 해야 한다는 그 강박관념이 싫었다. 공부를 해야 따라갈 수 있다는 것을 알면서도 그 부담감이 싫었다. 다시 또 노력을 쏟아야 한다는 사실이 싫었다. 나는 뭔가 얽매여 있는 것에 넌더리가 나 있는 상태였다.


그렇게 1년이 지났다. 나는 입대를 했다. 이미 친구들은 다녀왔거나, 혹은 군 생활의 막바지를 앞두고 있었다. 나는 친구들의 배웅과 마중을 다 하고 나서야 입대했다. 주위에서는 나를 두고 걱정이 많았다. 나는 썩 좋은 사람은 아니었다. 좋은 사람이 되고는 싶었지만 실제로 나는 예민했고 자기중심적이었다. 지배받는 것과 얽매이는 것을 싫어했다. 뭔가에 구속받는 것을 불쾌해했다.

아니나 다를까 입대한 지 얼마 안 되어 사고를 쳤다. 선임과 주먹다짐을 했다. 선임이 되어서는 후임을 때려 영창에 다녀왔다. 심지어 당시에는 그렇게 뉘우치지도 않았다. 철없고 한심하기 짝이 없는 행동을 많이 했다. 미안하다는 말로 차마 갚지 못할 상처를 주었다. 하지만 완전히 엉망이었다고 하기엔 좋은 추억도 많았다. 그만큼 나의 군 생활은 다사다난했다.

영창에서 할 일이 없으니 책만 읽었다. 요즘은 책을 많이 읽는다. 당시에는 해리포터 이후에 읽은 책이 없었다. 한 권 고르면 서너 시간은 붙잡고 있어야 했다. 어쨌든 무료한 시간을 채울 수 있는 뭔가가 있어서 다행이었다. 소설도 읽고, 산문도 읽고, 신문도 읽고, 자기계발서도 읽었다. 그때 나는 이지성 작가의 『꿈꾸는 다락방』을 읽었다.

그 책을 읽을 때 내 마음은 군인이 아니라 휴학생이었다. 3년간 제자리를 못 찾아 방황하던 시절이었다. 군복을 입고 있어 잠시 잊고 있었지만 결국 나는 사회로 돌아가야 했다. '나는 복학하면 뭘 해야 할까? 나는 미래에 무엇이 되어 있을까?' 책의 사례들처럼 나도 뭔가 멋지게 꿈꾸고 설레며 살아가고 싶었다. 하지만 그들의 이야기를 읽으며 가슴은 뛰는데 정작 내 미래는 그려지지 않았다.

내 동기들은 대부분 무언가 뜻이 있는 아이들이었다. 학과를 정할 때 나처럼 '점수에 맞는 그럴듯한 학과'를 물색해서 온 것이 아니었다. 동기들은 의사, 치과의사, 약사 혹은 연구원 등 이미 하고 싶은 것이 있었다. 그들의 배움에는 목표의식이 있었다. 하지만 나는 전공 책을 펼 때마다

'이거 열심히 해서 뭐 하지?'라는 생각만 자꾸 들었다. 집중을 할 수가 없었다.

다만 일단 현재에 최선을 다해보자고 결론을 내렸다. '그러면 하늘이 알아서 길을 열어주겠지.'라고 생각했다. 앞이 보이지 않는 숲에서 빠져나가는 방법은 일단 걷는 것이다. 가만히 있으면 아무 일도 일어나지 않는다. 나는 '어떻게든 걷다 보면 햇빛을 보겠지.'라고 생각했다. 당시 내가 할 수 있는 최선의 선택이었다.


복학을 했다. 소위 '복학 버프'라 불리는 동기부여로 잔뜩 무장되어 있었다. 마음은 단단했다. 세상에 무엇이든 마음만 먹으면 못할 게 없을 것 같았다. 자신감이 충만했다. 그동안 뒤처졌던 학습을 따라잡기 위해 부단히도 노력했다. 이해가 안 되면 닥치고 외우며 복습하고 예습했다. 학교 수업이 끝나면 도서관이나 카페로 향했다. 그렇게 하다 보니 결국 성과가 나왔다. 대학을 입학한 지 어언 5년이 넘어 드디어 나는 학점다운 학점을 받아볼 수 있었다.

뿌듯했다. 나도 '할 수 있다.'라는 생각이 들었다. 성취가 있다 보니 점점 더 깊게 알고 싶은 욕망도 생겼다. 나는 뭔가에 꽂혔을 때 이해가 안 되면 답답해서 견디지 못한다. 때로는 귀찮아서 한편에 치워놓을 때도 있지만, 그러면 계속 죄책감이 나를 찌르고 결국 움직이고 만다.

하지만 안타깝게도 그 열의는 1년을 채 못 갔다. 시간이 지날수록 회의

감이 커졌다. 몇몇 아이는 벌써부터 연구실을 알아보고 있었다. 혹은 의학전문대학원, 약학전문대학 진학을 위한 공부를 하고 있었다. 주위를 보고 있자니 궁금했다. '그럼 나는 어떻게 할 것인가?' 고등학교 공부야 최선을 다하면 대학 입학으로 연결되기라도 하지, 대학교에서는 공부만 한다고 미래가 보장되지 않는다. 스스로 살길을 찾아야 했다. 내가 뭘 하면서 살지, 나는 무엇을 좋아하는지 알아야 했다. 그때 나는 스스로 너무 소홀했다는 것을 깨달았다.

## 안주하며 멍들어가는 마음

이제 친구들과 술자리는 예전 같지 않다. 스무 살 초반에는 실없는 소리 하며 웃고 별 시답지 않은 이야기만 해도 즐거웠다. 아무 걱정 없을 것만 같던 시간이 이제는 돌아오지 않는다. 다들 앞으로 어떻게 살아가야 할지 고민한다. 나이가 들어갈수록 현실이라는 무게가 무겁게 짓누른다. 다들 기대하던 삶을 살고 있는가? 내가 보기엔 아니다. 그래서 지금 우리의 이야기는 즐거운 웃음보다 한탄과 걱정이 주를 이룬다.

결혼과 직장 이야기, 노후 준비며 부모님 이야기…. 남들 부러워하는 직장에 입사하고도 얼마 못 가 회사를 옮긴다. 당장의 만족은 될 수도 있지만 그것이 우리가 생각하던 행복이었을까? 나는 회사에 다니지 않고 아이들을 가르친다. 하지만 주변 친구들의 공허함과 걱정에 깊이 공감한다. 그들이 무엇을 느끼는지 알 것 같다.

'이 정도면 됐겠지.'라는 안주함 속에서 우리는 멍들어간다. 우리의 영혼은 고유의 특별함을 갈망한다. 즉 남들 다 하는 대로 살아가는 것은 '나'이기를 포기하는 것과 같다. 하지만 나는 그것을 '좋다, 나쁘다.'로 판단하지 않겠다. 그것은 오로지 선택의 문제일 뿐이다. 본인이 '나'답게 살고 싶다면 '나'를 알아야 한다. 내가 무엇을 원하는지, 내가 무엇을 하고 싶은지를 파악해야 한다. 두려움과 어색함을 극복하고 내 갈 길을 가기로 했다면, 가면 된다. 하지만 그게 내키지 않는다면, 하지 않아도 된다. 단지 결과는 고스란히 본인의 몫이다.

# 04

# 당신만큼은 나를 이해해줄 줄 알았다

다른 사람들을 평가한다면 그들을 사랑할 시간이 없다.

— 마더 테레사(Mother Teresa)

## 나도 공감받고 싶어요

사람은 공감의 동물이다. 인간에게 상대방의 감정을 알아차리는 능력은 매우 중요하다. 사회적 동물로서 좋은 평판을 유지해야 하기 때문이다. 주위 사람들을 아우를 수 있어야 한다. 진실된 공감은 서로에게 신뢰를 구축한다. 오로지 내 감정, 내 생각만 앞서는 사람은 외톨이가 되고 만다. 좋은 평판을 가진 사람은 여러모로 기회가 많다. 사회는 결국 사람들이 모여 이루는 것이기 때문이다.

공감은 큰 힘을 지닌다. 남의 말에 귀 기울여주고 슬픔에 함께 울어주는 사람, 기쁨을 함께 축하해주는 사람은 모두 좋아한다. 나도 모르게 그런 사람에게 의지하게 된다. 내 감정은 오로지 나에게만 또렷하다. 그럼에도 내 감정의 실체를 이해해준다면 어찌 감동받지 않을 수 있을까. 그런 사람이 있다는 것은 큰 힘이 된다. 공감받는 것은 내 감정과 생각이 인정받는 것이다. 자아는 인정받을 때 비로소 만족한다. 애써 주장하지 않고도 내 존재를 인정받는 느낌은 꽤 좋다.

　존재를 인정받지 못해 아우성치는 영혼들이 많다. 우리는 어릴 적부터 비교하고 경쟁하며 살아왔다. 백지처럼 순수했던 마음은 하루가 다르게 조급해졌다. 부모님, 친구, 어른들, 미디어를 통해 나보다 잘나거나 못난 사람들을 본다. 사실 진정으로 순수한 마음은 '잘났다, 못났다.'라고 판단할 능력조차 없다. 그저 학습된 것이다. 우리는 누군가를 앞서지 않으면 선택지가 줄어드는 세상에 산다. 아이들은 그것에 적응하며 성장하고 어른이 되면 다음 세대에 똑같은 생활과 사고방식을 물려준다.

　비교는 끊임없이 내가 있는 곳을 흔든다. 고등학교 때 아무리 잘했더라도 대학교에 가면 환경이 바뀐다. 나만큼 잘했던 친구들을 만나서 또 자리싸움을 해야 한다. 대학교를 졸업하면 직장에 간다. 직장에서도 새로운 위치 경쟁이 시작된다. 하루에도 몇 번씩 누구를 만나는지, 어디에 있는지에 따라 내 가치는 오르락내리락한다. 남과 비교하며 살기 때문이다.

　요즘 들어 사람들이 자존감에 대해 관심을 갖기 시작했다. 하지만 얼마 전까지만 해도 사람들은 경쟁이 미덕인 줄 알았다. 그것을 스스로 성장시킬 수 있는 기회라고 여겼다. 아예 틀린 말은 아니다. 사실 언어라는 것이 상당히 모호할 때가 많다. 같은 단어라도 그 단어의 느낌은 받아들이는 사람마다 다르다. 어떤 환경에서 자라왔고 어떤 경험을 했는지에 따라 느낌은 천차만별이다. 한 가지 예로 '아빠'란 단어를 들어보겠다. 폭력적인 아버지 밑에서 학대를 받고 자란 사람은 '아빠'란 단어에 불쾌감을 느낄 것이다. 하지만 늘 가족을 아껴주고 희생만 했던 아버지 밑에서 자란 사람은 '아빠'란 말만 들어도 눈물 흘릴지도 모른다.

비교와 경쟁은 내 행복의 기준을 남에게 넘겨주는 것이다. 그러니 휘둘리는 삶을 살 수밖에 없다. 언제든 남의 눈치를 보느라 바쁘다. 올곧게 나 자신으로 살지 못한다. 그래서 외롭고 쓸쓸하다. 살기 힘들어진다.

어른들은 고교 친구가 평생 친구라는 말을 했다. 학창 시절에는 그 말이 무슨 의미인지 알지 못했다. 나는 '앞으로 만날 사람이 얼마나 많은데, 그 사람들이 고교 친구와 다를 게 뭐가 있을까?'라며 궁금해했다. 어른들이 하는 조언들을 들으면 괜히 겁났다. '사회라는 곳은 도대체 얼마나 험난한 곳이기에 그런 말을 하는 걸까? 다 우리 같은 학생들이 사회로 나가는 것 아닌가? 지금처럼만 조심하고 행동하면 되는 것 아닐까?'

학창 시절 역시 비교와 경쟁의 장이다. 그런데 어른들과 다른 점이 하나 있다. 아이들은 아직 마음이 말랑말랑하다는 것이다. 어른들보다는 순수하다. 사실 비교와 경쟁은 어른들이 아이들에게 주입하는 것이다. 친구와 경쟁하고 있다는 느낌이 내게는 크게 와닿지 않았다. 우리 사이에는 위계질서도 없고 규칙도 없었다. 매일같이 만나서 부대끼며 지내다가 때로는 서로 안 맞는 점도 '그냥 그런가 보다' 하며 넘어갔다.

하지만 어른이 되어 사회에 나오면 이야기가 달라진다. 상황이 긴박하게 돌아가기 시작한다. 뒤처지면 단순히 기분만 나쁘고 끝나는 게 아니다. 경쟁은 이제 생존 싸움이다. 이십대 초반에는 아직 실감하지 못한다. 물론 처한 환경에 따라 다르지만 보통 그렇다. 아직은 대학의 낭만을 즐길 때지만 점점 더 시간이 지나면 삶의 책임이 무겁게 다가온다.


평균 이상의 능력은 어느 정도 스스로 책임질 수 있음을 뜻한다. 우리는 한편으로 타인의 삶도 책임진다. 내 일은 나만의 일이 아니다. 우리는 누군가 시켜서 하는 일을 한다. 때론 남에게 일을 시키기도 한다. 그 상황을 자세히 들여다보면 이런 의문이 떠오른다. '그럼 도대체 우리는 누구를 위한 일을 하는 것일까?' 경쟁에서 앞설수록, 하는 것보다 시키는 위치에 가까워진다. 혹은 그렇게 여겨진다. 현실은 늘 기대와는 조금씩 달라진다.

싫은 소리를 들어가며 치욕감을 느껴도 견뎌야 한다. 책임져야 할 것이 있으니까. 세월은 갈수록 책임져야 할 것들을 얹어준다. 두 손만으로는 부족하다. 팔에 걸고 등에 업어야 한다. 그래야 살게 된다. 그런 삶 속에 어릴 적 꿈과 소망을 되새긴다는 것은 어려워 보인다. 결국 "꿈이 밥 먹여 주냐?"라는 소리에 익숙해지는 것이다.

## 다시 그때처럼 시작할 수 있을까

각자가 이런 삶을 살아간다. 그래서 나는 어른이 되는 것이 무서웠다. 어른이 되면 많은 것을 잃게 되기 때문이다. 사회가 삭막하고 각박하다는 얘기를 들으면 나는 속으로 '그럼 나는 사회로 나가지 않을래.'라고 생각했다. 소년 같은 철없음과 어린아이의 순수함을 잃고 싶지 않았다. 몸은 컸지만 가끔씩 어리광도 피우고 싶었다. 나는 꽤나 '~척'을 잘하는 사람이었는데 '어른인 척'은 나와 잘 어울리지 않았다. 재밌지도 않았다.

이런 세상에 살다 보면 사람 대하는 법이 달라진다. 학창 시절 친구들에게 하듯이 사람을 사귈 수 없다. 동년배만 만나는 것도 아니고, 같은 일을 하는 사람만 보는 것도 아니다. 다양한 위치의 다양한 사람들을 만난다. 받는 상처가 이전과는 크기가 다르다. 마음은 흉터를 메우느라 바쁘다. 말랑거리던 마음에도 굳은살이 박인다.

지나고 나서 고교 친구를 왜 평생 친구라고 하는지 알았다. 다시는 이 친구들처럼 처음을 시작할 수 없다는 것을 깨달았다. 어른이 되면 나를 억지로 꾸며낼 필요도 있었고 나를 억누를 필요도 있었다. 사람 관계는 언제든 어려운 것이었다. 그 사람의 세월과 경험이 진할수록 상대하기 힘들었다. 마음의 문이 단단하게 고리를 걸었다.

하지만 정말 슬픈 것은, 이제 옛 친구들조차 서로 달라져간다는 것이다. 각자의 경험으로 만들어진 가치관들이 날카롭게 서 있다. 쉽게 웃던 농담도 서서히 안 하게 된다. 서로 공감할 수 있는 것은 신세한탄이 거의 유일하다. 사람은 자기 세상이 전부다. 내 경험대로 남의 고민을 판단한다. 나의 정답이 마치 남에게도 정답인 것처럼 이야기하며 쉽게 해서는 안 될 단언이 넘쳐난다.

공감도 마음의 여유가 있어야 자연스럽다. 나 살기 힘든데 남의 고민에 동조할 여력이 없다. 경쟁에 치이고 타인과 비교하며 깎여간 자존감은 이제 나 추스르기도 바쁘다. 서로 힘든 삶 속에 공감을 갈구하면서도 공감 능력은 점점 잃어가고 있다.

우리는 혼자 살지도 않고 혼자 살 수도 없다. 타인과의 관계는 내 존재를 정의하는 것 중에 하나다. 사실 비교와 경쟁은 인간 사회에서 필요조건이다. 인간이란 동물은 늘 경쟁하며 진화해왔다. 먹이와 배우자를 두고 싸웠다. 내 생존을 위해서는 타인을 이겨야 했다. 즉 발전하기 위해서는 남을 살피며 내 상태를 확인하기도 해야 한다.

다만 우리는 선택을 해야 한다. 인간으로 살아가는 데 비교와 경쟁이 불가피하다는 것과 그 속에서 피해자가 되는 것과는 엄연히 다르다. 그것들이 만약 나를 상처 입히고 힘들게 만든다면 해결책을 찾아야 한다. 어떻게 하면 그것들로부터 자유로워질 수 있는지를 탐색해야 한다. 그렇게 하기로 결정해야 한다. 삶이 만족스럽지 못하고 자존감이 낮다고 느낀다면 그것을 해결해줄 수 있는 사람은 오직 나밖에 없다는 것을 발견해야 한다. 내 감정을 확인하고 나를 힘들게 만들었던 것에 대해 생각해보고 내가 원하는 것과 어떤 삶을 원하는지 알아야 한다. 나를 꼼꼼히 돌아보고 철저히 파악할 수 있는 유일한 사람은 바로 나 자신이다.

# 05

# 괜찮아요, 아니 괜찮지 않아요

가장 용감한 행동은 자신을 위해 생각하고 그것을 큰소리로 외치는 것이다.
− 가브리엘 샤넬(Gabrielle Chanel)

## 어린 나를 보듬어야 할 때

나는 무미건조하다는 이야기를 많이 들었다. 학창 시절 별명 중에 하나가 포커페이스였다. 낯선 친구와의 대화는 절편처럼 뚝뚝 끊겼다. '단답형'이 주는 느낌보다 훨씬 더 딱딱했다. 하지만 감정이 지나치게 폭발적일 때도 많았다. 한마디로 중구난방이었다. 나조차도 나를 종잡을 수 없을 때가 많았다. 딱히 나를 어떻다고 정의하기가 애매했다.

스스로 감성이 풍부하다고 자각한 것은 성인이 되고 나서였다. 나는 습관적으로 우울함에 빠졌다. 우울함이 주는 무거운 느낌이 좋았다. 비련의 주인공이 된 듯한 느낌은 묘한 쾌감이 있었다. 혼자 노는 데 훌륭히 쓰였던 상상력은 이럴 때도 빛을 발했다. 그런 상태로 나를 몰고 간 후에 글을 쓰면 누군가 알아봐주었다.

돌아보면 나는 감정의 스펙트럼이 넓었다. 작은 일에도 숨이 넘어갈 듯 웃었다. 그럼 그 웃음소리가 웃겨서 더 웃었다. 어린 날의 하루는 늘 설레는 모험거리가 넘쳐났다. 나는 마치 보물섬에 떨어진 소년 같았다. 만화를 보면 그 상황에 동화되었다. 사건이 극에 달하면 덩달아 심각해지고 가슴이 두근거렸다.

노래를 들어도 마찬가지였다. 아직도 가끔 엄마와 이야기하는 일화가 하나 있다. 오래전 어느 날 나는 TV를 보던 중이었다.

"넓고 넓은 바닷가에 오막살이 집 한 채. 금을 캐는 아버지와 예쁜 딸이 살았네. 내 사랑아 내 사랑아 나의 사랑 클레멘타인. 늙은 아비 혼자 두고 영영 어디 갔느냐."

가사가 구슬픈 멜로디를 타고 흘러나왔다. 그리고 나는 눈물을 뚝뚝 흘리며 엄마한테 말했다. "엄마, 노래가 너무 슬퍼." 노을 지는 석양 아래 쓸쓸한 노인의 뒷모습이 떠올랐다. 가사 속의 아버지에게 감정이입이 되어 서글펐다. 반면에 활기찬 노래를 들으면 무엇이든 하고 싶었다. 움직여야 속이 풀렸다. 만화 주인공처럼 모험을 떠나고 싶었다.

그런데 언젠가부터 감정의 채도가 점점 낮아졌다. 다양하던 색감은 빛이 바랬다. 사실 저절로 그렇게 된 것은 아니었다. 내가 그렇게 감정의 문을 닫고 표현을 줄이기로 결정했다. 시작은 사소했다. 어쩌면 사소하지 않을지도 모른다. 나는 부모님 앞에서 웃는 모습을 보이지 않아야겠다고 다짐했다. 나는 사랑받으며 물질적으로 부족함 없이 자랐다. 세상 무서운 줄 모르고 자랐다. 하지만 그것이 진짜 사랑이 아니었다는 것을 나와 부모님이 깨닫기까지는 오랜 시간이 걸렸다.

'우리 예쁜 아들'이라는 말은 수시로 들었다. 하지만 그것만으로 채워지지 않는 무언가가 있었다. 엄마와 아빠는 자주 싸웠다. 그럴 때면 심장을 자극하는 파동이 내 귓가를 때렸다. 문이 부서질 듯 닫히는 소리, 엄마의 짜증, 아빠의 한숨 등. 나로서는 이해가 안 되는 일들이 벌어졌다. 싸움을 보는 것만으로도 힘든데, 나는 억지로 싸움을 중재해야 했다. 부모님의 평소 말 습관은 따뜻하지 못했다. 나는 자주 비교 대상이 되었고 아빠도 마찬가지였다. 불평과 비난 같은 부정적 말이 일상이었다.

사랑은 자주 조건부였다. 나는 부모님의 기대를 충족할 때 사랑받을 수 있었다. 그런 생각이 깊게 자리 잡았다. 혼이 나더라도 납득이 되면 받아들일 텐데, 그렇지 않은 경우가 많았다. 내 의견은 중요하지 않았다. 물리력만이 권위의 행사는 아니다. 나는 정신적으로 억압당했다. 나는 타당하지 못한 사랑을 사랑이라 인정할 수 없었다. 나는 그런 사랑의 꼭두각시가 되기 싫었다. 답답했지만 답답함을 호소해봐야 더 답답해질 뿐이었다.

공감받고 이해받아야 할 어린 영혼은 외롭게 떠돌았다. 엄마는 몸이 약했고 그것은 자주 무기가 되었다. 비합리가 정당화되는 순간을 많이 목격했다. 내가 아주 어릴 적부터 아빠는 "엄마가 아프니 네가 이해해."라고 말했다. 우리 집에서 아픈 엄마에게 논리와 정당성을 주장하는 일은 아주 나쁜 일이었다. 내 말은 거울에 쏘아진 빛처럼 늘 튕겨 나왔다. 나는 억울함과 죄책감을 먹으며 자랐다. 그것을 감당하기에 나는 너무 어렸다.

칼 로저스를 비롯한 많은 심리학자들은 "자존감은 유년시절의 부모의 피드백에 의해 형성된다."라고 말한다. 정신분석가 하인즈 코헛은 부모가 아이의 욕구에 제대로 반응해주지 못하면 아이는 성장하면서 좌절을 경험할 수밖에 없으며, 아이의 욕구가 충족되지 않을 경우에는 퇴행적 행동이 나타난다고 말했다. 저명인사들의 의견을 더 들을 필요도 없다. 우리는 본능적으로 지금 우리의 모습에 부모님의 흔적이 많이 배어 있음을 알기 때문이다.

## 하고 싶어도 못하는 말

밖에서는 내색을 안 했다. 말하기도 껄끄러운 이야기였다. 부모님 이름에 먹칠하는 것 같았다. 내가 느끼는 감정과 상처를 제대로 표현할 수 있을지도 의문이었다. 제대로 표현하더라도 상대방이 이해해주는 것은 또 다른 문제였다. 오랫동안 나만의 짐으로 안고 사니 속이 타들어갔다. 마음에서 불쾌한 냄새가 났다.

오히려 신나고 즐거운 척을 했다. 괜찮은 척을 했다. '나는 매우 행복한 사람이야. 인생을 즐기고 있는 사람이야.'라는 모습을 보이며 일부러 실없는 소리들로 웃음을 유도했다. 억지로 웃음을 짜낸 적이 많았다. 그러다가 집으로 돌아오는 길이면 가슴이 캄캄했다. 나와 부모님 사이의 대화는 점점 줄어갔다.

한번은 이런 적이 있었다. 학교 끝나고 한창 친구랑 놀다가 잠시 횡단보도 근처에 앉아서 떠들고 있었다. 그런데 갑자기 친구 얼굴이 너무 웃겼다. 웃기게 생긴 친구는 아니었다. 하여튼 웃겼다. 그래서 사람들 다 지나다니는 거리 한복판에서 껄껄대며 웃었다. 그렇게 정신이 나간 사람처럼 막 웃고 있는데 한 사람이 우리 앞에서 멈춰 섰다. 아빠였다. 난 마음을 추스르고 친구에게 인사를 건넸다. 그리고 다시 무뚝뚝한 얼굴로 아빠와 집으로 향했다. 아빠는 "집에서도 그렇게 좀 웃어라."라고 말했지만 나는 그럴 생각이 없었다.

말을 삼키고 감정을 억눌렀더니 차츰 습관이 되었다. 숨이 넘어갈 듯 신나게 웃은 것이 언제인지 잘 기억이 나지 않는다. 예전에는 하루에도 두세 번씩 웃느라 배가 아파서 웃는 게 힘들 정도였는데, 요즘은 웃을 일

**49**

이 있어도 그냥 잔잔하게 웃는다. 웃음에 소리가 없다. 사실 웃을 일이 별로 없기도 하다.

당시 나는 겉으로 괜찮은 척했지만 마음은 늘 울었다. 누군가 상처를 알아봐주길 바랐다. 내가 말하지 않아도 내 진심을 알아주며 위로해주길 바랐다. 내가 먼저 얘기할 수도 있었지만 웬만하면 하지 않았다. 공감받지 못하는 것에 대한 두려움이 컸다. 내가 말했을 때 상대방이 공감하지 못하거나 내가 원하는 반응을 보이지 않으면 좌절감을 느끼고 매우 슬플 것이었다. 좌절이 두려웠고 슬픔이 무서웠다. 내 자존감은 납작한 호떡 수준이었다. 그것도 옆구리가 터져버린 호떡. 아침이 되면 자존감이 기지개를 펴고 일어나주길 바랐다. 하지만 그런 일은 없었다. 그동안 많이도 짓눌려왔다. 회복하려면 꽤 오래 걸릴 것이었다.

과거는 돌이킬 수 없다. 지나간 일을 원망하고 후회할 수는 있다. 하지만 그렇게 해서 남는 것은 없다. 결국 지금 이 순간까지 망쳐버리고 마는 원망과 후회뿐일 것이다. 마땅히 누려야 할 행복을 놓친다. 지금 이 순간을 살지 못하는 사람에겐 미래도 없다. 과거, 현재, 미래 모두가 과거로 통합된다. 늘 괴로운 과거에 사는 것이다. 나는 어느 순간 내가 그렇다는 것을 깨달았다.

그것을 벗어나야 했고 벗어나고 싶었다. 아파하는 나를 치유하고 싶고 그렇게 할 수 있다고 믿었다. 왜냐하면 나는 더 이상 피해자로 살고 싶지 않기 때문이었다. 나는 창조자로 살아가고 싶었다. 어릴 적 순수했던 설렘을 되찾고 싶었다. 사랑과 희망으로 가득했던 마음을 되살리고 싶었다. 그리고 그것을 해낼 사람은 오직 나뿐임을 알았다. 부모님으로부터 충족되지 못한 사랑을 채우기 위해 또 타인에게 의지한다면 평생 나는 홀로 설 수 없을 것이라고 생각했다.

누구나 말하지 못하는 아픔 하나씩은 있다. 그 아픔을 가장 효과적으로 다룰 수 있는 지혜는 우리 안에 있다. "어떤 방법이 옳고 어떤 방법은 바람직하지 않다."라고 말하지 않겠다. 심지어 그렇게 판단할 수도 없는 일이다. 나처럼 스스로 해결하기를 선택할 수도, 마음이 통하는 가족이나 친구에게 털어놓을 수도 있다. 나는 그 무엇이 됐든, 우리의 '괜찮지 않음'이 '괜찮음'으로 억지 포장하는 일은 없었으면 한다. 지금 이 순간의 감정과 느낌과 솔직히 마주하길 바란다. 그때 비로소 우리는 우리를 알 수 있다.

# 06

# 그래요, 그게 힘든 거라니까요

나에 대한 자신감을 잃으면 온 세상이 나의 적이 된다.
– 랄프 왈도 에머슨(Ralph Waldo Emerson)

## 울고 싶어도 울지 못하고

나는 힘들 때 내색을 잘 안 했다. 특히나 부모님 앞에서는 더 안 했다. 아주 어릴 때는 아프거나 다치면 엄마가 극성이었다. 엄마가 걱정하는 모습을 보면 괜히 나까지 더 불안해졌다. 초등학교 4학년 때쯤이었다. 당시 아이들 사이에서 롤러블레이드가 유행이었다. 하루는 롤러블레이드를 타고 동네 근처를 빙빙 돌았다. 두 다리를 부드럽게 움직이면 얼굴을 스치는 선선한 바람이 좋았다.

조금 능숙해지니 속도를 높였다. '이 정도는 괜찮겠지.' 싶었다. 쌩쌩 달리는 와중에 내리막길을 만났다. 기울어진 경사 위에 섰을 때 나는 이미 멈출 수 없었다. 더 이상 괜찮지 않았다. 이제 가만히 있어도 점점 빨라졌다. 가느다란 두 다리가 파르르 떨렸다. 온 신경을 눈앞의 시야에 집중했다. 얼마 못 가 과속방지턱이 나타났다. 예감이 안 좋았다. 결국 나는 과속방지턱을 지나며 고꾸라졌고 아스팔트 바닥에 무릎을 쓸었다. 손이며 팔꿈치며 턱까지 아프게 긁혔다. 혼자 엉엉 울면서 먼지를 툭툭 털었다.

집으로 돌아가 현관에 서서 엄마를 불렀다. "엄마, 나 다쳤어."라며 울먹였다. 엄마가 나를 보자마자 깜짝 놀라 조심하지 않고 왜 위험하게 탔냐고 소리를 질렀다. 그래서 나는 아픈데 왜 화를 내냐고 똑같이 소리를 질렀다. 당시 나는 아파서 서러운데 혼나기까지 하니 더 서글펐나 보다. 그때 엄마가 화를 낸 것이 아니라는 걸 이제는 안다. 하지만 어린 나는 엄마가 그저 나를 토닥이며 안심시켜주길 바랐다.


엄마는 힘들다는 말을 자주 했다. 몸이 아파 힘들고, 내가 말을 안 들어 힘들고, 아빠랑 싸워서 힘들다는 것이었다. 엄마가 내뱉는 낮은 진동수의 한숨을 들으면 누군가 내 가슴을 세게 치는 것 같았다. 어린 마음은 이해하기 어려운 것을 받아들여야 했다. '힘들다.'라는 말을 들으면 내가 더 힘들었다. 하지만 나는 힘들다는 말을 안 했다. 내가 힘든 것이 누군가에게 부담이 될 수도 있다는 것을 일찍 깨달았다. 내가 힘들다고 말하면 그것이 생색처럼 느껴질까 무서웠다. 힘들다고 말해봐야 돌아오는 것은 '내가 더 힘들다.'라는 식의 답변들이었다. 나는 그 앞에서 할 말을 잃었다.

**53**

부모님에 대한 부정적 감정이 쌓였다. 중학교 2학년 때쯤부터 부모님 앞에서 행복이란 감정을 잘 드러내지 않았다. 그리고 이제는 엄마를 걱정시키는 것이 싫어서라기보다 약한 모습을 보이고 싶지 않아서 참았다. 아파도 내색을 안 하고 늘 괜찮다고 했다. 그렇게 내 감정을 애써 억누르다 보니 차츰 인식의 경계가 흐릿해져 갔다. 어느 순간부터 나는 나를 잊었고 헷갈렸다. 어떤 감정이나 느낌이 들면 이런 생각부터 들었다. '이거 진짜 맞는 건가? 이 정도면 그렇다고 말해도 되나?'

부모님에 대한 원망이 있었던 것은 맞다. 하지만 그것이 매 순간은 아니었다. 결국 내 존재의 근원이며 나를 가장 사랑하고 내가 가장 사랑하는 분이기 때문이었다. 사실 마음이 복잡하면서 아프다. 나는 분명 부모님이 나에게 준 상처에 대해 이야기하고 있기 때문이다. 하지만 내 삶에서 그 순간을 빼놓을 수가 없다.


감정을 억누르는 것은 습관이 되었다. 그리고 습관을 넘어 나 자체가 되었다. 마치 내가 숨을 쉬듯이, 또 잠을 자듯이 자연스러운 내 모습이 되었다. 마음에서 우러나오는 감정들은 생각으로 재단당했다. 감정은 순수한 모습 그 자체로 표현되지 못하고 늘 검열을 당했다. 그 검열은 이제 나도 모르게 하는 것이었다.

좋아도 좋은지 모르고, 슬퍼도 슬픈지 몰랐다. 정확히 말하자면 혼란스러웠다. 좋은 것이 맞는지, 슬픈 것이 맞는지 일단 한번 생각을 거쳤다.

그러니 자연스럽지 못했다. 주위에 사람이 있으면 생각은 바쁘게 작동했다. 다만 혼자 있을 때는 달랐다. 혼자 밤늦게 샤워하며 많이 울었다. 잠에 들기 전에 운 적도 많았다.

## 우리가 견뎌온 세월

'강해야 한다, 이겨내야 한다, 굴복하지 마라, 노력이 부족해서 그런 것이다.' 등 얼마나 많은 요구가 있었는가. 심지어 이런 말도 있다. '남자는 태어나서 세 번 운다.' 이 말이 사실이라면 나는 이미 남자가 아니다. 그럼 나는 남자가 아니고 무엇인가. 나는 나를 사람이라고 부르겠다. 울고 싶을 때 울고, 약해질 때 어리광도 피우고 싶은 '사람'이다.

늘 이겨야 하는 세상에서는 힘들 틈이 없다. 힘들어 주저앉으면 추월당하고 만다. 비교라는 잔인한 잣대는 사람들의 고통까지 저울 위에 올려놓는다. 인터넷에서 이런 구절을 보았다. "네가 더 힘들다고 해서 내가 안 힘든 것은 아니다." 너무 와닿는 말이다. '힘들다.'라는 말에 '더' 혹은 '덜'이라는 수식어가 가능한 걸까?

느낌은 느끼는 당사자에게만 실재한다. 타인의 외면조차 잘 이해하지 못하는 세상이다. 하물며 타인의 내면을 이해할 수 있을까. 고통까지 경쟁해야 한다니 가슴 먹먹한 일이다. 나는 그 속에 숨겨진 아픔을 본다. 그런 영혼들의 존재감은 고통으로라도 인정받고 싶은 것이다. 낮은 자존감은 수단과 방법을 가리지 않는다. 나를 바라보라고 소리친다.

게다가 힘듦을 고하는 것은 약점을 인정하는 꼴이다. 남들에게 얕잡아 보일 기회를 제공하는 것이다. 세상은 독하게 살아야 한다고, 정신 바짝 차려야 한다고들 말한다. 우리는 그런 세상에 산다. 힘들다는 것을 쉽게 세상에 드러낼 수 없다. 그래서 혼자 삭히고 때로는 혼자 운다. 견디지 못하기 때문이다. 마음이란 녀석이 견뎌야 할 무게가 무겁다.

나는 여전히 쉽게 힘들다고 말하지 않는다. 힘들다는 것의 기준을 잘 모르겠다. 한편으로는 또 힘들다는 것에 기준이 꼭 필요할까 싶다. 나는 나도 모르게 비교의 전초를 만들고 있었다. 그냥 어떤 느낌이 일어날 때 '힘들다.'라는 생각을 불러일으키면, 그것이 힘든 게 아닐까? 그러면서 모호할 수밖에 없는 나만의 느낌을 너무 정형화시키려 한 것은 아닌지 돌아보게 된다.


느낌과 감정은 마치 어린아이 같아서 애써 무시할수록 더욱 강하게 파고든다. 나를 봐달라고, 나를 사랑해달라고, 인정해주기 전까지는 떠나지 않겠다고 한다. 하지만 우리는 그 소리를 못 듣거나 혹은 안 듣는다. 그것들을 부정하며 마음 한편에 밀어 넣는다. 잠잠히 있다가 곧 사라지리라 생각한다. 그들이 분을 삭이고 있다는 사실을 모른다. 하지만 틀림없이 곧 그것은 어린아이처럼 떼를 쓸 것이다.

인간이 온갖 감정과 생각을 느낄 수 있음은 축복이다. 두려움부터 사랑까지 전부 다 그렇다. 그 무엇 하나라도 결여되어 있는 사람은 소중한 것을 잃어버린 사람이다. 감정과 생각은 '능력'이다. 느낄 수 있기에 느끼고 할 수 있기에 생각한다. 그것 없이 우리는 험난한 세상을 살아갈 수 없다. 통제하지 못하여 불쾌할 필요가 없다. 인간은 원래 그렇다. 그게 인간이라는 동물이다.

비교와 경쟁은 일그러진 거울이다. 그 기준으로 나를 보면 늘 못났다. 남을 비춰도 못났다. 못난이이고 싶은 사람은 아무도 없다. 우리는 특별하게 태어난 소중한 존재다. 당신이라는 사람은 당신밖에 존재하지 않는다. '나'로 인정받지 못하고, '나'로서 살아가지 못하는 마음은 답답하다. 이렇게 살기 위해 세상에 태어났나 하고 좌절할지도 모른다.

힘든 것은 힘들다고 말해야 한다. 상대방에게 공감받기 위해서가 아니라, 힘든 나 자신을 인정하기 위해 그래야 한다. 듣는 이가 없다고 말하지 않았으면 좋겠다. '내'가 듣는다. 힘들다고 말하는 자신이 듣는다. 힘든 느낌은 분명 우리에게 실존하는 것이다. 고통을 애써 무시하면 그것은 존재감을 더 강하게 주장한다. 결국 스스로 괴롭히는 꼴이 된다. 이미 충분히 상처받았는데 나까지 나를 외면한다면, 내가 너무 외로워지지 않을까? 우리는 우리를 좀 더 사랑할 필요가 있다.

**57**

# 07

# 그동안 행복할 수 없는 법만 배웠다

스스로 자신을 존경하면 다른 사람도 그대를 존경할 것이다. - 공자(孔子)

## 미루고, 또 미루고

나는 어릴 적 만화를 무척 좋아했다. 꿈이 있고 희망이 있는 이야기가 좋았다. 모험의 설렘은 나를 신나게 만들었다. 나는 마음껏 상상할 수 있는 세상을 동경했다. 상상 속에서는 불가능한 일이 없었다. 로봇들과 요정들이 나오고 그들이 마법으로 보여주는 기적에 두근거렸다. 사랑과 정의가 주는 감동이 좋았다.

나는 혼자 있을 때면 자주 그림을 그렸고 나만의 캐릭터를 만들기도 했다. 그러면 그 캐릭터는 내 이야기의 주인공이었다. 만화에 나오는 캐릭터들을 각색하고 이야기를 바꿔 상상해보는 것이 재미있었다. 인터넷에 소설을 올리기도 했다. 내 이야기를 보고 반응해주는 사람들이 고마웠다.

내가 고등학교를 진학할 때쯤 다양한 선택지가 있었다. 일반고, 외고, 과학고, 민사고, 상산고, 실업고 등. 나는 6학년 때 일산으로 전학을 가서 그때부터 줄곧 학원을 다녔다. 학원에서는 학생들의 고교 진학을 컨설팅해주었다. 어떤 진로가 대학 진학에 도움이 될지도 상담해주었다. 그때 한창 교육 과정으로 혼란스러웠던 기억이 난다. 당시 외고 같은 특성화고에 가는 게 당연히 옳다고 여겼지만 내신 비중이 높아진다는 이야기가 돌면서 다시 한 번 생각하게 되었다.

학교 선생님도 내신 비중이 높아지니 일반고에 가는 것도 나쁘지 않은 선택이라고 조언해주었다. 친구들, 아니 경쟁자들의 수준이 높아질수록 뚜렷한 성과를 내기가 쉽지 않다고 판단한 것이었다. 어른들의 이야기는 그랬다. 그때는 대학이란 이야기가 먼 미래의 일처럼 느껴졌다. '앞으로 3년이나 더 있어야 되는데 뭘 벌써 호들갑이지.' 심각한 것은 어른들뿐이었다.

나는 학원에서 외고 준비반에 있었다. 그렇게 한창 공부를 하다가 중학교 3학년 말에 너무 지쳐서 그만두었다. 그런데 결국 다시 제 발로 찾아들어갔다. 갑자기 공부를 혼자 하려니 잘 되지도 않고 무엇보다 뒤처지는 것이 은근히 무서웠기 때문이었다. 친구들이 선행 학습한 것을 보면 조바심이 났다. 나는 참 잘 길들여진 학생이었다.

결론적으로 나는 일반고에 진학했다. 정확히 어떻게 결정했는지는 기억이 나지 않는다. 분명 부모님, 선생님들과 충분한 상의가 있었을 터였다. 그런데 사실 나는 일반고보다 다른 곳에 가고 싶었다. 만화 특성화고에 가고 싶었다. 나는 친구들에게도 공공연히 장래희망이 만화가라고 말하고 다녔고 수업시간에 늘 교과서에 그림만 그렸다. 수업은 이미 학원에서 배운 것들이라 귀담아듣지 않아도 된다고 생각했다.

어렴풋이 기억하기로는 나는 당시 만화 특성화고에 가고 싶다고 부모님께 말씀드렸다. 대답은 부정적이었다. 부모님은 그들이 살아온 삶을 바탕으로 내게 조언을 해주셨다. 안타깝게도 나는 전혀 이해가 되지 않았다. 왜냐하면 내 삶에는 오로지 내 경험밖에 없기 때문이었다. 그들이 아무리 맞다고 해도 내가 직접 겪지 않으면 모를 것이었다.

엄마와 아빠는 어릴 때부터 내 그림 실력을 자랑스러워하셨다. 유치원 때 그렸던 그림들을 아직도 보관하고 계신다. 사진으로 찍어 핸드폰에 저장해서 주변 사람들한테 자랑하셨다. 나는 그런 분들이 왜 내가 그림을 업으로 삼겠다는 것에 반대를 하는지 이해할 수 없었다. 물론 이제는 이해한다. 그분들이 살아온 현실에서 예술이란 분야는 먹고살기 힘든 것이었다.

중학생이 그런 것들을 이해하기에는 아직 내가 겪은 세상이 좁았다. 현실은 와닿지 않는 이야기였다. 나는 단지 내가 좋아하는 것을 하고 싶을 뿐인데, 어른들이 제시하는 현실로 인해 많은 것이 나중으로 미뤄졌다. "그건 나중에 해도 돼, 대학생 되면 다 마음대로 할 수 있어."라는 말들은 대화를 차단시켰다. 그 말들은 "너는 잠자코 하라는 대로 하면 돼."라는 뜻과 다를 바 없었다.

결국 어느 정도 자아가 형성된 후부터 나는 줄곧 공부만 했다. 공부가 제일 중요한 것인 줄 알고 살았다. 억울해서라도 공부해야 했다. '얼마나 하고 싶은 게 많은데. 대학 들어가면 안 건든다 이거지?'라는 오기가 생겼다. 그런데 나는 몰랐다. 그렇게 내 욕망을 억누르며 포기와 좌절이 일상이 될 때, 내 꿈은 나를 떠나간다는 것을.

## 하나만 할 줄 아는 바보

나는 수험생에 특화된 사람으로 성장했다. 그 어느 때보다도 수능 공부할 때만큼은 진지하게 몰입했다. 그것은 어느새 내가 가장 잘하는 것이 되었고 익숙한 것이 되었다. 그것만큼 내가 간절하게 성취하고 싶은 것은 없었다. 첫 수능 날, 나는 마지막 종소리와 함께 내 모든 끈기와 열정을 모두 던져버렸다. 대학생으로서 나는 형편없을 것이었다.

처음으로 들어간 학교가 한양대 신소재공학과였다. 딱히 뜻이 있었던 것은 아니었다. 암묵적인 진리처럼 남자는 공대를 가야 한다는 말을 어디

선가 얼핏 들었다. 그래서 원서 접수할 때 공대 중에서 내 점수와 맞는 학과를 골랐다. 나는 물리를 아주 싫어했다. 이해 안 되는 공식들이 머리 아팠다. 공식을 보면서 '이것은 영어요, 저것은 숫자라…. 참 어지럽게도 쌓여 있구나.'라고 생각했다. 안타깝게도 공대는 물리 없이 아무것도 할 수 없었다. 어려운데 재미도 없었다. 어차피 공부를 열심히 할 생각도 없었기에 흥미가 뚝 떨어졌다.

내가 나중에 뭘 해야 할지 모르겠다고 고민을 털어놓을 때 친구들은 말했다. "그냥 한양대 공대에 있었으면 이미 취업했을 텐데." 맞는 말이다. 틀림없이 그랬을 것이다. 학창 시절과 같은 열의와 목표의식을 갖고 공부했다면 결국 적응했을 것이다. 그리고 잘 준비해서 직장에도 들어갔을 것이다.

하지만 그런 우주는 내게 없다. 그리고 직장에 들어갔더라도 나는 분명 그만뒀을 것이다. 얼마 못 가 내 공허함을 발견하고 똑같은 고민을 했을 것이다. '뭘 하며 살아야 할까.' 하고 말이다. 나의 방황과 고민은 취업이 아니었다. '진짜 내가 행복할 수 있는 삶'이었다. 나는 그것을 찾기 바랐다. 내가 행복하고 설레며 자유로운 삶.

반쪽자리 지도를 손에 쥐고 나는 어른이 되었다. 지도는 대학에서 끊겼다. 끊어진 자리가 지저분했다. 어른들의 약속은 거짓말이었다. 나는 할 줄 아는 것이 아무것도 없었다. 살아갈 길이 막막하고 답답했다. 일부러

막막함을 잊은 척 살았다. '어떻게든 되겠지.' 하지만 내가 내 삶을 다르게 보기 전까지는 아무 일도 일어나지 않았다.

부모님과도 내가 도대체 뭘 해야 할지 모르겠다고 이야기한 적이 있었다. 사실 부모님 입장에서도 예상하지 못한 일이었을 것이다. 대화가 단절되었던 시간 동안 우리는 서로 모르는 것이 너무 많아졌다. 부모님 눈에는 내가 순응해서 잘 해나가고 있는 것처럼 보였을 것이다. 실제로 그랬다고 말씀하셨다.

하지만 답을 못 내리기는 부모님도 마찬가지였다. 대화의 마무리는 항상 "순규, 너 하고 싶은 거 해."였다. '도대체 그게 뭔데? 해야 되는 것, 하고 싶은 것을 몰라서 방황하고 있는데 하고 싶은 걸 하라니.' 결국 답은 내가 찾아야 했다. 그런 말을 들으면 더 답답했다. 막연함은 끊임없이 나를 짓눌렀고 나는 도움을 받을 수 있다고 느껴지는 곳이면 어디든 달려갔다. 많은 어른들에게 상담을 받았다. 하지만 어떤 좋은 말을 들어도 확신이 느껴지지 않았다. 내 마음은 나의 명령을 기다리고 있었다. 타인의 뜻이 아닌 나의 뜻을 기다리고 있었다.

시험공부 외에 다 차단된 세상에서 나는 아무것도 배울 수 없었다. 그런데 막상 고등학교를 졸업하니 모든 상황은 내 책임이 되었다. 나의 결단 없이는 아무것도 이루어지지 않았다. 어른들이 무책임하게 느껴졌다. 갑작스럽게 세상에 버려진 느낌이 들었다. 누가 이끌어주지 않으면 움직이는 것이 낯설고 무서웠다. 여전히 나는 어린아이였다.

나의 행복을 위한 삶을 시작하기까지 오랜 시간이 걸렸다. 방황을 많이 했다. 나를 철저히 파헤칠 기회가 오기 전까지는 행복에 대해 진지하게 탐구할 수 없었다. 내가 안주하고 있는 현실이 '짠!' 하고 멋진 해결책을 내려주리라 기대했기 때문이었다. 자연스럽게 행동과 생각을 내일로 미루게 되었다.

지금의 삶에 만족하는가? 지금 이 순간이 나의 행복을 위한 발판이 되는가? 의미는 부여하기 나름이다. 그 의미를 자연스럽고 편안하게 받아들일 때 우리는 확신하는 것이다. 하지만 작은 불안이라도 일렁인다면, 우리는 솔직하지 못한 것이다. 우리의 마음은 내가 미심쩍은 결론을 내리고 있다는 것을 안다.

세상은 우리가 행복한지에 대해 별 관심이 없다. 그냥 다 비슷하게 살기를 바랄 뿐이다. 그래야 유지되는 것이 많다. 우리를 낮추고 감추는 것이 예절이라 배워왔다. 희생을 본보기 삼아 성장했다. 하지만 우리는 각자 너무나 특별하고 개성 있는 영혼이다. 늦었다고 생각할 수도 있고 늦지 않았다고 생각할 수도 있다. 아무래도 괜찮다. 다만 변화는 바로 지금 이 순간부터 일어난다는 것이 중요하다. 우리가 우리의 행복을 찾겠다고 결심하고 선택했을 때, 그리고 그 선택대로 생각하고 행동했을 때, 비로소 우리는 행복으로 가는 여정을 시작하게 될 것이다.

# 08

# 나는 한 번도 내게 솔직한 적이 없었다

당신이 되고 싶었던 존재가 되기에 지금도 결코 늦지 않았다.

― 조지 엘리엇(George Eliot)

## 애써 외면했던 것들

나는 남의 눈치를 참 많이 보는 사람이었다. 사실 아직도 그 모습을 완전히 씻어내지 못했다. 내가 남의 눈치를 본다는 것을 인식하기까지 꽤 오랜 시간이 걸렸다. '남의 눈치를 본다.'라는 부정적 이미지가 내게 각인되는 것이 싫었다. 그래서 일부러 알면서도 외면했는지도 모른다.

나는 좋은 사람, 남들을 행복하게 만들어주는 사람이고 싶었다. 주변 사람들에게 항상 함께하고픈 사람이고 싶었다. 멋진 사람이고 싶었다. 본받을 만한 사람이고 싶었다. 집 안에서 채워지지 않는 공허함을 찾으려

부단히도 돌아다녔다. 그래서 나를 많이 꾸몄지만 현실이 내 이상을 채워주지 못할 때 나도 모르게 불안해졌다. 아무리 가벼운 웃음으로 포장하려 해도 내 마음의 부정성은 숨길 수가 없었다. 부정성은 겉으로 형상을 드러내지는 않았지만 악취는 숨길 수 없었다. 그 냄새는 알게 모르게 퍼져서 남들에게도 닿았고 나에게도 닿았다. 괜찮은 것처럼 보였던 인간관계에 때가 묻는 것이 보이기 시작했다.

낮은 자존감 때문에 자꾸만 타인에게 의지했다. 그들이 나를 채워주기를 바랐다. 나는 비교와 경쟁에 분노하면서도 결국 그것과 한몸이 되어 있었다. 인정받고자 하는 마음이 잘못된 방법을 택했다. 사소한 것 하나하나 남들과 비교했다. 우월감을 느끼며 자만하기도 했고 열등감을 느끼며 괴로워하기도 했다. 나의 시선은 늘 남을 향했다. 어떻게든 주목받고 싶었다. 그들이 없으면 나는 존재할 수 없었다. 하지만 내가 그렇다는 것을 한참 뒤에야 깨달았다.

행복하지 않은데 행복한 척을 하니 마음이 괴로웠다. 괜찮지 않은데 괜찮은 척을 하니 마음이 혼란스러웠다. 하지만 괴롭고 혼란스러운 걸 몰랐다. 결과를 인식하면 원인을 찾는 시늉이라도 할 텐데, 나는 내게 일어나는 결과조차 모르면서 한편으로는 무시하기까지 했다. 결국 원인을 찾는 일은 아득했다.

농담이라고 하면서 늘 비교를 숨기며 살았다. '너'와 '나'를 비교하고, '너'와 '너'를 비교해서 웃음거리를 만들어냈다. 누군가를 들어 올릴 때보다 내팽개칠 때의 농담이 더 우스웠다. 그게 재미있는 줄 알았다. 실제로 재밌기도 했다. 하지만 어느 순간부터 그런 농담이 상처가 되는 것을 목격했다. 그리고 내가 당사자가 되어 상처받기도 했다. 나를 살펴보지 않은 것처럼 남의 입장도 깊이 생각해본 적이 없었다. 내가 상대방을 사랑하는 진심만 있으면, 내뱉는 말이 어떻든 상관없다고 생각했다. 돌이켜보면 내가 진짜 상대방을 사랑하고 있었는지조차 의문이 든다. 나는 나를 속이고 있었다.

나는 인간관계가 좁다. 사람 사귀는 일이 낯설다. 친해지려고 하는 노력이 시답지 않은 장난을 던져 툭툭 건드는 것이었다. 내 서투른 모습을 익히 알고 있는 학창 시절 친구들은 나를 이해한다. 그래서 고맙다. 하지만 나는 그런 친구들 사이에서도 나를 꾸미느라 정신이 없었다. 훌륭하고 멋진 인생을 사는 사람으로 보이기 위해 안간힘을 썼다. 그러면서 내가 그들에게 늘 진심으로 다가가고 있다고 여겼다. 하지만 아이들은 이미 눈치채고 있었을 것이다. 그렇게 나의 낮은 자존감은 나를 사랑하는 사람들에게 큰 상처를 줬다.

나의 솔직한 감정과 생각들을 애써 억눌렀다. 괜찮은 척, 태연한 척, 멋진 척, 심각한 척하는 내 삶에는 짙은 그림자가 있었다. 속에서 얼마나 끓

**67**

고 있었을까? 내 마음과 감정과 생각에게 미안하다. 나는 나에게 용서받고 싶다. 나를 외면했던 나를 용서해줬으면 좋겠다. 꼭 용서받았으면 좋겠다. 그리고 반드시 그렇게 하리라.

날씨 좋은 어느 날이었다. 여자 친구와 거리를 거닐고 있었다. 이런저런 이야기를 하다가 갑작스럽게 내 입에서 이런 말이 나왔다. "아, 외롭다." 여자 친구는 워낙 착한 아이였다. 화도 잘 내지 않았다. 그런데 내 말을 듣고 "어떻게 여자 친구를 옆에 두고 외롭다는 말을 아무렇지도 않게 할 수 있느냐?"라며 속상함을 토로했다. '아차!' 싶었고 너무 미안했다. 나였다면 잊지 못할 서운함으로 남았을 것 같다.

낮은 자존감은 스스로 채울 방법을 몰라서 방황했다. 나도 모르게 남에게 상처가 되는 말을 많이 했다. 좋게 말하면 남들에게 의지했고, 나쁘게 말하면 남들을 이용했다. 나는 상대방을 인정하지 않으면서 그들은 나를 인정해주길 바랐다. 억누른 생각과 감정들은 점점 삐딱하게 굴었고 떼를 썼다.

## 오로지 하나님 눈치만 보는 사람

꾸며낸 모습들이 내가 되기 위해서는 포기해야 할 것이 많았다. 중요한 선택은 늘 남에게 미뤘다. 사실 사소한 선택도 그랬다. 모두를 아우를 수 있는 사람이고 싶었다. 그렇게 보이고 싶었다. 그러면 무엇 하나 결정할 때도 시간이 걸렸다. 이 선택이 누군가에게 불편함을 주지는 않을까? 식사 메뉴부터 장소, 계획까지 모든 것이 그랬다. 나의 이런 모습은 '우유부단하다'라는 옷을 입었다. 썩 예쁜 옷은 아니었다.

쉽게 결정을 못 하고 남들의 눈치를 봤다. 어떨 때는 한없이 내 맘대로 하면서도 어떤 때는 한없이 남의 말대로 했다. 그 행동의 기준은 아무도 모른다. 단지 순간마다 드는 느낌에 따라 그렇게 결정을 내렸다. 혹시라도 나의 모습에 누가 되지는 않을까 하는 생각들이 매번 나의 욕망과 선택들을 제한했다.

그렇다 보니 내 나름대로 배려라고 했던 것들이 남들에게는 답답함이 되었다. 한때는 남을 미워했다. 남들이 내 배려를 배려답지 못하다고 받아들일 때 화가 났다. 나를 좋게 봐주지 않으면 그들은 내 이상을 방해하는 것이었다. 좋은 사람이고자 하는 나의 이상향에 먹칠을 하는 것이라고 생각했다. 나는 물론 남들조차 만족하지 못하는 상황이 자주 반복됐다. 꾸며낸 모습과 하나가 되려 할수록 나는 그것과 점점 더 멀어졌다.

어디에서 일할 때도 마찬가지였다. 인정받고 싶으니 열심히 했다. 열심히 하면서도 잘하는 사람이 되고 싶었다. 하지만 나는 실제로 남의 일에 그렇게 열중하는 사람이 아니었다. 금세 싫증을 내고 늘 갈등했다. '이 정도 했으면 됐지.'라는 생각과 '남들에게 잘 보이려면 더 열심히 해야 돼.'

**69**

라는 생각이 서로 싸웠다. 머릿속에서 요란한 소리가 났다. 진짜 내 모습을 감추고 남에게 맞추려니 나만 힘들었다.

'한국책쓰기1인창업코칭협회(이하 한책협)'의 김태광 대표가 말했다. "나는 남의 눈치를 보지 않습니다. 오직 나 자신과 하나님의 눈치만 봅니다." 그의 당당함이 멋있고 존경스러웠다. 가난함과 처절한 절망을 극복하고, 하늘 높이 우뚝 솟은 그의 자신감이 찬란했다. 그 역시 한없이 낮은 자존감에 허덕일 때가 있었다. 시골에 살던 그의 집은 가장 가난했다. 게다가 그는 말더듬증이 심했다. 김태광 대표가 28세 때 그의 아버지는 음독자살을 해서 그에게 수천만 원의 빚이 생겼다. 그가 꿈을 말할 때 주위에서는 그의 꿈을 비아냥거리며 그에게 손가락질했다. 형편이 어려워 끼니를 물과 라면으로 때울 때가 많았다.

김태광 대표는 그런 사람이었다. 그러나 지금은 다르다. 신문사에서 수여하는 '책 쓰기 코칭 부문 대상'을 휩쓸고 다닌다. 그가 펴낸 책이 200권이 넘는다. 그가 배출한 작가들이 800명이 넘는다. 100억 원대 자산가다. 주위의 가난한 사람들을 돕는 국내 최고 동기부여가다. 그는 자신이 살고 싶은 삶, 스스로 행복한 삶을 산다. 그가 이렇게 되기까지는 치열함이 있었다. 그는 자신이 산전수전, 공중전, 우주전, 심지어 의식전까지 치렀다고 말한다. 요즘 나는 그 '의식전'이라는 말이 무슨 뜻인지 알 것도 같다.

'참으면 병 된다.'라고 한다. 참으면 쌓인다. 쌓인 것은 언젠가 터진다.

그것들은 사라지지 않는다. 내 마음을 누가 볼 수 있을까? 내 마음을 볼 수 있는 시야는 오직 나만이 갖고 있다. 우리는 우리 마음을 들여다보아야 한다. 그동안 얼마나 많은 것을 재단하고 얼마나 많은 것을 남들의 기준에 맞추어왔는지 살펴보아야 한다.

내 생각과 감정에 솔직해진다는 것이 사실 말처럼 쉽지는 않다. 우리는 그것에 익숙하지 않다. 그것을 적나라하게 들여다보고 인정한다는 것이 결코 편한 일도 아니다. 방법조차 모를 수도 있다. 하지만 그것이 어렵고 단 한 번의 시도에 성공하지 못할 수도 있다는 것을 인정해야 한다.

처음은 누구나 낯설고 어렵다. 하지만 어렵다는 것이 불가능하다는 것을 뜻하지는 않는다. 생각해보면 우리는 참 많은 것을 정복해왔다. 오히려 아무 생각도 없이 순수했을 때 우리는 어려움 앞에 당당했다. 그것을 극복하는 것은 즐거움이었다. 예를 들어 '걸음'이라는 행위가 얼마나 굉장한 일인지 우리는 모른다. 우리는 자연스럽게 그것을 해냈다. 몸을 뒤집고 기어서 짚어가며 스스로 해낸 것이다.

행복하고 싶다면 행복을 선택하면 된다. 그 첫걸음은 나를 들여다보는 것, 내게 솔직해지는 것으로부터 시작된다. 내 세상에서 나를 무시하고는 아무것도 이뤄질 수 없다. 내 생각, 내 감정, 내 욕망에 솔직해져야 한다. 내 삶의 주인공은 다른 누구도 아닌 바로 나 자신이기 때문이다.

**71**

# 틀림없이 후회할 것 같은 부탁에는

누군가 나에게 부탁을 했을 때 대답은 두 가지다. 승낙이나 거절이다. 하지만 여기서 승낙은 두 가지로 분류될 수 있다. 첫째는 기꺼이 하는 승낙, 둘째는 마지못해 하는 승낙이다. 기꺼이 승낙하는 마음에는 거부감이나 장벽도 없다. 두려움도 없고 부담감도 없다. 부탁을 능히 들어줄 수 있다는 자신감과 편안함이 있다.

부탁을 받았을 때의 첫 느낌이 있다. 그 어떤 속박으로부터 자유로워지고 싶다면 그 첫 느낌에 솔직해져야 한다. 속박이라는 것은 내 마음대로 행하지도, 말하지도 못하는 것이다. 그렇다면 때때로 우리는 왜 마음대로 나아가지 못하는가? 그 짧은 순간 우리도 모르는 사이에 우리의 의식이 상대방을 향하고 있기 때문이 아닐까.

항상 상대방의 생각과 기분을 염두에 둔다. 호의라는 것은 때로 당연한 것처럼 여겨져서 부탁을 하는 사람이 갑이 되고 부탁을 받는 사람이 을이 되는 요상한 관계가 펼쳐지기도 한다. 그런데 사실 감정상 우열의 관계는 본인 스스로 이미 정한 것이나 다름없다. 스스로에 대한 자존감이 낮으면 희생을 덕목으로 삼아 남에게 맞춰주게 된다. 자존감이 높은 사람은 거절당하는 것을 두려워하지 않는다. 감정상 승리와 패배는 오로지 자존감이 낮은 사람의 마음에서만 일어난다.

부탁의 성격은 너무나 다양하다. 납득이 안 되는 부탁을 천연덕스럽게 요구할 수도 있다. 애걸복걸하며 매달릴 수도 있다. 감정상 협박처럼 들이대는 부탁이 있을 수도 있다. 하지만 그 어떤 상황이든 뭔가 안 좋을 때 마음에서 일어나는 일은 똑같다. 즉 나는 바로 나를 편안하지 못하게 하는 거부감을 마주해야 자유롭고 편안한 선택을 내릴 수 있다.

내게 일어나는 모든 생각과 감정을 알아차리고 인정한다. 인정하지 않을 때 자유와 행복은 멀어진다. 나를 가감 없이 인정하고 상대방에게 솔직하게 털어놓을 때 진솔한 의사소통이 가능하다. 일방적인 통보와 굴복이 아니라 진정한 부탁과 승낙 혹은 거절이 이뤄진다. 거절은 나를 나답게 하는 하나의 훌륭한 기술이다.

내가 지금 어떤 상황에 있는지, 상대방의 부탁을 들어줄 만한 마음상태인지, 지금 내 감정은 어떤지 직시하고 그것을 이야기한다. 사람의 마음은 말과 행동으로 표현되지 않을 때 고여 썩는다. 인정하지 않으면 감정에 휘말려 말을 쏟아내게 된다. 아무것도 진실하게 흘러가지 않는다.

거절하는 것이 두렵다. 상대방의 마음에 상처를 낼까 봐 조심스럽다.

하지만 편안하지 못한 내 마음에는 소홀하다. 아이러니하다. 남들에게 갈까 봐 무서운 상처가 고스란히 내게 새겨진다. 이는 인정하지 않고 억지로 끼워 맞출 때 벌어지는 일이다. 본인에게 진실하지 못하니 시간이 지날수록 후회와 자책, 원망이 쌓인다. 과연 우리는 어떤 선택을 내려야 할까?

다른 사람 신경 쓰지 않는 연습

1. 나는 지금껏 정말 「나」로 살았을까?

## 2장

늘 내게 상처가 되는 사람들

# 사람들은 왜 나에게 상처가 될까?

낮은 자존감은 계속 브레이크를 밟으며 운전하는 것과 같다.

– 맥스웰 몰츠(Maxwell Maltz)

## 도대체 나한테 왜 그래요?

연약한 피부는 작은 마찰에도 달아오른다. 금세 실핏줄이 터져 울긋불긋 반점을 새긴다. 때로는 멍이 들고 때로는 피를 낼 정도이며 쉽게 아프다. 내 마음은 얇디얇은 피부 같았다. 쉽게 상처받았다. 겉으로는 안 그런 척해도 늘 속으로는 남의 눈치를 보고 내 평판에 신경을 썼다. 실없이 내 뱉은 말이 오해가 되지 않을까 전전긍긍했다. 예상대로 되지 않을 때 마음이 아려왔다.

내가 통제할 수 없는 것을 통제하려 하니 늘 좌불안석이었다. 원하는 대로 할 수 없는 것을 내 뜻대로 하려 했다. 상황들이 내 기대만큼 흘러가지 않을 때 좌절하고 분노했다. 내가 그리는 모습에 맞춰주지 않는 타인들을 미워했다. 자존감은 바닥을 찍었다. 힘이 없어 맥이 빠졌다. 부족한 에너지를 분노와 적대감으로부터 채웠다.

나는 초등학교 6학년 때 대전에서 일산으로 전학을 왔다. 5학년 때 담임선생님은 서울 가면 공부 열심히 해야 된다고, 그곳 아이들은 무서우니까 조심하라고 당부하셨다. 열두 살짜리 꼬마는 그냥 그런가 보다 했다. 하지만 속으로는 은근 긴장이 되었다. '서울은 도대체 어떤 곳이기에 그럴까?' 당시에는 서울 근처면 다 서울이라고 했다.

서울 아이들이 무섭다고 느낀 건 전학 온 지 얼마 안 돼서부터였다. 오자마자 한 아이한테 맞아 코뼈가 부러졌다. 피가 철철 났고 저절로 눈물이 났다. 이비인후과에서 수술을 했는데 마취가 제대로 안 됐다. 수술기구로 인중을 지렛대 삼아 부러진 코뼈를 들어 올렸다. 빠드득 소리가 났다. 비명을 질렀다. 나는 속으로 '잘만 하면 돌고래와도 이야기 나눌 수 있겠다.' 싶었다. 내 성대가 그 정도 고주파를 내뿜을 수 있을 줄은 몰랐다.

하루는 학원에 갔다가 돌아오는 길이었다. 아직 동네 밤길이 낯설어 잔뜩 움츠리고 걷고 있는데 어디선가 욕이 들려왔다. "X새끼야." 하는 소리가 들렸다. 설마 나를 부르는 소리일까 싶어 그냥 걸었다. 응답을 바라는 욕이 계속 등에 꽂혔다. 혹시나 하고 돌아보니 모르는 형 둘이서 나를 노려보며 "X새끼, 이제야 쳐다보네." 하는 것이었다. 그러고는 그냥 갔다. 도대체 그들은 뭘 원했던 것일까? 집에 와서 엄마 앞에서 펑펑 울었다. 선생님 말씀이 맞았다. 여기는 정말 무서운 곳이었다. 싸울 때 얼굴을 치지 않나, 모르는 사람한테 괜히 시비를 걸지 않나. 아니, 어떻게 얼굴을 때릴 수 있지? 아플 거라는 걸 모르나? 이해가 안 됐다.

나는 눈매가 날카롭다. 첫인상이 차갑다는 말을 많이 들었다. 그래서 일부러 안경을 쓰고 다니기도 했다. 그러면 눈빛을 좀 상쇄시킬까 봐 그랬다. 어릴 적 자주 시비에 휘말렸다. 그런 일을 많이 겪다 보니 언제부턴가 지나치는 사람들을 보면 괜히 심술이 났다. 나를 쳐다보는 것 같으면 눈을 한껏 치켜뜨고 노려봤다. 상대방의 시선에 기본적으로 적대감이란 꼬리표를 붙였다. 무조건 경계심부터 앞세웠다.

여러모로 악조건이었다. 사랑으로 채워야 할 마음이 계속 뜨거운 불길에 휩싸였다. 스스로 사랑할 줄 모르니 외부의 자극에 쉽게 타올랐다. 나를 향한 상대방의 눈짓 하나, 행동 하나가 거슬렸다. 신경 쓰였다. 혹여나 내게 해코지가 될까 긴장했다. 나를 지켜야 하는데 지키는 방법을 몰랐다. 말을 예쁘게 해서 상대방의 마음을 사로잡을 줄도 몰랐다. 물리적으로 지키기에는 몸이 너무 가녀렸다.

**81**

어릴 적 기억이 소중하다. 귀한 실마리가 된다. 그것은 나를 되찾는 데 필요한 실마리다. 여러 가지 일이 있었다. 나의 낮은 자존감은 어쩌다 뚝 떨어진 것이 아니었다. 부모님, 친구, 학교, 모르는 사람들, 미디어 등 여러 가지를 통해 만들어진 것이었다.

예전에는 그런 생각을 했다. '참 멋지고 훌륭한 사람 같은데 왜 저런 나쁜 짓을 저질렀을까?' 우리가 못 돼서 안달인 직업이 몇 가지가 있다. 틀림없이 그 직업을 가진 사람들은 공부를 열심히 했을 것이었다. 나는 공부를 잘하면 모범생인 줄 알았다. 그리고 모범생은 착한 사람인 줄 알았다. 그런데 모범생이었을 사람들이 뉴스에 나오게 된 면면을 살펴보면 그리 바람직하지 못했다. 내가 배운 도덕관념과는 전혀 반대인 길을 걷고 있었다. 심지어 미디어는 내가 어찌할 수 없는 부당한 일들을 마구 퍼 날랐다. '왜 도대체 교과서가 가르치는 대로 살지 않는 거야?'라며 분노하기도 했다. 물론 나도 내 입맛대로 도덕을 취사선택하기는 했다.

나는 사랑도, 공감도 받기 어려웠던 시절을 살았다. 엎친 데 덮친 격으로 세상에는 부정적 일들이 넘쳐났다. 어린 영혼의 머릿속에는 홀로 하는 생각이 많았다. 지금 돌아보면 그 생각들은 병든 마음으로 가는 지름길이었다. 못생긴 가치관이 무럭무럭 자라났다. 물론 그 속에서도 이상과 꿈을 아예 놓지는 않았다. 어찌 보면 내가 분노한 것은 정의를 갈망하고 이해되는 세상에서 살고 싶기 때문이었다. 이해되는 세상을 구축하고 싶기도 했다. 하지만 세상을 바꾸려는 시도는 무의미한 일이라는 것을 알지 못했다. 나는 모르는 것이 많았다.

## 상처받은 사람이 상처를 돌려주다

내 이야기가 공감받지 못하는 경험이 계속되었다. 내 생각과 감정은 부정당한 적이 많았다. 마음이 굳게 닫히고 속으로 움츠러들었다. 나 혼자 생각하고 결론을 내렸다. 누구와 터놓고 이야기할 수 없는 마음에 혼자 대화했다. 점점 가치관이 뚜렷해지고 나만의 생각이 확고해졌다. 세상을 받아들이는 시야가 좁아져갔다.

가치관이 굳세면 구분이 뚜렷해진다. '너'와 '나'의 경계가 확실하고 옳고 그름이 명백해진다. 당연히 그것은 진리가 아니었다. 내 주관적인 경험에 근거한 '나만의' 옳고 그름이었다. 내가 이해할 수 없는 것들은 불쾌함을 일으켰다. 내가 인정하지 못하는 것이 많아졌다. 나는 점점 사랑에서 벗어난 외딴길을 걷게 되었다.

그토록 듣기 싫어하던 말, '~해야 돼.', '~하면 안 돼.'라는 말을 돌아보니 내가 제일 많이 하고 있었다. 호불호가 쉽게 갈렸다. 내가 추구하는 이상과 괴리감이 느껴지는 것들에 대해서는 쉽게 분노하며 비난했다. '어떻게 저럴 수 있지?', '이해가 안 된다' 등의 말이 일상이 되었다. 멋대로 평가하고 미워하는 일이 잦았다.

결국 모든 것이 스트레스였다. 사람이 다 같지 않음을 인정하지 못했다. 내 잣대에 맞추어 행동하거나 말하지 않으면 화가 났다. 안 그래도 사랑을 제대로 배우지 못한 마음은 열심히 미움부터 채워갔다. 스트레스는 만병의 근원이라 했던가. 나의 몸과 마음은 망가지기 시작했다. 쉽게 상처를 주고 쉽게 상처받았다.

한편으로는 좋은 사람이고 싶으니 이해하는 척, 이해되는 척을 많이 했다. 스스로 끊임없이 혼란스러움을 자초했다. 차라리 솔직하게 대놓고 싸우기라도 했으면 좋을 텐데, 애써 감추고 꾸미려는 마음이 모순을 창조했다. '나는 다른 사람들 기준에 완벽한 사람일까?' 그럼에도 나는 나의 모순을 인정하지 못했다. 하고 싶지도 않았다. 어떻게든 설명을 만들어내서 합리화를 시켰다.

나를 구원한 것은 독서였다. 세상이 알려주지 않은 지혜들을 책이 알려주었다. 지식이 아니라 지혜를 습득했다. 굵은 경계선이 흐트러지기 시작했다. 마음이 서서히 안정을 되찾기 시작했다. 하지만 여전히 하루에도 수십 번 흔들린다. 하지만 이제는 그것에 연연하지 않는다. 그것조차 '나'임을 자연스럽게 받아들인다.

나는 '그런 일은 있을 수 없어.'라는 말을 놓아버렸다. 세상에 있을 수 없는 일은 없다. 있어서는 안 될 일도 없다. 그렇게 느끼는 것은, 단지 내가 '그런 일이 일어나서는 안 된다.'고 믿어왔기 때문임을 알았다. 우리의 의식과 인식은 기적이다. 내가 살아 있음을 한 번이라도 생생하게 느껴본 자아는 마음을 연다. 이 모든 순간이 기적 그 자체임을 본다. 좋고 나쁨이 의미가 없음을 안다. 우리는 무한한 가능성의 장에서 살기 때문이다.

일어날 수 없는 일은 일어나지 않는다. 우리가 목격하고 경험하는 일들은 일어날 수 있기에 일어난다. 얼마나 많은 가능성을 재단하고 정의하며 구분해왔는가. 세상에 내가 통제할 수 있는 것은 나 자신 외에 아무것도 없다. 판단하기를 멈추니 마음이 고요해졌다. 억지로 뭔가 바꾸려던 것을 놓고 오로지 나에게 집중했다. 그렇게 나는 오래전 어딘가에 두고 온 '나'를 되찾을 수 있었다.

# 02

# 나는 왜 사람들의 눈치를 보는 걸까?

우리는 다른 사람과 같아지기 위해 삶의 4분의 3을 빼앗기고 있다.

– 쇼펜하우어(Schopenhauer)

## 눈치 보는 사람이란 꼬리표가 싫어요

『표준국어대사전』에는 '눈치'에 대한 정의가 '남의 마음을 그때그때 상황으로 미루어 알아내는 것'이라고 실려 있다. 우리는 도대체 왜 남의 마음에 그렇게 신경 쓰는지, 왜 그래야 되는지. 몇 번씩 다짐한다. 더 이상 피곤하게 살지 않겠다고, 남의 눈치 보며 살지 않겠다고 결심한다. 하지만 현실은 생각처럼 잘되지 않는다. 세상은 우리가 눈치 보지 않을 수 없게끔 흘러간다. 사실 원래 그렇다. 타인의 마음을 헤아리지 않고서는 살아갈 수 없다. 우리는 홀로 살지 않기 때문이다. 태어나자마자 우리는 가정이라는 작은 사회에 속한다. 우리가 속한 공동체의 범위는 차츰 넓어진다. 초등학교, 중고등학교, 대학교, 직장, 그리고 국가, 궁극적으로는 '인간'이라는 사회까지.

때로는 눈치 보는 것보다 '눈치 보는 사람'이란 낙인이 더 싫었다. '눈치 보는 사람'은 줏대 없이 휘둘리는 자아의 이름이었다. 인정받고 싶고 미움 받기 싫은 마음에 자주 눈치를 봤다. 왠지 나약하게 느껴졌다. 그러나 나는 약한 사람이고 싶지 않았다. 이것저것 세워놓은 기준이 많아 스스로 지독히도 괴롭혔다.

한때 지나온 모든 경험이 후회이고 시간낭비처럼 느껴진 적이 있었다. 그간의 경험들은 내게 아무것도 쥐어주지 않았다. 손에 잡히고 눈에 보이는 어떠한 결과물도 없었다. 처절한 좌절과 방황, 고민만 남았다고 생각했다. 하지만 보이지 않는 곳에 뜻깊은 무언가가 쌓이고 있다는 것을 몰랐다. 뒤늦게 깨달았지만 나는 방황을 통해 값진 것들을 배우고 있었다.

따지고 보면 그 모든 것이 '나'였다. 그것들을 빼놓고는 더 이상 나를 논할 수 없었다. 내 손에 남는 것은 졸업장 하나뿐이었지만 그동안 내가 생각하고 느껴왔던 모든 것이 나를 '나'로서 살아가게끔 만드는 원동력이 되는 것이었다. 그리고 실제로 그랬다. 눈에 보이는 성과는 없지만 공대를 다니며 비로소 '내가 원하는 것'에 대한 질문을 시작할 수 있었다. 홍익대 산업디자인학과에 들어가며 공부는 언제라도 도움이 될 수 있음을 실감했다.

나는 미술에 흥미가 있었을 뿐이었지 진지하게 탐구해본 적은 없었다. 한양대를 자퇴한 그해에 미대 입시를 준비하며 학원을 다녔다. 하루 12시간씩 꼬박 앉아 그림을 그려야 하는 환경을 견디지 못했다. 지루했다. 내가 그리고 싶은 그림을 자유롭게 그리지 못하는 게 못마땅했다. 힘들었다. 그래서 한 달도 안 되어 그만두고 집에서 홀로 연습했다. 내 그림이 다른 아이들의 것보다 어설펐음은 당연한 일이었다. 내가 공부할 동안 그들은 그림을 그렸다.

실기 시험 날 면접을 봤다. 실기는 두 가지 과제가 주어졌다. 하나는 사물을 정밀 묘사하는 것이었고 나머지 하나는 자유롭게 상상화를 그리는 것이었다. 전자는 '자물쇠'였던 것으로 기억한다. 그것은 나름대로 봐줄 만했다. 엉망은 아니라고 생각했다. 다만 후자는 내가 보기에도 웃음이 나왔다. '이 정도로 미대에 들어가겠다고?' 나는 속으로 자문했다.

그림을 내 옆에 두고 교수님들과 면접을 봤다. "왜 잘 다니던 공대를 그만두고 미대를 왔느냐?"라는 질문에 꿈을 좇아 왔다고 망설임 없이 대답했다. 원래 내가 하고 싶던 것은 미술이었으며 자동차 디자이너가 되는 것이 꿈이라고 덧붙였다. 어느 정도 예상했고 은근히 물어봐주길 기대했던 질문이었다. 나의 대답이 좋은 인상을 심어주리라는 것을 알고 있었다.

내 그림 실력은 그들과 비교해서 한참 부족했지만 수능에서의 좋은 성적과 면접에서 했던 탁월한 대답이 나를 합격으로 이끌었다. 면접도 면접이지만, 내가 학창 시절에 공부를 열심히 해놓지 않았다면 불가능한 일이었을지도 모른다. 9월 달에 자퇴를 결정하고 한동안 군대부터 다녀오겠다며 놀기만 했다. 그러다 주위의 만류에 마음을 고쳐먹었다. 시간이 촉박했다. 수능까지 한 달 여 남아 있었다. 사정상 전 과목을 다 아우를 수는 없었으므로 수시 요건을 맞출 수 있게끔 전략적으로 공부했다. 집중한 결과 다행히 좋은 성적을 받을 수 있었다.

고려대학교 생명과학부도 마찬가지다. 딱히 내게 남는 것은 없다고 생각했지만 그때의 배움이 인간 이해의 지평을 넓혀주었다. 내가 볼 수 없던 것을 보게 해주었다. 인간에 대한 생물학적 이해가 깊어졌다. 인간이란 동물의 생물학적 특성이 일상생활 속에서 어떻게 모습을 드러내는지 알게 되었다. 뇌과학을 탐구하며 '생각'을 좀 더 이성적으로 바라볼 수 있게 되었다. 예를 들어 우리의 생각은 일종의 전기신호이다. 특정 생각을 불러일으키는 전기신호는 우리의 인식을 앞선다. 뇌에 전극을 꽂고 신호를 관찰하면, 피실험자가 어떤 선택을 내릴지 당사자가 알아채기도 전에 감지할 수 있다. 스스로는 '내 의지로 내린 선택'이라고 하지만 정작 그 의지조차 본인도 모르는 사이 결정되어 있다는 것이다. 말하자면 내가 하고 싶어 하는 만큼 제멋대로 휘몰아치는 생각도 많다는 것이다. 어쩌면 더 많이.

## 눈치에 묻은 때를 닦아내다

나는 개인 '정순규'이기 이전에 하나의 인간으로서, 인간이 눈치를 왜 보는지가 궁금했다. 모든 것을 통제할 수 없는 것이 인간이다. 그러나 인간은 통제욕을 갖는다. 자신이 통제 가능하고 예측 가능한 상황 속에 있을 때 안전함을 느끼기 때문이다. 사실 우리는 굉장히 원초적인 삶을 살던 수렵채집인으로부터 진화했다. 그들의 유전자가 우리 몸 안에 있다. 그들의 본능은 여전히 우리 안에 있다. 나는 인간이 진화해온 과정을 알고 싶었다. 그래야 좀 더 정답에 가까운 해답을 찾을 수 있다고 생각했다. 현상 이면에 어떤 이유들이 몸에 있는지 알고 싶었다. 나는 우리 부모님을 닮았고, 부모님은 조부모님을 닮았고, 조부모님은 또 그들의 부모님을 닮았다. 그렇게 인간이 닮고 닮아온 과정이 궁금했다.

인간의 조상이 이 땅위의 지배자가 되기까지는 하나의 조건이 충족하면 되었다. 바로 우리가 사용하는 언어다. 인간은 아주 오래전부터 사회적 동물이었다. 『사피엔스』의 저자 유발 하라리에 따르면 인간의 언어는 정보전달보다 '수다를 떠는 것'에 더 큰 의의가 있다고 전한다. 그 책에 의하면 단순히 "조심해! 사자가 나타났어!"라는 대화보다 "누가 이랬다더라, 저랬다더라." 하는 대화가 훨씬 중요했다. 무리 내의 누가 누구를 미워하고, 누가 정직하고 야비한지를 아는 것이 필수적이었다. 이런 대화는 서로 신뢰를 구축하고 믿을 만한 사람들끼리 협력을 하게 된다. 지구 역사상 유례없는 큰 범위의 공동체를 구성할 수 있었던 것은 이런 능력 덕분이었다.

자신의 평판을 좋게 유지하는 것은 필수적이었다. 예나 지금이나 다를 바가 없다. 인간의 공동체는 이제 전 지구를 아우른다. 타인과 비교해서 내 위치를 파악하고 먹이와 배우자를 두고 경쟁하는 것은 지극히도 자연스러운 인간의 본성이다. 눈치는 타인의 마음을 파악하여 나를 정립하는 행위였다. 다만 지금은 비교나 경쟁의 대상과 범위가 조금씩 모습을 달리하는 것뿐이었다.

일상에서 눈치를 보는 상황은 한도 끝도 없다. 위협으로부터 나를 보호하기 위한 눈치, 남들에게 상처를 주지 않을까 보는 눈치, 사람들의 분위기가 어떤지 파악하려는 눈치, 상대방이 뭘 원하는지 알고자 하는 눈치 등 그 모든 일이 무리 사이에서 '나'라는 존재감을 건강하게 유지하기 위한 방법이었다.

그러나 분명 현대 사회에서 '눈치 본다'는 것은 정도를 넘어섰다. 이제 그것은 단순히 나의 건강한 생존을 위함이 아니었다. 찌그러지는 자존감을 보호하기 위함이었다. 혹은 눈치를 보면서 나를 잃어갔다. 그것은 타인에게 나의 주도권을 넘겨주는 행위였다. 사회는 복잡해졌고 개인은 스트레스에 더 쉽게 노출되었다. 이제 나는 조금 알 것도 같았다. 어떤 현상의 이유를 알게 되면서 좀 더 차분하게 바라볼 수 있게 되었다. '눈치 보는 것'에 대한 불쾌함을 조금은 내려놓고 받아들이게 되었다.

'나는 잘못된 게 아니구나. 나는 그저 사람일 뿐이구나.'

'남의 마음을 그때그때 상황으로 미루어 알아내는 것.' 다시 살펴본 눈치의 정의는 어찌 보면 사뭇 따뜻하다. 공감받고 싶은 외로운 영혼들이 널려 있다. 주위에는 마음을 드러내지 못하고 알아주지 못해 쓸쓸한 영혼이 많다. 그들에게 어쩌면 눈치 본다는 것은 아름다운 위로가 될 수 있지 않을까?

다만 무엇보다 중요한 것은 먼저 '나'의 눈치를 살펴야 한다는 것이다. 우선 나의 마음을 들여다봐야 한다. 나를 알기 전에는 사람과 마음이 무엇인지 알 수 없다. 인간을 이해하는 데 가장 정확한 참고자료가 바로 여기에 있다. 바로 나 자신이다. '나'와 우리는 모두 인간이다. 우리 안에 인간이 무엇인지, 마음이 무엇인지 다 들어있다. 우리는 인간 역사의 총합이다.

가장 외로워하고 고통받고 있는 자아의 눈치를 먼저 살피자. 눈치 보느라 지친 마음을 달래주자. 고독하게 메마른 나의 마음을 먼저 다스려주자. 형이상학자 네빌 고다드는 "세상은 내 마음의 반영이다."라고 말했다. 즉 거울에 비친 내 모습이 싫어 거울을 깨지 말고 내 모습을 바꾸라는 것이다. 우리의 마음이 우리로 인해 치유받고 사랑받을 때 비로소 나다운 삶을 시작할 수 있다. 나다운 삶에는 경계나 판단이 없다. 오로지 따뜻한 사랑만 있을 뿐이다.

# 03

# 왜 난 혼자 있는 게 더 편할까?

당신이 저지를 수 있는 가장 큰 실수는 실수를 할까 봐 두려워하는 것이다.

– 엘버트 허버드(Elbert Hubbard)

## 몸은 자라도 마음은 그대로

나는 어른이 되는 게 싫었다. 어른이 된다는 것은 나를 포기해가는 과정 같았다. 사람들이 사회생활에 찌들어가는 모습을 많이 봤다. 내가 보고 듣는 어른들의 삶은 고역이었다. 밋밋하고 칙칙했다. 행복한 모습보다는 늘 아픔이 더 크게 다가왔다. 어른들은 자신보다 다른 누군가를 책임져야 했고, 그들 중에는 오롯이 혼자 살지 못하는 경우가 많았다.

나는 철이 없다. '현실'이라는 것에 순응하며 살고 싶지 않았다. 원 없이 꿈꾸고 상상하며 살고 싶었다. 남들 하라는 대로 사는 것이 아니라 내 마음이 행복한 대로 살고 싶었다. 하지만 현실이란 그늘을 온전히 벗어날 수는 없었다. 그래서 방황하고 고뇌했다. 혼란스러웠다. 갈피를 잡지 못해 손발이 떨렸다. 삶을 내딛는 한 걸음 한 걸음이 무겁고 두려웠다. 보장되지 않은 미래를 확신할 수 없었다.

어릴 때는 문 밖을 나가는 순간이 모험의 시작이었다. 푸른 하늘과 기분 좋은 바람은 내 심장을 펌프질했다. 모든 것이 재미있고 설레었다. 나는 세상을 탐험하며 살았다. 어린 마음의 상상은 한계가 없었다. 늘 주인공의 마음으로 살았다. 세상 모든 것이 살아 있는 것처럼 느껴졌다. 인형이며 나무며 꽃이며 심지어는 우리 집의 가구까지 그랬다. 그래서 나는 가끔 그들과 대화했다.

오래전 한 친구의 농담이 기억난다. 어떤 미용실이 있었다. 그곳에 가기만 하면 친구들이 전부 다 똑같은 머리 모양을 하고 나왔다. 어쩜 그리 정교할 수가 있는지 놀라웠다. A라는 친구가 그 미용실에서 머리를 잘랐다. B라는 친구가 그 꼴을 보고 웃으며 말했다. "그 미용실 거의 공장 아니냐? 들어가기만 하면 다 똑같은 모습으로 나와." 친구의 말이 재미있어서 나도 따라 웃었다.

머리가 점점 커가며 그 친구의 농담이 이제는 다른 의미로 다가왔다. 하나의 기준을 따르고 생각과 감정을 재단당하는 우리를 보며 곱씹었다. '지금 우리도 마치 공장의 부품 같아.' 다르게 태어나 똑같기를 강요받는 사회에서 개성은 빛 좋은 개살구에 지나지 않았다. 개성 있게 살라고 다독이는 어른들이 앞장서서 개성을 짓밟고 있었다. 그런 모순은 우리를 아프게 했다.

계속해서 적응해가는 사람들을 본다. 속을 들여다보면 그것은 적응이 아니라 체념에 가깝다. 더 독하게 말하면 체념보다 포기에 더 가깝다. 개인이 행복할 수 없는 기준은 사회의 통념이 되었다. 그 속에서 불만은 어색했다.

"남들 다 그렇게 하잖아. 왜 너만 그래?"

마음이 외치는 소리는 "다 그렇게 살잖아."라는 말에 풀이 죽는다.

쌓이면 넘쳐흐르게 된다. 개인의 자존감을 외면하는 사회가 결국 어떤 병폐를 만들어내는지 우리는 어렵지 않게 볼 수 있다. 나는 예전에 꼬박꼬박 뉴스를 챙겨봤다. 분노할 일에 분노하고 웃을 일에 따라 웃고 슬픈 일에는 함께 울었다. 하지만 얼마 전부터 인터넷 창에서 뉴스란을 아예 지웠다. 이제는 내가 보고 싶은 것만 본다. 내 꿈과 행복을 위한 것으로만 채웠다. 뉴스는 자극적이고 공격적인 정보들로 나를 흩트려놓고 내 생각을 어지럽혔다. 스트레스가 되니 받아들이기 힘들었다. 그래서 나는 세상

일에 신경 끄고 일단 나부터 돌보기로 했다. 내 마음이 깨끗해질 때, 비로소 나는 깨끗한 세상을 볼 수 있기 때문이다.

사랑했던 사람들이 제 갈 길을 간다. 경로가 다르고 목적지가 다르다. 어디로 가는지 모른다. 그들은 행복할까? 우리는 행복할까? 눈물 빼며 터뜨리던 웃음이 자취를 감췄다. 마음이 어딘가 불편한 모양새다. 우리가 묶어놓은 것은 아닐까. 슬슬 풀어줘야 하지 않을까. 마음이 팔다리를 마음껏 뻗게끔 해줘야 하지 않을까.

걷는 길이 다르면 다른 풍경을 본다. 함께 여행을 가더라도 다른 것을 보고 다른 것을 느낀다. 하물며 삶은 오죽할까? 어딘지 모르게 달라져가는 사람들을 본다. '예전 같지 않다.'라는 말은 '너'뿐만이 아니라 나에게도 해당한다. 그런 생각을 하면 미안하고 쓸쓸하고 가슴 아프다. 말 속에 숨은 말들이 많은 것을 깨닫는다.

망설이는 입가에 묻은 말들이 많다. 우리의 대화는 언젠가부터 그렇게 되었다. 함께 있음은 어찌 보면 추억 때문이리라. 이제는 만나면 행복해서가 아니라 외롭지 않으려 서로를 찾는다. 그런 일이 잦았다. 어른이 되어 나누는 대화는 자주 공허했다. 억지웃음으로 포장되지 않는 허전함이 넘쳤다. 그러니 때로는 혼자 있는 시간이 편했다. 공감하고 공감받으며 서로 인정하고 안정시키기는 것을 단념해왔다.

**97**

'우리는 다들 힘든 세상에 살고 있구나.'

두터워진 가치관은 경계와 구분이 뚜렷하다. 들일 사람과 들이지 않을 사람을 가린다. 신경 쓰는 것이 하나의 일이 되었다. 머리가 아프다. 쉽게 판단하여 꼬리표를 붙인다. '미루어 짐작하건대'라는 알고리즘이 수많은 정보를 처리한다. 그간의 경험을 바탕으로 단숨에 해석해버린다. 하지만 이런 것을 스스로 의식하지 않으면 계속 힘들어질 수밖에 없다. 왜냐하면 우리의 뇌는 긍정적인 정보보다 부정적인 정보에 더 예민하고 취약하기 때문이다. 결국 끊임없이 세상을 부정적으로 보게 된다.

신경 쓰는 것이 싫어 혼자를 택하기도 한다. 나 하나 챙기기도 벅찰지 모른다. 혼자임을 선택하는 이유는 다양하다. 그 무엇 하나 합당하지 않은 것이 없다. 그것이 우리의 결론이고 우리의 마음이다. 나는 그것을 애틋한 마음으로 바라본다. 한편으로는 그런 생각을 한다. '함께 어울려 행복했던 시절을 뒤로하고 혼자가 편해지기까지 어떤 경험을 했을까?'

## 나는 너희가 행복하기를 바라

대학생 시절 대외활동으로 중학생 아이들을 만난 적이 있었다. 2년 반 동안 나는 네 명의 아이들과 함께했다. 아이들의 꿈을 같이 나누고 함께 그렸다. 내가 아이들을 찾게 된 건 다름 아닌 바로 후회 때문이었다. 내 삶에 대한 후회. 어른들의 말을 따라 열심히 살았지만, 결국 나는 방황하고 있었다. 새내기를 세 번이나 겪고도 만족하지 못해서 고민하고 있었다. 오묘하게도 나에 대한 후회는 아이들에 대한 사명감으로 옮겨졌다. '혹시 나와 같은 아이들이 있지 않을까? 본인 삶대로 살지 못하는 아이들이 있지 않을까?' 나는 그 아이들과 내 경험을 나누고 싶고 도움이 되고 싶었다.

사춘기임을 한껏 뽐내던 어여쁜 아이, 천진난만한 미소가 아름답던 아이, 생각이 깊고 마음이 따뜻하던 아이, 똘망똘망 귀엽고 순수함을 빛내던 아이 등 그들은 쩍쩍 갈라진 내 마음에 따스한 온기를 얹어주었다. 아이들에게 나는 단지 한 학기 스쳐 지나가는 인연인 것을 알지만 그 순간 최선을 다하기로 마음먹었다. 진심을 전하는 방법이 서툴러 어색하지만 나는 친구의 마음으로 아이들과 소통하려 노력했다.

역시나 아이들의 삶은 예전과 별반 다르지 않았다. 여전히 하기 싫은 것에 둘러싸여 살고 있었다. 견딜 수 있는 명분조차 없었다. 어른들의 교육은 '이해는 뒷전'이었고 '단언과 강요'가 우선이었다. 아이들은 알게 모르게 억눌려 있었다. 나는 아이들의 마음을 이해했다. 아이들의 말에 공감했다. 그들이 무슨 생각을 갖고 있는지 알 것 같았다. 아이들에게 내 진심이 '순간'은 잊혀질지언정 언젠가 반드시 기억해내길 바라며 이야기했다. 너희는 사랑받아야 마땅한 존재며, 스스로의 생각으로 살아가길 바란다고, 지금의 순수함을 잊지 않으면 좋겠다고 말했다.

아이들과 함께하는 순간이 행복했다. 단단한 경계가 흐릿해지는 것이 느껴졌다. 어른들과 있을 때 느끼는 피곤함이 없었다. 혼자 있는 것보다 아이들과 있는 것이 훨씬 기뻤다. 나는 아이들과 이야기 나눌 때 살아 있는 것 같았다. 그들은 싫은 것은 싫다고 솔직하게 말하고, 때로는 투정 부릴 줄도 알았다. 기뻐할 때면 아이들의 미소가 그렇게 아름다울 수 없었다. 때 묻지 않은 솔직한 순수함이란 성벽을 무너뜨리는 화포였다. 꽁꽁 언 마음을 녹이는 햇볕이었다.

나는 어린아이였던 시절을 기억한다. 그리고 그때의 마음이 아직 남아 있음을 본다. 어른의 옷을 입어 마음의 몸은 작다. 옷깃이 나풀거린다. 마음의 목소리는 아직 앳되다. 우리의 생각, 감정, 욕망 모든 것이 어릴 때의 그것과 별반 다르지 않다. 이름표만 바꿔달고 어른의 것임을 주장한다. 아니다. 우리는 태어난 모습 그대로이다. 포기와 체념이란 장막 뒤에 우리는 무언가 숨겨놓았다. 그것은 따뜻함, 순수함, 사랑, 행복, 자유, 꿈이다. 아름다운 그 모든 것이 아직 우리 안에 있음을 나는 믿는다.

# 04

# 문제의 90%는 인간관계에서 일어난다

당신이 동의하지 않는 한, 이 세상 누구도 당신이 열등하다고 느끼게 할 수 없다.

– 엘리너 루스벨트(Anna Eleanor Roosevelt)

## 서로 힘들게 하는 사람들

"행복한 가정은 모두 비슷한 이유로 행복하지만 불행한 가정은 저마다의 이유로 불행하다."

이는 톨스토이의 명작 『안나 카레리나』의 첫 문장이다. 비단 가정뿐이랴. '국가', '사회', '집단', '개인' 등 모든 것이 그 구절 속 '가정'을 대신할 수 있다. 그리고 나는 말하겠다. 그 모든 이유는 결국 '사람'이라고.

직장 때문에 스트레스 받는다는 말에 생각을 얹어본다. 직장을 이루는 수많은 요소 중에 우리가 진정 압박감을 느끼는 것은 무엇인지. 서류 문

**101**

서? 답답한 환경? 쏟아지는 메일? 직책? 야근? 억지로 끌려가는 회식? 사람마다 편차가 있다는 것을 인정한다. 사람의 다양성은 감히 단언할 수 없는 무한한 가능성으로 이뤄지기 때문이다. 하지만 괴로워하는 이면에는 결국 나를 상처입히는 사람이 있다.

서류 뭉치는 아무 의미가 없다. 그것은 결국 해결될 과제이다. 성취감의 원동력이다. 회식은 술 한 잔 기울이며 회포를 풀 수 있는 자리다. 그러나 우리가 받아들이는 마음은 다르다. 사사건건 시비 거는 사람이 있는가 하면, 공들인 보고서를 비아냥대는 사람이 있다. 마음 편히 속내를 드러내지 못한다. 불편한 상하관계가 술자리에서도 이어진다. 어떤 상황에서 어떤 사람들과 함께하는지가 나를 편하게도, 불편하게도 만든다.

온전히 나를 드러내면 손가락질 받는 세상에 산다. 제도에 순응하며 나를 수그리고 살아야 '보통'이 된다. 평범한 삶이란 어느새 우리의 신앙이 되었다. 평범함을 벗어나는 자는 이단아로 취급받는다. 우리의 마음은 누구보다 인정받고 싶은 욕구로 채워져 있다. 내가 나로서 인정받지 못하고, 끊임없이 남을 짓밟고 올라서야만 인정받는다. 만족과 행복은 일시적이다. 늘 긴장하고 경쟁하지 않으면 안 된다. 보이지 않는 마음이 얼마나 애쓰고 있는지 우리는 모른다. 보이지 않는 것이 보이는 것보다 중요하다는 것을 알지 못한다.

힘들고 지치는 것은 당연한 일이다. 우리는 스스로 생각할 수 없게끔 학습을 받았다. 스스로 사랑할 수 없게끔 교육받았다. 우리의 머리와 마음은 어른들의 신념을 그대로 물려받았다. 우리가 믿고 있는 것이 진짜 우리가 믿고 싶은 것일까? 우리가 선택한 것일까? 나는 아니라고 대답하겠다. 그러나 많은 사람이 휩쓸리는 물살에 몸을 띄운 잎사귀 같은 삶을 산다.

종로에서 뺨 맞고 한강에서 눈 흘기는 사람들을 본다. 나 역시 그런 사람이었다. 상처가 지속되면 우리도 모르게 대응 전략을 세운다. 대개는 파괴적이라서 세상을 적대적으로 보게 된다. 부정적인 시선으로 경계한다. 사소한 것 하나라도 나에게 위협이 되지 않을지 걱정한다. 예민한 눈초리로 상대방을 본다. 별 의미 없는 것에 나의 아픔을 투영한다. 검게 그을린 마음에는 어떤 물감을 칠해도 색이 잘 보이지 않는다. 아픔을 볼 때마다 아프다. 나를 괴롭게 하는 순환 고리가 완성된다. 마음의 상처가 처음에는 본인의 탓이 아니었을지 모르지만, 언젠가부터는 스스로 목 조르게 된다.

우리 집은 물질적으로 부족하지 않았다. 하지만 심적으로는 지독하게 가난했다. 온전한 믿음과 신뢰가 없었다. 무조건적인 사랑이 없었다. 진심 어린 칭찬에 인색했다. 끊임없이 결핍감을 만들어냈다. 그래서 나는

**103**

남들과 비교하며 사랑보다는 죄책감과 분노로 살았다. 원망과 비난이 가득했다. 긍정적인 말보다 부정적인 말들이 넘쳐났다. 나는 굉장히 괴로웠다. 하루라도 빨리 독립하고 싶었다.

안에서 새는 바가지 밖에서도 샌다고 한다. 다만 나는 안에서 흘리지 않고 밖에서 쏟아내는 사람이었다. 쓰라림을 억지로 참아내고 견뎌낼수록 밖에서 흐르는 물줄기가 굵어졌다. 어느새 '절대 저런 점은 닮지 말아야지.' 했던 부모님의 모습을 흉내 내고 있었다. 내가 받은 상처대로 상처를 주고 있었다. 집착하고 구속하며 내 멋대로 하려고 했다.

공부가 재미없고 내 꿈은 아직 모르겠고 그저 공허한 마음을 채워줄 누군가만 있으면 된다고 생각했다. 친구와 연인은 내 전부였다. 내가 의지할 수 있고 나를 인정해주는 유일한 사람들이었다. 끊임없이 그들의 인정과 사랑을 갈구했다. 나는 그들을 지치게 만들었다. 그때는 그 사실을 몰랐다. 내 감정과 생각에 휩쓸려 있을 뿐이었다.

넓지 않은 인간관계가 흔들릴 때면 괴로웠다. 머리가 지끈거리고 가슴이 답답했다. 부정적인 의미의 '나 중심'으로만 살았다. 나를 들여다보지 않고 외부로부터 나를 채우려 하니 너무 힘들고 피해 의식이 커져갔다. 내 예상대로 되지 않고 내 기대만큼 흘러가지 않을 때 좌절하고 분노했다. 몸이 망가지고 마음이 망가졌다. 뜨겁고 파괴적인 생각이 하루를 채웠다. 도저히 안 되겠다 싶어 상담을 받거나 정신과를 찾아다녔다. 나는 나를 견딜 수가 없었다.

어느 날 나는 절박한 심정으로 상담을 받는 곳을 찾았다. 대학생 시절 8만 원은 적은 돈이 아니었다. 상담 시간은 한 시간이었는데 돈은 아무래도 상관없었다. 나는 나를 치유하고 싶었다. 전문가로부터 조언을 듣고 상담을 받고 해결책이 나오기를 기대했다. 망가진 마음이 원래 모습을 되찾기를 간절히 원했다.

상담사와 마주 앉았다. 평소에 말을 삼키는 버릇이 있으니 처음 보는 사람 앞에서 말이 잘 나오지 않았다. 솔직한 마음을 꺼내본 적이 없었다. 하지만 말해야 했다. 어떻게 왔냐는 질문에 나는 대답했다. "마음이 고장 난 느낌이에요." 머뭇거리다가 이 말을 내뱉었다. 이 말 외에 지금의 나를 어떻게 설명해야 할지 몰랐다. 혼란스러웠고 미치겠고 화만 가득했다. 생각이 종잡을 수 없는 이 상황을 어떻게 표현해야 할지 몰랐다.

상담사의 입 꼬리가 씰룩거리는 것을 보았다. 순간 억지로 웃음을 참은 듯한 느낌이 들었다. 기분이 나빴다. 이후에 오고 가는 대화가 무미건조했다. 공감과 이해가 아닌 형식적인 질문과 대답들이었다. 그 당시 나는 그렇게 느꼈다. 내 말이 또다시 허공만 맴돌다가 내 마음으로 돌아오는 것 같았다. '나는 이렇게 힘들어 당신을 찾아왔는데 당신은 실실 웃고

**105**

만 있군요.' 하는 생각이 들어 화가 났다. 1시간을 채우지 못하고 상담실을 빠져나왔다. 할 말이 없었다.

## 나를 위한 최고의 치유자

그 후에도 다른 곳을 전전하며 수차례 상담을 받았다. 그런데 지금 생각해보면 그때의 내 마음가짐이 참 우습다. 상담받기 전에 항상 경계를 하고 긴장을 했다. '이 사람이 내 이야기에 공감해줄 수 있을까?', '그냥 형식적인 이야기만 하고 끝나는 게 아닐까?' 하며 지레 겁을 먹었다. 나를 터놓을 수 있는 준비가 안 되어 있었다. 늘 의심의 눈초리로 의사선생님이나 상담사를 바라보았다. 낮아질 대로 낮아진 자존감이 행여 또 상처를 받을까 봐 단단히 방어태세를 갖추었다. 그러니 상담이 제대로 이뤄질 리 없었다.

사람에게 받은 상처는 사람으로 치유받는다고 한다. 맞는 말이다. 하지만 결국 그런 사람을 만나야 가능한 일이다. 이는 타인에게 의존해서 치유 받는 것이 쉽지만은 않은 이유다. 나를 치유해줄 사람을 찾고, 나를 사랑해줄 사람을 찾는다는 것이 고되게 느껴질 수도 있다. 그런 사람이 가까이 있다면 더할 나위 없이 좋다. 그것은 축복이요 큰 선물이다. 그때 우리는 빠르게 상처를 다독일 수 있다. 쉽게 회복할 수 있다.

참 다행인 것은 나를 사랑해줄 사람이 아주 가까이에 존재한다는 것이다. 타인으로부터 받은 상처를 흔적도 없이 씻어줄 사람이 바로 곁에 있다. 그것은 바로 다름 아닌 '나 자신'이다. 내 마음에 공감해주고 내 경험을 오롯이 느껴줄 수 있는 사람이 바로 '나'다. 나라는 사람이 내 곁에 있다. 나와 함께, 내 안에 있다.

나는 정신과를 다니며 생각을 고치고 싶었다. 몇 개의 알약이 나를 치료해줄 수 있으리라 생각했다. 아주 효과가 없는 것은 아니었다. 하지만 정신과를 다닐 때보다 훨씬 극적으로 나를 바꿀 수 있었던 순간은 바로 나를 스스로 돌볼 때였다. 책을 읽으며 생각과 감정에 대해 알고 그것들과 떨어지는 법을 알았다. 내 과거를 돌아보았다. 부정적 경험들을 새로운 시선으로 바라보게 되었다. 내 존재에 대해 생각하고 내 욕망과 느낌들을 적나라하게 들여다보게 되었다.

단지 '생각나는 대로' 생각하는 것이 아니라, '생각하려는 대로' 생각하니 문제라고 생각했던 것들이 또렷하게 보이기 시작했다. 내가 지금까지 주고받은 상처들의 기승전결을 알게 되었다. 상처의 원인을 파악하게 되었다. 내 마음을 마주할 때 비로소 편안해지는 것을 느낄 수 있었다.


살아가면서 다양한 사람을 접하게 된다. 항상 뜻대로 되지 않는 것이 인간관계다. 복잡하고 피로할 때가 많다. 그동안 마음에 둘러온 울타리가 튼튼하다. 침범당하기도, 침범하기도 한다. 싸운다. 지친다. 누구나 다 그렇다. 우리는 다 각자의 세상에 산다. '이해한다.'라는 말이 완벽함을 추구할 수 없다. 그것은 표상적인 이야기다. '나는 나고, 너는 너다.'라는 마음이 삶을 안정되게 만든다. 그렇다고 이것이 이기적인 개인주의를 뜻하는 것은 아니다.

사람은 함께 살아간다. 상처를 받고 상처를 주기도 하지만 결국 사랑하고 위로하는 것도 사람이다. 이런 궁극적인 사랑에 다가가기 위해서는 무엇보다 우선 나를 돌보는 마음가짐이 필요하다. 나를 사랑함으로써 나를 단단히 채운다. 그러면 조급함과 결핍감이 사라지고 여유가 생긴다. 진심 어린 인간관계를 시작할 수 있다. 떠나보낼 것은 떠나보내고 받아들일 것은 받아들이는 초연함을 지니게 된다.

그것이 결코 쉽지 않다는 것을 안다. 꺼내본 지 오래된 마음은 손잡이가 녹슬었을지도 모른다. 삐걱거리는 불쾌한 소리를 낼지도 모른다. 곰팡이가 끼어 기분 나쁜 냄새가 날지도 모르겠다. 하지만 분명한 것은 우리가 상처받을 때, 그 마음의 이면에 무엇이 숨겨져 있는지 알아야 한다는 것이다. 그래야만 우리는 타인에게 휘둘리는 삶에서 자유로워질 수 있다.

# 05

# 상대방과 적당한 거리를 유지하라

남과 교제할 때, 먼저 잊어서는 안 되는 일은
상대방도 나름대로의 생활방식이 있으므로 혼란스럽지 않도록
그의 인생에 함부로 간섭해서는 안 된다는 것이다.
— 헨리 제임스(Henry James)

## 나는 좋은 사람이고 싶었다

'거리를 둔다.'라는 말이 차갑다. 괜히 밀어낸다는 느낌에 불편함이 일렁인다. 그러나 때로 우리는 차가워져야 한다. 온도는 따뜻함과 차가움이 함께 있을 때 온도답다. 사실 차가우면 좀 어떤가. 차갑지 않아 서러운 존재도 많다.

우리는 각자의 공간이 있다. 마음도 마찬가지다. 가뜩이나 비좁은 공간에 여럿 들이려다가 불평만 쌓인다. 정리도 하고 청소도 하고 준비가 되면 받아들이는 손님도 기분이 좋다. 꾀죄죄한 마음으로 여유를 부렸다가

**109**

서로 후회한다. 보고 들리는 것은 상대방의 모습과 목소리지만 오가는 것은 서로의 마음이다.

나는 낯을 많이 가렸다. 그렇게 가려내고 나면 완전히 딴판이었다. 한쪽에서는 신사처럼 점잖을 떨고 한쪽에서는 철부지처럼 굴었다. 나를 들여다보기 시작했을 때 이 점이 혼란스러웠다. 적잖이 당황했다.

"나라는 사람은 도대체 어떤 사람이지? 뭐가 꾸민 모습이고 뭐가 진짜 내 모습일까?"

하지만 곧 전부 나라는 사실을 알았다. 굳이 나는 '나'를 단 하나로 정의하지 않아도 되었다. 그 모든 것을 받아들이기로 결정하니 마음이 편해졌다. 우리 개개인이 우주 같은 존재라는 사실이 위안이 되었다.

나는 나를 잘 꾸며냈다. 내가 보이고 싶은 모습, 남들이 나를 바라봐주길 바라는 이상향이 있기 때문이었다. 그래서 그것에 맞추기 위해 노력했다. 있는 그대로의 내 감정과 생각을 무시하고 이상향에 맞추며 살았다. 그게 멋진 모습인 줄 알았다. 그것이 날 지치게 만든다는 사실을 무시했다. 그것은 고역이었다.

단순히 말하면 좋은 사람, 남들이 좋아해주는 사람이고 싶었다. 그런데 나는 그 '좋은'이라는 정의를 잘못 해석하고 있었다. 나의 '좋은'은 자주 희생에 가까웠다. 무조건적으로 상대방의 기준에 맞춰주었다. 상대방의 만족이 나의 만족인 것으로 착각했다. 나를 죽이고 남을 살리는 것이 좋은 것이 아니라는 것을 몰랐다.

사실 애초에는 마냥 그렇지만도 않았다. 주변 사람들에게 내 주장이 강했다. 어떻게든 내 뜻대로 끌고 가려는 모습을 자주 보였다. 독단적인 말과 행동이 반복되었다. 다른 사람의 마음에 무심했지만 어느 순간부터 그게 누군가에게 상처가 되는 것을 보았다. 직감적으로 느꼈다. 정도를 모르는 마음이 이제는 줏대 없는 사람이 되길 택했다.


공허한 자존감이 처음에는 다른 사람들의 사랑을 착취해서 뺏으려 했다. 그러니 상처가 되었다. 나로 인해 상처받는 타인을 보며 그러지 말아야겠다고 생각했다. 나는 이미 상처가 되는 순간 미움이 될 수 있음을 알고 있었다. 나의 삶에서는 그랬다. 나의 상처는 늘 미움이란 딱지를 돋아 냈으니까. 그래서 나는 미움받기 싫었다.

불안한 자존감이 나를 숨죽이게 만들었다. 고요한 숨소리로 다른 사람들의 말에 고개만 끄덕였다. '네가 좋은 게 나도 좋은 거야.'라고 했다. '나는 아무거나 좋아.'라는 말이 습관이 되었다. 어디를 가더라도 내가 주도적으로 결정하지 않았다. 중요하지 않은 선택일 때도 많았지만 그렇게 결정하는 선택이 내게는 큰 도움이 되는 것이었다. 그리고 진짜 상관없다고 발뺌하는 마음이 서서히 솔직한 욕망을 드러낼 것이었다. 변화는 작은 것으로부터 시작되기 때문이다. 그때 그런 결정을 미루면서 나는 천천히 나에게 도달하게 되었다.

나의 가면은 얼굴에 딱 붙지 못하고 자주 덜렁거렸다. 흘러내릴까 봐 조바심 내며 살았다. 세상이 나를 감시하는 것 같았다. '너 어떻게 사는지 딱 지켜보겠어.'라고 하는 것 같았다. 한때는 친구들과 대화할 때 "조용히 좀 해. 누가 들으면 어쩌려고 그래."라는 말이 단골이었다. 조심조심 눈치 보느라 정신이 없었다.

거짓말은 눈덩이처럼 불어난다고 한다. 사소한 거짓말도 계속 감추고자 하면 끊임없이 새로운 거짓말을 창조해내야 한다. 하나부터 열까지 뜯어고쳐야 한다. 아주 힘들고도 시간이 오래 걸리는 작업이다. 나는 내 인생을 걸고 거짓말을 하고 있었다. 심지어는 거짓말을 하고 있다는 사실조차 자각하지 못했다. 생각과 감정을 관찰하는 의식이 그때는 깨어 있지 않았다.

## 마음속에 찍힌 발자국

상대방의 마음을 자주 넘나들었다. 그들만의 공간에 더러운 발자국을 남겼다. 내 마음에도 지저분한 흔적이 많았다. 서로 지켜야 할 선이 있다

**112**

는 것을 몰랐다. 멋대로 드나들다 흐지부지되는 인간관계가 많았다. 기대했다가 쉽게 실망하고, 기대감을 심어주었다가 쉽게 실망시키기도 했다. 가까워질수록 밀어내는 힘도 거세졌다. 마음은 때로 끌어당기는 인력이었다가 때로는 밀어내는 척력이었다. 꾸며낸 자아는 진솔한 관계를 맺을 수 없었다. 솔직해지는 것은 어려운 일이었다. 나를 드러내지 못하니 괴리감이 느껴졌다. 공허함이 맴돌았다.

상대로부터 내 부족한 부분을 빼앗아오려 했다. 지나치게 가깝다 싶으면 부담감이 된다. 코앞에 차가 들이닥친 것처럼 위협이 된다. 적당한 거리를 유지하는 것은 참 난해한 일이었다. 그것은 숙제였다. 내가 내게, 세상이 내게 준 숙제였다. 풀 방법을 몰라 고민이 늘었다.

적당한 거리를 유지하라는 말을 많이 들었다. 그런데 도통 그 '적당한'의 범위가 어디서부터 어디까지인지를 몰랐다. 하지만 당시 내가 적당하지 않은 거리에 있음은 알고 있었다. 나는 집착했고 요구했고 강요했다. 너무 가깝게 보니 시야가 좁았다. 뜬 눈으로 봐야 할 것을 현미경으로 봤다. 마치 내 생각과 감정에 휘말리듯이, 상대방의 생각과 감정에 휘말리기도 했다.

그렇게 되면 대화도 힘들다. 대화가 늘 순조로울 수는 없다. 네 생각이 내 생각과 다른 것은 너무나도 자연스러운 상황이다. 그러나 자주 우리는 조절되지 않은 감정에 떠밀리듯 말을 내뱉는다. 너는 너대로 옳고 나는

**113**

나대로 옳음을 인정하지 않는다. 내 생각과 감정에 대한 반론을 나에 대한 공격으로 여긴다. 내 존재는 단지 내 생각으로 정의되는 것이 아니고 반론이 내 존재를 부정하는 것도 아니다.

생각과 감정은 마치 날씨 같다. 그것은 우리가 손쓸 수 없는 종류로, 우리는 그저 바라볼 수밖에 없다. 비가 오면 우산을 쓰고, 바람이 불면 옷을 껴입듯이 그렇게 바라보아야 한다. 상대방의 마음 역시 마찬가지다. 내가 이해할 수 없는 타인이야말로 진짜 타인이다. 내가 온전히 이해할 수 있는 사람은 나밖에 없다. '이해할 수 없어.'라는 말에 담긴 답답한 마음을 안다. 하지만 이해할 수 없는 것이 당연한 것임을 받아들이면 불편함을 놓아줄 수 있다. 좀 더 자유로워질 수 있다.

적당한 거리라는 것은 상대방을 인정할 줄 아는 거리가 아닐까. 그리고 틀림없이 그것은 나를 인정하는 것으로부터 시작할 수 있다. 싫을 때 싫다고 말하고 좋을 때 좋다고 말할 수 있는 거리. 그 거리는 '너와 나'를 한 걸음 떨어져서 바라보는 것, 우리를 하나의 풍경으로 두고 보는 것과 같다. 액자 밖의 관람객은 그저 그림을 지켜보고 감상할 뿐이다.

고된 사랑과 우정을 나눴던 사람들에게 미안한 마음이 든다. 치우지 못한 죄책감이 나를 아프게 파고든다. 한때 나는 후회를 즐겼다. 후회로부터 오는 희열 아닌 희열이 있었다. 그러나 나는 이제 죄책감을 놓아주고 다른 선택을 한다. 붙들고 있는 것은 바로 내 손이었다. 우리의 모든 것을 따뜻한 시선으로 바라보며 '옳고 그름'이란 가위로 생각과 감정을 잘라 내지 않고 전부 인정할 것이다. '거리를 둔다.'라는 말이 따뜻하다. 비로소 서로를 인정할 수 있어 아름답다.

# 06

# 모두를 만족시키려는 노력은 미친 짓이다

누군가 다른 사람의 반쪽이 되는 것은 결코 좋은 일이 아니다.
우리는 하나의 완전한 인격체이다.

– 앤드류 매튜스(Andrew Matthews)

## 이도 저도 아닌 결정들

모든 사람을 만족시키려는 노력은 미친 짓이다. 미친 짓을 하는 사람은 미친 것이다. 나는 미친 사람이었다. 어떻게든 모두를 아우르고 싶어 너무나 무리했다. 나는 배려라고 생각했던 것들을 강요했다. 상대방에게 은근히 죄책감을 심어주며 나를 따라올 수밖에 없게끔 만들기도 했다. 나의 뜻이 절대적인 선이며 정의라고 생각했다. 제멋대로 키워온 가치관이 하늘 높이 칼날을 뻗었다. 그런 기억들을 떠올리며 뚜렷한 가치관이 마냥 좋은 것인지, 뚜렷한 가치관이란 무엇인지 생각해본다. 자칫 잘못 휘두르면 다치는 사람들이 많았다.

한 유명한 우화가 떠오른다. 한 아버지와 아들이 당나귀를 팔러 장에 가고 있었다. 한 주막을 지날 때쯤 장사꾼들이 두 사람을 보고 '당나귀를 상전 받들듯 한다.'라며 비웃었다. 그 말을 들은 아버지가 아들을 당나귀 등에 태웠다. 얼마쯤 가니 다른 사람들이 '건강한 아들이 아버지를 걷게 한다.'라고 비난했다. 그래서 이번에는 아버지가 당나귀에 올라타고 아들이 걸었다. 한참을 가다가 아기를 업은 아낙네들을 만났다. 아낙네들은 뙤약볕에 걷는 아들이 불쌍하다며 아버지를 손가락질했다. 그래서 아들마저 태웠다.

그다음에는 당나귀를 가엾어 하는 사람들을 만났다. 아버지와 아들은 이미 탔다 내렸다, 지지고 볶고를 다한 상태였다. 아버지가 도통 방법이 없어 궁리하던 중에 한 사람이 말했다. "둘이서 당나귀를 짊어지고 가면 되지 않겠소?" 옳다 싶어 아버지는 아들과 함께 당나귀를 둘러멨다. 그런데 다리를 건널 때 당나귀가 푸드덕거리다가 그만 물속에 빠져버리고 말았다.

흔들리는 자존감은 참 많은 당나귀를 물에 빠뜨린다. 장에 가보지도 못하고 빠뜨린 당나귀의 넋이 많다. 나에 대한 확고한 믿음이 없어 미풍에도 쉽게 가지를 떤다. 이것도 맞는 것 같고, 저것도 맞는 것 같다. 나 스스로를 확신시킬 수 없는 마음은 우유부단하다. 내 선택을 올곧게 밀고 나

**117**

간 경험이 없으니 결과가 두렵다. 막연함은 때로는 불안함이고 불안함은 두려움의 다른 이름이다.

만약 다른 사람들의 말을 흘려보내고 아버지의 신념대로 장에 갔다면 이야기가 어떻게 흘러갔을까? 모르긴 몰라도 당나귀를 등에 짊어지지는 않았을 것이다. 당나귀를 물에 빠뜨리는 일은 없었을 것이다. 장에 가서 당나귀를 제값에 팔고 홀가분한 마음으로 돌아올 수 있었을 것이다. 모든 사람의 말을 다 수용하려다 보니 그 누구도 행복할 수 없게 되었다. 한마디로 이 이야기는 비극이다. 이러한 허무한 마무리에서 우리는 교훈을 얻는다.

세상의 경험이 모두에게 공평하지 않아 조언을 구할 때가 많다. 낯선 상황에 처했을 때 어떻게 하면 현명하게 대처할 수 있을지 고민한다. 비슷한 상황을 겪은 사람들에게 조언을 구한다. 상대방의 경험에 나를 대입시켜 시나리오를 돌려본다. 우리는 이미 그런 경험이 완벽히 똑같을 수는 없다는 것을 안다. 모든 조건이 동일한 상황은 존재하지 않는다. 무엇보다 그 상황을 겪는 '사람'이 다르다. 결국 우리는 조언을 통해 확신하는 것이 아니라 예측하며 추론하게 된다.

하지만 우리는 항상 염두에 둬야 한다. 내 세상은 나의 선택이 창조한다는 것을. 타인의 조언은 분명 가치가 있기 때문에 깊이 새기며 감사해야 한다. 나의 요지는 진심 어린 조언과 충고의 의미를 퇴색시키는 데 있지 않다. 다만 타인의 의견을 맹목적으로 순종하는 것은 마치 '우물 안으로 들어가는 개구리'와 같다는 것이다. 그것은 본인의 가능성과 우주를 한정 짓는 것과 다를 바 없다. 서로 비슷하면서도 다르다는 것을 인정해야 한다. 나의 욕망과 마음이 무엇을 선택하고자 하는지 알아야 한다. 우리의 선택은 우리만의 경험을 만들 것이다. 그리고 그것은 축복이 될 것이다.

## 너는 나의 경험으로 살지 않는다

예전에 〈동상이몽〉이란 프로그램을 본 적이 있었다. 욕쟁이 여고생과 성형중독에 걸린 소녀에 대한 내용이었다. 주인공들은 고운 얼굴로 상스러운 비속어를 남발했다. 끝없는 반항심으로 거친 말들을 내뱉었다. '이건 아닌데.' 싶은 장면들이 자주 연출되었다. 관찰 영상을 보는 내내 방청객들의 비탄이 터져 나왔다. 보는 사람들의 얼굴이 찌푸려졌다.

주인공들에 대한 반감이 최고조에 다다를 때쯤 VCR은 주인공의 시선으로 전환되었다. 아이들의 입장에서 이야기가 다시 시작된다. 사람들은 잠잠해지고 이해하기 시작한다. '이런 일이 있었어?, 그래서 그랬구나.' 하며 공감한다. 그들의 거친 이면에 무언가 있다는 것을 직접 보고서야 깨닫는다.

영상이 마무리가 된다. 그럼 패널들이 각자 몇 마디씩 건넨다. 사람들

**119**

은 아이들의 반항 어린 모습을 볼 때 인상을 찌푸렸다. 하지만 나는 오히려 패널들이 조언을 건네는 장면에서 인상이 찌푸려졌다. 마음도 같이 불편해졌다. 내가 보기에 그것은 조언이 아니라 단언이었다. '내가 이랬으니 너도 그럴 것이다.'라는 식의 단언. 오로지 그들의 경험만으로 아이들의 미래를 예단했다. 그것은 내가 보기에 아주 위험한 일이었다. 아이들은 그 사람들의 경험대로 살지 않을 것이다.

아이들은 아이들만의 세상을 꾸려갈 것이다. 그렇게 될 것이다. 그 어떤 말도 직접 겪지 않고서는 모른다. 뼈가 직접 부러져봐야 그 고통을 안다. 피를 토하는 고통은 직접 피를 토해봐야 얼마나 가슴이 쓰라린지를 안다. 각자의 경험은 각자의 삶에서만 진짜다. 어떤 경험을 겪을지는 내 선택이 만들어간다. 결코 함부로 단언할 수 없다. 나를 토대로 상대방의 가능성에 선을 그을 수 없다. 무엇보다 긋는다고 해서 그어지지도 않는다.

게다가 그들이 하는 말도 전부 제각각이다. '내가 옳다.', '네가 옳다.'라는 말들이 가당찮다. 어떤 면에서는 옳다. 그 발언을 한 당사자에게는 옳다. 타인에게는 옳을 수도, 아닐 수도 있다. 우리는 무한한 가능성의 장에 산다. 우리의 삶은 어떤 면에서는 정해져 있고, 어떤 면에서는 정해져 있지 않다. 우리는 정해져 있지 않은 영역을 탐구하는 호기심으로 살아야 한다. 그러면 정해진 것에 다다를 수 있다. 유일하게 정해져 있는 것은 다름 아닌 바로 '나'라는 목적지이다.

이 세상에는 얼마나 많은 규칙이 있는가. 게다가 그것들은 얼마나 제각각인가. 이곳에서 맞는 일이 한 발 떨어진 곳에서는 틀린 일이 된다. 온갖 신화와 허구 속에 진화해온 사회는 모순을 창출한다. 세상은 이미 모습을 단단히 갖추었다. 우리는 모순 속에 산다. 옳고 그름의 가치관은 넘쳐나는 가능성들을 정리하려는 시도일 뿐이다. 항상 선일 수도, 항상 악일 수도 없다. 우리는 그 모호한 경계에 살아간다.

한 개인의 선택은 이전에 없던 우주를 만들어낸다. 우리의 상상 속에서만 존재하는 현실이 선택에 의해 비로소 모습을 드러내는 것이다. 우리의 선택 이전에 이 모든 것은 존재하지 않았다. 우리의 결정은 아름다운 창조 행위다. 욕구는 선택의 도화선이다. 억누르지 않은 욕구는 순수한 나의 모습이다. 내가 되고자 하는 그 무언가다. 다른 사람의 눈치를 보지 않고 나를 살아가는 힘이다.

"엘리자가 말했어요. 세상은 생각대로 되지 않는다고. 하지만 생각대로 되지 않는다는 건 정말 멋진 일이네요. 생각지도 못했던 일이 일어나는 걸요."

『빨강 머리 앤』의 주인공 앤 셜리가 한 말이다. 나는 이래서 동화가 좋다. 나의 설렘과 꿈을 키워준 것은 어릴 적 만화나 동화의 주인공들이었다. 그들의 마음은 얼마나 순수하며 깨끗한가. 한계도 제약도 없다. 그들이 외치는 것은 오로지 사랑, 평화, 모험이다. 남을 함부로 판단하고 미워하지 않는다. 세상이 손가락질해도 꿋꿋이 본인의 삶을 산다. 남의 눈치를 보지 않는다. 지금의 상황이 문제 되지 않는다. 그들의 마음에는 따뜻한 희망이 있다. 그들은 어떤 고난과 역경이 있더라도 결국 이겨낸다. 그리고 그들의 꿈에 도달하고야 만다.

우리는 항상 뭔가 통제하려 한다. 외부의 것을 바꿔 만족을 채우려 한다. 어려운 일이다. 어쩌면 불가능한 일이다. 내 통제를 벗어난다고 느끼면 괴롭다. 애쓰는 시간들이 고되다. 모든 사람을 만족시키려 하지만 그것은 요원한 일이다. 가장 가까운 가족조차 전부 만족시키기 어렵다. 우리는 그 사실을 이미 알고 있다.

생각대로 되지 않는 것에서 느끼는 불편함을 놓아주면 어떨까. 앤 셜리의 말처럼 생각대로 되지 않는 것은 어쩌면 들뜨는 일이다. 예상 밖의 기쁨이다. 우리는 모두 그 자체로 아름답다. 그 무엇보다 바로 '나'라는 사람이 그렇다. 전부 만족시키겠다는 일념 이면에는 나를 돌보지 않은 공허함이 있다. 먼저 나를 만족시킨다면 그 다음 일은 물 흐르듯 이뤄질 것이다. 조화롭게 흘러갈 것이다.

세상은 내 마음의 현현이다. 내가 나를 사랑으로 채울 때 비로소 마음은 문을 연다. 행복이란 늘 내 주위에 있던 것임을 보게 된다. 단지 내가 외면하고 있던 것뿐이란 사실을 깨닫게 된다. 남들의 만족이 아니라 내 만족으로부터 만족을 얻기로 하자. 우리는 모두 남에게만 맞춰주기엔 너무 소중한 존재들이다.

# 07

# 완벽주의라는 뜬구름을 잡지 마라

완벽을 추구하는 한 마음의 평안은 결코 얻을 수 없을 것이다.

– 레프 톨스토이(Leo Tolstoy)

## 삶을 지치게 하는 완벽주의

속으로 숨긴 생각들은 진흙처럼 엉겨 붙었다. 쌓인 그 위로 자꾸만 타고 올랐다. 그러면 나는 어느새 그것을 가치관이라고 부르고 있었다. 내가 살아가는 기준. 내 삶의 돛대. 내 삶의 나침반, 그것이 가치관이었다. 가치관은 어디론가 자성을 띠었고, 나는 그것을 따라다녔다.

가치관은 나를 이끄는 마차였고, 남들을 베어내는 도끼였다. 비슷한 경험들은 이정표를 세우는 망치였다. 반복되는 생각과 느낌은 숲에 길을 내는 발걸음이었다. 어른이 되어간다는 것은 단단해지고 날카로워지는 것이었다. 해야 하고 하지 말아야 할 것들이 두터워졌다.

**124**

완벽주의는 내게 '해야 하는' 것이었다. 그래야만 하는 것이었다. 기준이란 막대를 높이 걸쳤다. 그리고 넘기 위해 발버둥쳤다. 그래야 성에 찼다. 처음에는 나는 스스로 꼼꼼하고 섬세한 사람이라고 생각했다. 하지만 그런 일이 반복될 때 나는 피곤했다. 그리고 나는 알았다. 이게 내가 진짜 원해서 하는 것이 아니라는 것을. 나는 꼼꼼한 척, 섬세한 척하는 사람이었다.

내가 완벽함을 추구하는 대상은 시시때때로 달랐다. 때로는 공부, 때로는 운동이었다. 청소이기도 했고 인간관계이기도 했다. 내가 가장 공들였던 분야는 아마도 나 자신이었다. 내가 남들에게 어떤 모습으로 보여야 하는지, 나는 이 상황에서 어떻게 행동하고 생각해야 하는지에 집중했다. 하지만 나는 완벽하지 못했다. 허점과 모순투성이였다. 그럴 수밖에 없었다. 완벽함이 나에게 얼마나 높이 뜬 구름인지 알지 못했다. 손을 뻗어 잡히는 것은 허공의 차가움뿐이었다.

일을 할 때도 마찬가지였다. 세세한 부분까지 놓치지 않고 파고들었다. 만족스러운 계획표가 나오지 않으면 아예 시작조차 안 했다. 모든 것을 다 예측할 수 있어야 했다. 설령 예상을 벗어나더라도 그것은 아주 사소한 것이어야 했다. 모르는 것이 있으면 이해될 때까지 그 부분을 놓지 않았다. 한번 시야에 포착되면 100%를 채우지 않고서는 넘어가지 않았다.

사실 그것은 대부분 남들을 만족시키고 그들에게 인정받기 위한 몸부림이었다. '내가 이만큼 하잖아. 그러니 이제 나를 인정해줘.'라며 떼쓰는 격이었다. 그래서 일을 할 때 자주 슬럼프가 왔다. 몸이 힘들고 마음이 지쳤다. 내가 진심으로 내키는 범위 이상의 것들을 했다. 부족한 부분은 스트레스가 되었다. 항상 결핍감이 옆구리를 찔렀다. 뭔가를 끝마쳐도 아름다워 보이지 않았다. 혹시 어디 잘못된 것은 없나 눈에 불을 켜고 두리번거렸다.

게다가 완벽주의는 결과에 대한 이상을 높였다. 완벽주의가 나를 지배할수록 새로운 도전을 하는 것이 겁이 났다. 빨리 성취하고 싶었다. 조금이라도 시간이 지체된다 싶으면 불안하고 조급해졌다. 기준이 높을수록 시간도 오래 걸린다는 것을 받아들일 수 없었다. 나는 당장 결과를 보고 싶었다. 초조할수록 두려움도 함께 찾아왔다. '기껏 했는데 안 되면 어쩌지?' 완벽주의는 종종 포기를 낳았다.

사람을 볼 때도 마찬가지였다. 상대방이 내가 추구하는 이상향과 맞지 않으면 냉정하게 가시를 돋아냈다. 상대방의 부족한 부분이 나머지 것들을 압도했다. "그래서는 안 돼, 이렇게 해야 해."라는 말을 쉽게 했다. 그럼 정작 '나는 나의 기준에 충실했느냐?' 하면 그것도 아니었다. 완벽주의는 꽤 자주 제멋대로였다.

완벽주의는 적절한 긴장감을 제공한다. 개인이 더 높은 곳에 이를 수 있는 발판을 마련한다. 성장의 원동력이다. 긍정적 성취를 이끌어낼 수 있다. 하지만 모두에게 해당되는 이야기는 아니다. 완벽주의는 끊임없이 결핍감을 제공하고 책임감과 부담감을 준다. 자신과 세상이 세운 지나친 기준 앞에 지친다. 강박적으로 달려든다. 주위 사람들까지 피곤하게 만든다. 자신의 기준을 앞세워 남들도 따르게 한다. 부정적 완벽주의자에게는 중간이 없다. 부족한 것은 포기하고 외면한다.

## 있는 그대로를 받아들이는 마음

사실 완벽주의는 막연하다. 완벽하다는 것을 어떻게 정의할 수 있을까? 모든 사물이 순간의 모습이 있다. '완벽하다.'라는 정의는 결국 개인의 느낌에 의존한다. 내 눈에 완벽해 보이는 것들이 남에게는 그렇지 않을 수 있다. 심지어 오늘 내 눈에 완벽해보였던 것도 내일은 완벽해보이지 않을 수 있다.

완벽을 정의하는 것은 무더기 역설(Sorites paradox)과 유사하다. 모래 한 알을 무더기라고 부를 수 없지만 모래를 한 알 한 알 더하다 보면 결국에는 모래 한 무더기가 된다. 과정을 거꾸로 돌려도 마찬가지다. 무더기에서 한 알씩 빼다 보면 어느새 모래 한 알만 남는다. 그럼 과연 어느 순간부터 무더기이며 어느 순간부터 알이라고 할 수 있는가?

우리 세상은 이렇다. 말하자면 '모래 알갱이 500개부터 무더기라고 하

**127**

자.'라고 약속한 세상인 것이다. 도덕률이 그렇고 법률이 그렇다. 우리 살아가는 곳곳에 이러한 약속들이 있다. 그러니 예외와 모순이 넘쳐나는 것은 자연스러운 현상이다. 정의할 수 없는 것을 정의하려 하니 부작용이 생긴다. 정의라는 것은 하나의 믿음이다. 믿음에 어긋나는 것들은 혼란과 불편함이 된다. 나를 속상하게 한다. 어쩌면 혼란스러움은 우리의 필연적 습성이다. 알고 보면 세상에도 허점이 많다.

가치관이라는 것은 정확하다. 애매모호하지 않고 단칼에 자른다. 그것은 세상의 약속에 근거하기 때문이다. 하지만 다름 아닌 '나'를 위해, 내 마음의 평안과 휴식을 위해 그것을 조금 놓아줄 필요가 있다. 마땅히 그래야 한다는 강박관념에 나를 꾸역꾸역 끼워 맞출 필요가 없다. 자유롭고 싶다면 놓아주면 된다.

완벽함의 기준이란 사실 좋고 싫음이다. 완벽하지 않음부터 완벽함까지 이르는 수많은 스펙트럼이 있다. 완벽하다는 느낌은 내가 그 상태에 만족한다는 것이다. 우리는 여기서 한 걸음 더 나아간다. 내게 느껴지는 만족이 과연 나의 만족인지, 타인의 만족인지를 생각하기로 한다. 타인의 기대에 부응하기 위한 억지 노력은 아니었는지를 생각한다.

가끔 내가 보고 듣고 느끼는 이 세상이 너무 기적 같아서 정신이 번쩍

**128**

---

들 때가 있다. 눈은 뜨고 있었지만 보고 있지 않았다. 숨은 쉬고 있었지만 냄새를 맡고 있지 않았다. 나는 걷고 있었으며 혹은 앉아 있었다. 또는 무언가를 하고 있었다. 그 모든 것이 갑자기 전율 돋게 실감 날 때가 있다. 그럴 때면 나는 생각한다. '나는 살아 있으면서도 살아 있음을 자주 잊고 사는구나.'

생각해보면 나의 의식이 기적이다. 이 세상을 인식한다는 것이 기적 같다. 나를 느낄 수 있음이 믿을 수 없는 일 같다. 그 작은 생명은 어찌 이리도 또렷한 의식을 갖게 되었을까. 후회, 원망, 분노, 죄책감, 희열, 기쁨, 사랑, 이름 붙였던 그 모든 것이 새삼스럽다. 어떨 때는 살아 있음이 너무 생생해서 죽음은 상상조차 할 수 없다. 내가 육신 이상의 존재라는 것을 인식한다.

기적을 의식할 때 온 세상이 아름답게 보인다. 애써 내린 정의들이 무의미함을 느낀다. 좋고 싫음, 완벽한 것과 완벽하지 않은 것에 대한 기준이 허물어지는 것을 느낀다. 나는 지금 우주의 가능성을 체험하고 있다. 세상에 '이건 있을 수 없어.', '일어나서는 안 되는 일이야.'라고 생각되는 것들이 많다. 하지만 그 모든 것은 제자리에 있을 뿐이다. 일어날 수 없는 일 같은 것은 없다. 일어날 수 없는 일이었다면, 일어나지 않았을 것이다.

하나님의 창조물 중 완벽하지 않은 것들은 없다. 다만 그것을 받아들이는 우리 마음이 의미를 부여할 뿐이다. 모든 것을 사랑하겠다는 마음과

**129**

그럴 수 없다는 마음은 단지 선택의 문제다. 내키지 않으면, 그대로 가도 좋다. 나는 그것조차 세상을 채우는 아름다움이라는 것을 안다. 하지만 내게 누군가 굳이 완벽주의를 정의해달라고 묻는다면 이렇게 답하겠다.

"완벽하지 않음을 받아들이는 것이야말로 진정한 완벽주의다."

# 08

# 당신은 아무도 만족시킬 수 없다

인정받고 싶은 마음이 클수록 가장 적게 인정받고
인정받을 필요를 적게 느낄수록 가장 크게 인정받는다.
– 웨인 다이어(Wayne Walter Dyer)

## 기대에 얽매이는 삶

우리는 아들로서, 아버지로서, 엄마로서, 누나로서, 형으로서, 동생으로서, 학생으로서, 선생님으로서, 직장 상사로서, 신입사원으로서 수많은 기대치를 부여받는다. 우리가 해야 할 역할들은 차마 다 열거할 수 없다. 기대에 부응해야 하는 책임감과 부담감은 평생 우리와 함께할 '나의 모습'이다. 어른이 되어갈수록 우리는 오롯이 나로서 살아가기 벅차다. 우리가 해야 할 일이 많다.

어른이 되어간다는 것은 가슴 아픈 일이지만 한편으로는 대견한 일이다. 아직 어린아이의 마음을 갖고 어른 흉내를 내려니 고달플 때도 많다.

**131**

하지만 매일 우리는 성장한다. 어린 마음은 때 묻지 않은 순수함이다. 반면에 이기적인 철없음이기도 하다. 우리는 배려를 배우고 감정을 배운다. 함께 살아가기 위해 필요한 덕목이 무엇인지 체득한다. 다만 적당함이란 언제나 어려운 것이었다.

나는 사회가 인정하는 '성인'이 되기까지 철저히 기대에 부응하는 삶을 살았다. 주위의 가치관에 휘둘려 끌려가며 살았다. 돌아보면 질질 끌린 발자국이 선명하다. 싫었던 흔적이 고스란히 배어 있다. 하지만 나는 훌륭한 꼭두각시였다. 최고는 아닐지언정 남들이 알아주는 성취를 거뒀다. 내게 그것은 대학이라는 간판이었다.

어른들과 했던 많은 약속이 결국 신기루임을 알았을 때 나는 좌절했다. 그들의 잣대에 나를 끼워 맞춰서는 행복할 수 없음을 알았다. 나를 챙기지 못한 후회가 밀려왔다. 나를 잊게 만든 그들의 가르침이 원망스러웠다. 나를 알지 못할 때 자유와 행복은 잡히지 않는 별빛 같은 것이었다. 품고 싶어도 품을 수 없는 것이었다.

합격할 때만큼은 모든 것이 순조로울 줄 알았지만 내가 모르는 것과 마주하자 나는 당황했다. 살아간다는 것이 어려웠다. 태양 아래 있어도 시야가 어두웠다. 눈동자에 먼지가 잔뜩 낀 것 같았다. 혼란스러운 마음은 하루를 허무하게 보냈다. 나 아닌 누군가가 만족하는 삶을 연기하는 것은 괴로운 일이었다.

혼란스러웠던 마음은 단지 삶의 목적만 잃어버린 것이 아니었다. 나는 동시다발적으로 무너졌다. 아들로서, 친구로서, 학생으로서, 연인으로서 무너졌다. 대화가 무너지고 정신이 무너지고 몸이 무너졌다. 하루는 살아가는 것이 아니라 견뎌내야 하는 것이었다.

대화는 공감을 요구했다. 지나친 인정을 갈구했다. 공감받지 못할 때 외롭고 상처받았다. 나는 옳고 남들은 그르다는 생각에서 만족을 얻고 있었다. 때로는 남을 희생시키기도 하고 나를 희생시키기도 했다. 나의 분노는 나를 포함한 누군가를 파괴함으로써 만족을 얻었다.

『놓아버림』의 저자 데이비드 호킨스 박사는 이렇게 말했다. "다른 사람에게 원하고, 욕망하고, 고집하는 바가 있으면 상대방은 그것을 압박으로 느낀다. 그 결과 무의식중에 저항하게 된다. 위의 예에서 둘 다 바라는 바는 인정받는 것이다. 서로가 서로에게 인정받기를 원하고 욕망하기 때문에 인정받지 못한다. 각자 압력을 받는다고 느끼기 때문에 그 결과로 저항을 느낀다. 저항하는 이유는 압박이 나의 선택권을 부정하는 것으로 느끼기 때문이다. 압박을 감정적 협박으로 느낀다."

나의 생각과 감정이 나와 동일시되는 경우가 많다. 한번 무너진 마음은 분노, 열등감, 수치심, 죄책감 등 온갖 부정적 감정과 하나가 된다. 내가 그 생각과 감정 이상의 존재라는 것을 알아채지 못한다. 나는 그것들을

**133**

관찰하고 느끼는 자라는 사실을 잊는다. 그간 누적된 부정적 경험으로 자그마한 자극에도 치를 떨게 된다.

## 당신의 정답이 나의 정답이 될 수 없다

대학생 시절 친구들과 유럽 여행을 간 적이 있었다. 2주 동안 5개국 7개 도시를 탐방했다. 우리는 여행 계획을 세심하게 준비했다. 도시별로 꼭 가야 하는 곳들을 추려서 스케줄을 짰다. TV 나 영화에서 보던 곳에 직접 가게 된다니 설레었다. 우리는 교과서에 실리는 세기의 작품들을 곧 두 눈으로 보게 될 것이었다.

우리는 두바이를 경유했다. 40도의 무더위는 크게 문제 되지 않았다. 두바이에는 세계에서 가장 큰 쇼핑몰인 두바이 몰이 있다. 우리는 그곳에서 대부분의 시간을 보냈다. 차마 하루 만에 다 둘러볼 수 없을 것 같았다. 명품관은 물론이고 어마어마한 크기의 장난감 가게, 천장 높이 솟은 사탕 기둥, 인공 폭포, 실내 아이스 링크장, 아쿠아리움, 게임장 등. 없는 것이 뭔지 차마 확인할 수 없었다. 여행의 시작이 좋았다. 나는 두바이가 마음에 들었다.

이윽고 유럽에 도착해 이탈리아, 프랑스, 독일, 영국, 스위스를 순회했다. 어느덧 10년 전 일이라 정확히 기억은 나지 않는다. 박물관, 유적지 등 웬만한 랜드 마크들은 다 가본 듯싶다. 사람들이 바글바글했다. 한국

**134**

사람들을 만나 이야기도 나누고, 말이 안 통해 외국인에게 오해를 사기도 했다. 이탈리아에서는 파업으로 인해 열차가 운행하지 않았다. 호텔 체크 아웃까지 마친 상태에서 별 도리가 없었다. 기차역에서 캐리어를 베개 삼아 새우잠을 잤다.

이윽고 우리는 모나리자 앞에 섰다. 다비드 상 앞에 섰다. 천지창조를 봤다. 콜로세움에 들어갔다. 유명하다는 작품들과 마주했다. 그런데 뭔가 좀 이상했다. 아무 느낌도 들지 않았다. 별 감흥이 없었다. 그런 생각이 들었다. '내가 모나리자를 보고 싶어서 온 걸까? 아니면 모나리자는 꼭 봐야 된다고 하니까 보러 온 걸까?' 감탄사를 내뱉는 사람들 사이에서 나는 외톨이가 된 기분이었다. 억지로 감동을 짜내려 해도 잘되지 않았다. 눈에는 들어왔지만 마음에는 들어오지 않았다. '나의 여행은 무엇을 위한 여행인가?'하는 생각이 들었다.

하루는 런던에서 자유여행을 했다. 항상 함께 다니던 친구들과 잠시 떨어져 있었다. 나는 지도를 펼쳐 화방을 찾았다. 화방에 들어가 스케치북과 연필을 샀다. 그리고 타워 브리지로 향했다. 타워 브리지는 템스 강 상류에 위치한 우아한 건축물이다. 주변에는 사람이 많았다.

나는 비어 있는 한 벤치에 앉았다. 그리고 이어폰을 귀에 꼽고 음악을 들었다. 내가 좋아하는 음악을 들으며 타워 브리지를 스케치북에 옮기기 시작했다. 그동안 내가 본 영국 신사는 늘 장우산을 들고 다녔다. 하지만 우리가 머물던 런던은 세상 그 어디보다 푸르고 맑은 하늘을 펼쳐놓고 있었다. 따뜻한 햇살과 선선한 바람 아래 내리긋는 선은 신이 났다. 그림을 그리고 있다 보면 몇몇 외국인이 내 그림을 빤히 쳐다보고 가기도 했다.

여행 중 가장 행복하고 자유로웠다. 남들이 칭송하는 작품들 앞에서 내 마음은 무미건조했다. 하지만 별것 아닌 일상 속에서 나는 편안했다. 내가 하고 싶은 것을 하니 행복했다. 뮌헨 거리를 걸으며 사람들이 버스킹 하는 것을 볼 때도 좋았다. 내가 감명받은 것은 위대한 그 무언가가 아니었다. '여행 가면 꼭 해야 된다'고 여기는 것들이 아니었다. 그냥 다른 사람들의 사는 모습이 좋았고, 그 가운데 자연스럽게 섞이는 내 모습이 좋았다.

나는 그 예술작품들의 가치를 폄하하려는 것이 아니다. 감히 그럴 수도 없다. 만약 내가 그것들에 진짜 관심이 있고 그것이 나의 목적이었다면 나의 시선과 마음가짐은 달랐을 것이다. 내가 말하고자 하는 바는 바로 내 마음가짐에 있다는 점이다. 남들의 기준과 나의 기준에 대한 깨달음에 있다. 남들이 만족하는 것이 항상 내 만족으로 이어질 수는 없다.

혹자는 삶을 여행에 비유하기도 한다. 삶에서 출발하여 죽음으로 끝나는 여정. 나는 그것에 동의한다. 설렘 없는 여행을 여행이라 부를 수 있을까? 시작부터 끝까지 정해져 있는 여행이 나에게 특별할 수 있을까? 나는 특별하지 않은가? 우리는 우리만의 길에서 비로소 행복하지 않을까?

　내가 남들의 슬픔을 고스란히 느낄 수 없다. 그 치명적인 아픔은 상대방에게만 존재한다. 누군가 칼에 베였을 때, 피는 그 사람의 것이다. 나는 다독여줄 수 있을 뿐이다. 마찬가지로 남들의 행복 역시 고스란히 내 것일 수 없다. 우리의 행보는 누구를 향하는가? 나를 이끄는 것은 누구의 가치관인가?

　우리의 행복은 우리의 명령을 기다리고 있다. 우리의 자유는 나 스스로의 소망을 기다리고 있다. 지금까지 그렇게 못 했고 새로운 시작이 어려울 수 있음을 안다. 그러나 그것이 앞으로도 불가능하다는 것을 의미하지는 않는다. 우리가 인식하고 의식하는 세상은 오로지 우리의 것이다. 우리의 선택만이 변화를 창조할 수 있다.

　강요하지 않겠다. 다만 행복하고 싶다면 스스로의 행복에 대해 민감해지기를 선택하면 된다. 남들의 기준보다 나의 기준을 먼저 들여다보면 된다. 그럴 때 우리는 각자의 삶에 만족할 수 있다. 나는 우리가 능히 그럴 수 있다고 믿는다.

# 어떻게 위로해줘야 할까

한때 위로라는 것을 해결책을 제시해주는 일이라고 착각했다. 냉정하게 상황을 분석하고 정답이 될 만한 해석을 제시하고자 감정을 논리로 풀어내려고 했다. 위로를 마치 수학문제 푸는 것처럼 접근했다. 내 경험에 빗대어 함부로 판단하고 속단했다. 그러나 초점을 벗어난 위로는 오히려 상처를 후벼파는 일이 되기도 했다.

위로받고 싶다는 것은 어떤 마음 상태일까? 내게 느껴지는 슬픔과 좌절을 인정받고 싶은 것은 아닐까? 아무래도 편안함보다 슬픔이 느껴내야 할 부피가 커서 나 혼자 감당하기 벅찰지도 모른다. 내 주변의 소중한 사람들이 그것을 함께 바라봐주고 인정해줄 때 슬픔은 서서히 줄어들 것이다. 그래서 슬픔의 무게를 함께 나눈다.

감정을 해석하고 분해하려 할 때 감정은 감정다울 수 없다. 인정으로 보듬어야 할 슬픔이 논리의 매정함에 손사래를 친다. 슬픔이 존재를 주장하기를 멈추는 것은 그 자신이 온전히 받아들여질 때 이루어진다. 이것은 공감이다. 공감은 상대방의 감정을 마치 내 것처럼 바라보고 느끼는 것이다.

원래 생각과 감정은 나만의 유일함이라서 온전한 공감은 어려운 일인지도 모른다. 게다가 메마른 사회의 분위기는 나 자신을 공감하는 일도 어렵게 만들고 있다. 나 스스로도 공감하지 못하고 남들도 공감하지 못하는 일들이 일어난다. 남들의 감정을 인정하고 느끼기 위해서는 그 감정의 실체를 알아야 한다. 본인의 감정에도 소홀한 우리가 남들의 감정을 오롯이 느낄 수 있을까?

들어주는 것만으로도 큰 위로가 된다고 한다. 들어준다는 것은 상대방의 슬픔에 제동을 걸지 않고 그것이 자연스럽게 흐르게끔 놔두는 것을 뜻한다. 슬픔이 역류하지 않도록 바라보는 것이다. 남의 감정을 함부로 단정 짓고 논리로 파헤칠 때 감정은 피눈물이 되어 흐른다. 나는 언제 가장 위로받았을까? 남들이 애써 해결책을 제시해줄 때? 아니면 잔잔한 마음으로 내 이야기를 들어줄 때?

남들의 생각과 감정을 판단하지 않고 공감해주는 능력은 나를 인정하는 연습으로부터 이루어진다. 감정과 생각은 우리에게 늘 실존하는 것이라서 내 속에 일어나는 일들에 익숙해지고 자연스러워질 때 상대방도 이해할 수 있게 된다. 왜냐하면 우리는 사람이고 우리의 감정은 참 많이 닮아 있기 때문이다.

나를 알고 남을 아는 것이 곧 우리를 아는 일이다. 본인의 감정을 애써 외면하는 이들은 남들의 감정도 쉽게 외면한다. 자신에게 솔직하지 못한 마음으로 어떻게 남들을 진실하게 위로할 수 있을까? 본인에게 솔직해질수록 위로는 애쓰지 않아도 자연스럽게 이루어지는 마음 상태가 된다. 감정이란 인정해줘야 하는 것임을 깨닫게 되기 때문이다.

141

## 3장

세상에 덜 신경 쓰고 나를 더 사랑하라

# 혼자 있는 시간을 즐기는 방법

오랫동안 꿈을 그려온 사람은 마침내 그 꿈을 닮아간다.

– 앙드레 말로(Andre Malraux)

## 내 삶은 네 삶을 닮아

많은 사람들에게 우울은 만성 고질병이다. 우울은 습관이 되었다. 본인이 우울한 것을 모르는 사람들도 많다. 항상 축 처진 어깨와 갑갑한 마음이 본래 자신인 줄 착각하며 살아간다. 감기로 앓는 시간보다 우울로 앓는 시간이 많다. 항상 재미를 찾고 설렘을 추구하던 마음은 왜 무뚝뚝해졌을까.

행복과 자유를 보장해줄 것 같았던 신념이 무너진다. 우리는 반드시 그런 순간을 겪는다. 그것을 시행착오라 하는데 때로는 후회라 하고 혹은

**145**

깨달음이라고 한다. 내 삶에서 진짜 소중한 것을 깨닫는 계기가 온다. 골방에 틀어박혀 나는 무엇을 좋아하는지 생각한다. '나는 계속 이 삶을 선택할 것인가?' 혹은 그럴 시간조차 없다. 쫓기듯 사는 삶에는 여유가 없다.

대부분의 삶이 물레방아 돌 듯 심심하게 흘러간다. 그것은 무한동력이다. 내려앉은 물들은 하루가 지나면 거슬러 올라가 다시 떨어진다. 그러면 계속 돈다. 반복되는 일상이 삶의 중심이 된다. 학교며 직장이며 뭔가 이뤄놓았다 싶은데 결국엔 초라하다. 이뤄도 이룬 것 같지 않다. 찰나의 만족과 기쁨은 금세 증발하여 자취를 감추고 공허함이 자리를 차지한다. 하지만 공허함은 채워도 채워도 공허한 것이었다.

학생들을 만나면 장래 희망이 무엇인지 묻는다. 그러면 열이면 아홉은 대답한다. 좋은 대학에 들어가고 좋은 직장에 취직하는 것이라고. 아이들은 그것이 성공한 삶, 행복한 삶이라고 믿는다. 그 대학에 들어가서 무엇을 공부할 것이며, 그 기업에 들어가서 무슨 일을 할 거냐고 물으면 쉽게 대답하지 못한다. 당연하다. 초등학교를 졸업한 지 불과 2년도 채 안 된 아이들이다. 어른들도 차마 다 파악하지 못하고 살아가는데 아이들이 알 수 있을까.

직접 겪어봐야 아는 것들이 많다. 스스로가 깨달음을 얻기 전까지는 시행착오가 계속될 것이다. 하지만 그것은 배움이다. 깨달음까지 이어지는 필연적 과정이다. 나의 경험들에 실패와 후회라는 이름 대신 배움이라는 꽃을 달아줄 때 우리는 삶을 사랑할 수 있다. 그리고 언제든 다시 시작할 수 있는 용기를 얻는다.

고려대학교를 다닐 때 방황 속에서 갈피를 잡지 못했다. 미술에 대한 미련이 남았다. 끈기 없이 놓쳐버린 기회가 아쉬웠다. 미술 학원을 전전하며 상담을 받아보기도 했다. 편입, 대학원 등 다양한 선택지를 검토해보았다. 하지만 결국 검토는 검토만으로 끝났다. 나는 두려웠다. 내 흥미를 꿈으로 과대평가한 것은 아닐까 생각하기도 했다. 확신이 없으니 용기가 없었다. 용기가 없으니 수박 겉만 핥다가 침을 뱉었다.

나는 취미 미술 학원을 다니기로 했다. 전문적으로 배우는 것은 아니었지만 그곳에서 그린 그림들이 마음에 들었다. 그 정도면 되었다. 하루에 한 장, 두 장 그려내는 것이 좋았다. 뿌듯한 마음에 사진을 찍었다. 주위 사람들에게 자랑을 했다. 칭찬을 들으면 미소를 감출 수 없었다. 나는 행복했다.

또한 보컬 학원을 다녔다. 음악이라는 것은 내 삶의 일부였다. 기쁘고 슬플 때면 언제든 음악을 들었다. 그렇지 않을 때도 들었다. 멜로디와 가사는 기쁨을 더 기쁨답게, 슬픔을 더 슬픔답게 만들어주었다. 노래가 주는 감동이 좋았다. 나는 사람의 '말소리'보다 '목소리'를 더 사랑했다.

**147**

바둑을 두었다. 어릴 적 아빠에게 바둑을 배웠다. 바둑알이 바둑판을 때릴 때 내는 둔탁한 듯 청량한 소리가 좋았다. 바둑을 둘 때는 잡념이 사라져 좋았다. 온전히 하나에만 몰두할 수 있어서 흡족했다. 흔히 바둑은 인생과 같다고 한다. 조급함이 일을 그르친다는 정설이 바둑에 꼭 들어맞는다. 시야를 넓히지 않으면 스스로 당하고 만다. 큰 그림을 그리지 않고 마구 내딛는 행마는 필시 잡아먹힐 것이었다.

방황 속 공허함을 달래는 것은 나의 취미였다. 그것이 꼭 나의 업이 아니라도 좋았다. 삶에 확신을 주지 않더라도 좋았다. 작은 행복감 하나 건지는 것만으로도 큰 수확이었다. 그렇게 작은 행복이 모이면 틀림없이 마음도 제 생각을 할 것이었다. 그림을 그리며 나는 생각했다. 언젠가는 크리에이터가 되겠다고. 물론 실력이 중요하지만 실력을 압도하는 아이디어가 주목받는 세상이다. 나는 내 상상력과 아이디어가 못났다고 여기지 않았다. 나는 지금 카카오톡 이모티콘 출시를 앞두고 있다. 네이버 OGQ 마켓에서 나의 창작물이 팔리고 있다. 커뮤니티에 올린 웹툰의 조회 수가 몇 천에 이른다. 어떤 것들은 조회 수 10,000을 넘었다.

머지않은 미래에 나는 앨범을 내기로 결정했다. 버스킹을 할 것이다. 사람들의 마음에 공감해주는 목소리를 낼 것이다. 함께 울고 함께 웃을 것이다. 노래를 배우며 나는 그런 꿈을 키웠다. 나는 내 마음에 씨앗을 심었다. 그 씨앗은 반드시 뿌리를 뻗고 줄기를 내어 우뚝 솟을 것이다. 지금 내 현실이 꿈과 '다르다'고 해서 그것이 '틀린' 것은 아니다. 이 모든 순간이 그 꿈을 향해 '옳게' 나아가고 있다.

## 변화는 작은 시작부터

직장을 다니며 공허함을 마주한 사람들이 많다. 일이 끝나면 고되다. 무언가 하고 싶어도 쉽지 않다. 집과 직장의 거리가 멀수록 몸은 더 지친다. 얼마 남지 않은 하루는 무언가를 하기 빠듯하다. 녹초가 된 몸과 마음을 침대에 눕히며 자신만의 '소확행'을 찾아 시간을 보낸다. '삶이 참 재미없다.'라는 생각이 때로 머리를 스친다. 하지만 별 수 없다. '사람 사는 모습이 다 똑같은 것을….' 이라며 또 하루가 지난다. 혼자인 시간들은 계속 흐른다.

나는 우리의 이런 모습을 이해하고 받아들인다. 어려움은 쉽지 않아 어려움이란 이름을 가졌다. 어느 순간 행복이 무엇인지조차 잊어버린 듯하다. 설렘이란 이미 먼 옛날이야기다. 재미를 잃어버린 것은 온전히 내 책임이 아니며 내 잘못도 아니다. 사실 누구의 잘못도 책임도 아니다. 알게 모르게 우리는 그런 식으로 함께 살아왔다. 재미없는 어른이 되어 재미없는 어른을 양산한다. 어찌 누군가에게 책임이란 짐을 지울 수 있을까.

하지만 단지 체념만 해서는 아무것도 달라지지 않는다. 시끌벅적한 세

**149**

상에서 온전히 내 생각과 감정을 들여다볼 수 있는 시간은 '혼자될 때'이다. 혼자일 때 비로소 작은 변화라도 체험할 수 있다. 주어진 임무에서 벗어나 새로운 경험을 할 수 있다. 그것이 무엇이라도 좋다. 운동이든, 소모임이든, 취미 활동이든 생산적인 것을 선택하자. 생산적이란 말의 의미가 모호하다. 도대체 무엇을 생산적이라고 할 수 있을까? 사실 어떤 생각과 행위가 생산적인지 그것은 본인이 가장 잘 안다. 내게 솔직해지면 답은 명확히 모습을 드러낸다.

지친 몸을 누이며 하루를 보내는 것이야말로 생산적이라고 느끼는가? 한 치의 거짓도 없다면 그래도 된다. 충분한 휴식은 건강한 삶의 필수요건이다. 일을 했으면 쉬어야 한다. 마음 편히 아무것도 안 할 때가 있어야 한다. 당연한 이야기다. 다만 무언가를 추구하고 갈망하는 마음을 보았다면 그것에 솔직해져야 한다. 그리고 선택을 해야 한다. 마음의 소리를 외면하면 체념과 포기는 일상이 된다. 안주하는 삶은 기대할 것이 없다. 한숨으로 마무리하는 하루가 계속될 것이다.

『신경 끄기의 기술』의 저자 마크 맨슨은 "행동은 동기의 결과일 뿐만 아니라 동기를 불러일으키는 원인이기도 하다."라고 말했다. 우리는 대부분 정신적 자극이 주어질 때 동기가 생긴다. 그리고 동기가 있어야만 행동에 확신을 갖는다. 하지만 행동이 우선될 때 정신적 자극과 반응이 따라오기도 한다. 비록 확신이 결여된 행동일지라도, 그 행동은 필연적으로 결과를 낳는다. 그게 아무리 사소할지라도 그렇다.

새로운 경험은 새로운 생각과 새로운 느낌, 새로운 경험을 낳는다. 그 어떤 것도 나를 성장시키지 않는 것이 없다. 뭔가 만족스럽지 않을 때, 하루의 끝에 공허함이 남을 때 꼭 스스로의 마음을 들여다보자. 그리고 마음이 무슨 소리를 내는지 귀 기울여보자. 틀림없이 내가 숨겨온 소망과 욕구들이 존재를 주장하고 있을 것이다. 크게 이루지 않아도 된다. 다만 작은 발걸음이라도 내디뎌보자. 우리는 혼자 있는 시간이 우리에게 어떤 선물을 준비하고 있을지 알 수 없다.

# 02

# 외로움을 성장의 발판으로 삼아라

위대한 고독을 경험하지 않고서는 정말 진지한 작업이 불가능하다.

– 파블로 피카소(Pablo Picasso)

## 망가진 마음, 무너진 마음

우리는 '홀로' 있을 때 '함께'할 때는 못 보던 것들을 보고 느끼고 생각한다. 우리는 '함께' 있을 때 '홀로' 있을 때는 못 보던 것들을 보고 느끼고 생각한다. 사람 사는 모양은 단 하나의 모습이 아니다. 우리는 이해의 폭을 넓히기 위해 다양성에 노출되어야 한다. 좋고 싫음과 옳고 그름의 기준에서 벗어나 모든 것을 기꺼이 체험해봐야 한다.

감정이 이성을 짓눌러버렸던 어린 시절은 늘 속으로 논리를 키워갔다. 부모님의 강압적인 감정에 고개 숙일 때면 머리가 바쁘게 돌아갔다. 어리숙한 영혼이 직접 대면하고는 말을 잘 못했다. 엄마의 감정은 파도 같아서 나는 정신없이 휩쓸려 다녔다. 부모님의 모습이 앞뒤가 안 맞아 반박하고 싶었지만 그러면 파도는 해일이 될 것이었다. 논리정연한 말솜씨는 머릿속에서만 재잘거렸다. 그게 그나마 나를 위로할 수 있었다. 그것은 나 스스로 억울함을 달래는 방법이었다.

나는 종종 논리적이라는 말을 들었다. 혹여 논쟁이라도 하면 거침없이 내 생각을 펼쳐낼 수 있었다. 요즘은 책을 끼고 살지만 예전에는 그렇지 않았다. 그럼에도 그런 말을 들을 수 있었던 것은 어릴 적 경험이 도움이 되지 않았나 생각해본다. 대학교 시절 유일하게 A+를 받은 과목도 전공이 아니었다. '도덕적 삶에 대한 성찰'이라는 교양과목이었다. 그 과목은 글쓰기 과제를 통해 점수를 받는 것이었다.

졸업이 다가올수록 초조해졌다. 더 이상 대학생이라는 신분은 나를 보호해줄 수 없었다. 나는 직장인이 되거나 백수가 되거나 둘 중 하나였다. 아직 나는 결단을 내리지 못했다. 갈팡질팡하며 제자리에서 맴돌았다. 발등에 불이 붙은 듯 안절부절못했다. 나는 한때 남들보다 앞서고 있다고 느끼며 자만했다. '대학 간판이 날 만족시킬 수 없다.'면서도 은근히 우월감을 느꼈다. 안일했고 건방졌다.

서서히 레이스에서 뒤처지고 있음을 느꼈다. 주변인들의 성취가 못마땅하게 느껴졌다. 입으로는 축하를 읊었지만 속은 타들어가고 초조하며 불안했다. '나는 낙오되는 것이 아닐까.' 하며 염려했다. '나도 그들처럼 할 수 있을까?'라는 질문에 답을 내릴 수 없었다. 나는 본격적으로 열등감과 마주하기 시작했다.

분노의 화살이 허공에 마구 쏘아졌다. 나를 향하고 부모님을 향하고 주변인들을 향했다. 아무도 만나기 싫었다. 나 스스로 약해지니 남들도 나를 약하게 보았다. 당당할 수 없는 마음이 열등감으로 꽁꽁 싸매기 시작했다. 쉽게 공격적으로 반응하고 쉽게 자극받았다. 아무도 만나기가 싫었다. 누구를 만나도, 어떤 말을 들어도 내게 상처가 될 뿐이었다.

한때 약학전문대학을 가겠다고 결심한 적이 있었다. 그 결정도 이전의 결정들과 다를 바 없었다. 약사라는 직업이 주는 안정감, 적지 않은 수입에 이끌렸다. 치열한 고민을 하지 않았다. 내가 진짜 약사를 하고 싶은지 깊게 들여다보지 않았다. 하지만 내게 남은 선택지는 얼마 없었다. 나는 아무것도 아닌 상태에 남아 있기 싫었다.

휴학을 하고 시험을 준비했다. 공부는 잘되지 않았다. 항상 신경 쓰이는 것들이 있었다. 사람이며 소음이며 모든 것이 거슬렸다. 작은 소음 하나에 쉽게 흔들렸다. 조용한 장소를 찾아다녔다. 하지만 그런 곳은 없었다. 기침소리며 숨소리며, 의자 끄는 소리며 천장이 울리는 소리 등 그 모든 것에 짜증이 났다. 망가진 마음이 날카롭게 곤두섰다. 나도 찔리고 남들도 찔렸다. 마음에 피가 뚝뚝 흘렀다.

도저히 공부에 집중할 수 없어 중간에 포기했다. 다 때려치우고 싶었다. 스트레스가 심해서 소화도 잘 안되고 머리도 빠졌다. 절망과 분노가 모든 의욕을 전부 때려눕혔다. 모든 생각이 파괴적으로 흘러갔다. 심장이 꽉 조이는 듯한 느낌이 들었다. '이렇게 살다가 자칫하면 심장마비로 죽겠구나.' 하는 생각이 들었다.

은둔하며 지냈다. 모든 걸 포기하고 될 대로 되라는 식으로 살았다. 낮과 밤이 뒤바뀌었다. 의욕이 없으니 입맛도 없었다. 하루에 한 끼 정도 겨우 때웠다. 자기 전에는 술을 마셨다. 아무 생각 없이 지냈다. 말 그대로 시간을 버렸다. 생각과 감정을 잊기 위해 게임을 했다. 그리고 핸드폰에서 시선을 놓지 않았다. 떠돌아다니는 세상살이에 정신을 팔았다. 내 삶은 조용하게 녹아내리고 있었다.

사사로운 것 하나에도 쉽게 예민해지는 내 모습이 싫었다. 항상 안절부절못하며 조바심 내는 모습이 싫었다. 늘 불안에 떠는 내 모습이 죽도록 싫었다. 생각과 감정이란 잠시도 얌전히 있는 법이 없었다. 세상 모든 것이 나를 해치려 할 것만 같았다. 과거의 안 좋은 기억들이 자꾸 나를 괴롭혔다. 상처받았던 기억이 상처를 더욱 깊이 팠다. 상처는 곪아서 진물이 났고 다른 곳으로 붉게 번졌다.

**155**

## 내 삶을 바꾼 첫걸음

집 안은 적막했다. 우리 부모님은 그 고요함을 독서로 달랬다. 말없이 오고 가며 그 모습을 보았다. 별 생각이 없었다. 나는 꾸준히 내 시간을 허비하고 있을 뿐이었다. 하지만 어느새 걸음은 나도 모르게 서점으로 향하고 있었다. 의식하지 못했다. 왜였을까? 어렴풋이 짐작을 한다. 나는 내 삶을 포기하고 싶지 않았다. 당시에 책이 나를 구원해주리라고는 예상하지 못했다.

서점이란 사람을 들뜨게 만드는 곳이었다. 용기를 주는 곳이었다. 특유의 냄새가 좋았다. 나를 설레게 하는 공기가 있었다. 그것을 들이마실 때 희망으로 폐가 부풀어 올랐다. 책 표지를 구경하는 것만으로도 좋았다. 그 자리에 서 있는 것만으로도 변화가 일어나는 것 같았다. 나는 천천히 책들을 훑어보았다. 그러다가 몇 권씩 책장을 넘겨보기 시작했다. 그리고 책을 읽기 시작했다.

닥치는 대로 읽었다. 세상에 평생 들을 수 없던 값진 교훈과 지혜들이 책 속에 있었다. 나와 비슷한 고민을 했던 사람들, 고난을 극복한 사람들, 내가 알지 못했던 지식들, 인간의 역사, 심리가 그곳에 있었다. 죽은 지식이 아니라 살아 있는 지혜가 담겨 있었다. 생물학과 양자물리학, 천체물리학, 뇌과학, 역사, 인문학, 자기계발, 심리학, 의식서까지.

모르는 사람은 자신이 '모른다는 것'을 모른다. 그래서 때로는 그 가치를 폄하한다. 나쁘게 말하면 시야가 좁다, 편협하다고 한다. 하지만 그것이야말로 인간의 자연스러운 속성이다. 나는 모르는 사람이었지만 서서히 알게 되었다. 알아감이란 '내가 모른다는 것'을 알아가는 과정이라는 것을 깨달았다. 알수록 내가 모르는 것뿐이었다. 다만 중요한 것은, 나는 이제 멈춰 있는 영혼이 아니라 나아가는 영혼이라는 사실이었다. 알수록 더 알고 싶고 차츰 이해하게 되었다. 나라는 사람은 인간이기도 하며, 인간 이상의 존재라는 것을. 나의 의식과 인식, 이 기적 같은 삶, 이 축복과 함께 하는 삶에 대해 이해하게 되었다.

철저히 외로워졌을 때 나는 깊은 곳 숨어 있던 '나'를 마주하게 되었다. 그 외로움이 타의든 자의든 그것은 무의미했다. 내가 살아온 역사가 만들어낸 결과였다. 외로움은 내 삶의 필수조건이었다. 상처뿐이었던 과거를 재해석하게 되었다. 그것이 없었다면 나는 지금에 이르지 못했을 것이었다. 그때 내가 느꼈던 생각, 감정 등 모든 것이 지금의 나를 만들어왔다. 나는 성장하고 싶고 나아지고 싶은 사람이었다. 그 무엇 하나라도 소중하지 않은 것은 없었다. 나를 나답게 만들어주는 것, 나를 나로서 살아가게 하는 것들이었다.

얽매여 있는 시간에서 차츰 벗어나는 것을 느꼈다. 마음이 초연해지는 것을 보았다. 생각과 감정을 떨어뜨리고 보게 되었다. 나는 생각과 감정

**157**

그 이상의 존재라는 것을 알게 되었다. 생각과 감정을 알아차리는 사람이 되었다. '휩쓸리느냐, 휩쓸리지 않느냐.'는 오롯이 내 선택이었다.

돌아보면 나의 방황과 후회는 나를 성장하게끔 만들어준 계기였다. 그 치열했던 방황을 일찍 할 수 있어서 다행이라고 생각한다. 내게 있어준 그 경험들에 감사하다. 덕분에 나는 나라는 사람을 마주할 수 있었다. 내가 느끼는 생각과 감정의 스펙트럼이 나의 장점이라는 것을 깨닫게 되었다. 생각과 감정은 사람을 사람답게 만들어주는 도구다. 내게는 그 종류가 다양했다. 기쁘지 않을 이유가 하나도 없었다.


누구나 살아가면서 나름의 고난과 방황, 시행착오를 겪는다. 때로는 좌절하고 무너진다. 이 사실을 우리 모두가 안다. 우리는 그런 삶을 산다. 죽고 싶어질 때가 있지만 괜찮다. 억지로 긍정적일 필요는 없다. 애쓰려 하면 스스로 반감이 생길 수 있다. 다만 우리에게는 자연스럽게 받아들이는 연습이 필요하다. 이 모든 것을 알아차리는 연습. 내 생각과 감정은 단지 느끼는 것이며 그것과 나는 다른 존재임을 알아차리는 것.

간지럽다고 해서 우리가 간지러움과 같은 것은 아니다. 우리는 간지러움인가? 아니, 나는 간지러움을 느끼는 사람이다. 마음이 아프다고 해서, 상처가 있다고 해서, 생각과 감정이 나를 괴롭힌다고 해서 그것과 나는 같은 존재인가? 그렇지 않다. 우리는 그것을 느끼고 관찰하는 사람이다. 그런 영혼이다. 우리는 우리의 감각과 생각보다 위대하다.

나는 우리의 실패와 역경, 고난과 고독, 외로움이라 붙여진 그 모든 것을 사랑하기로 했다. 외로움은 그동안 감춰왔던 내면의 비밀을 들여다볼 수 있는 값진 시간이 될 수 있다. 물론 단 하나의 조건이 필요하다. 그것은 바로 사랑이며 희망이다. 다행인 사실은 우리 모두 사랑과 희망으로 태어난 존재라는 것이다. 잊었던 것이지 사라진 것이 아니다. 그 시간을 통해 우리는 배울 수 있다. 잃어버렸던 것을 찾을 수 있다. 우리는 우리의 삶, 모든 것이 전부 기쁨이고 앞으로도 그럴 것이라는 사실을 되찾을 수 있다. 나는 그렇게 믿는다.

# 가까운 절망보다 먼 희망을 보라

희망차게 여행하는 것이 목적지에 도착하는 것보다 좋다.
– 로버트 루이스 스티븐슨(Robert Louis Stevenson)

## 새까만 절망을 마주할 때

어느 날 스트레스와 불안감이 나를 사로잡을 때였다. 학교에 다니는 게 고역이었다. 집 밖을 나가는 순간부터 초조했다. 지나가는 사람들이 나를 노려보는 것 같았다. 지하철을 타고 겨우 학교에 도착했다. 강의실에 앉으면 좌불안석이었다. 삐딱한 시선으로 남들을 바라봤다. 머리가 지끈거렸다. 마음속으로 계속 누군가와 싸우고 있었다.

수업을 마치고 강의실을 빠져나왔다. 힘없이 터벅터벅 걷고 있는데 갑자기 감정이 북받쳐 올랐다. 걷기가 힘들고 숨이 가빠졌다. 거친 한숨을 몰아쉬었다. 저절로 눈물이 나왔다. 막으려고 했는데 잘되지 않았다. 누가 볼까 봐 얼른 눈물을 움켜냈다. 온몸에 힘이 빠져 도저히 지하철을 타고 집에 갈 수가 없었다. 택시를 가고 가야 되나 생각했다. 그 와중에 안암에서 일산까지 가는 택시비가 아깝다는 생각이 들었다. 힘겹게 숨을 몰아쉬고 억지로 지하철을 탔다.

역에서 내려 집으로 돌아오는 길에 걷잡을 수 없이 눈물이 흘러나왔다. 뭐가 서러웠는지도 모르겠는데 하여튼 펑펑 울면서 걸었다. 그리고 집에 들어서자마자 가방을 내팽개치고 엄마를 찾았다. 누구한테 크게 혼난 아이처럼 울었다. 그리고 엄마에게 도저히 학교 못 다니겠다고, 너무 힘들어서 그만두고 싶다고 말했다. 엄마는 나를 토닥이며 정 힘들면 그만두라고 말했다.

한참을 울고 나니 마음이 한결 가벼워졌다. 엄마가 위로해주고 다독여주자 감정이 잠잠해졌다. 감정이 더 이상 주장하기를 멈췄다. 후련했다. 엄마에게 고마웠다. 이튿날 나는 학교에 갔다. 나가는 내 뒷모습에 엄마가 걱정스러운 얼굴로 괜찮은지 물었다. 나는 괜찮다고 말했다. 그리고 나는 괜찮아야 했다.


모든 것을 포기하고 끝내버리고 싶었다. 하지만 포기하고 싶지 않았다. 끝내고 싶지 않았다. 나는 그 모든 것이었다. 포기하고 싶다는 것은 착각이었고 충동이었다. 나를 제대로 인식하지 못한 휩쓸림이었다. 과거가 어

**161**

떻듯, 그것이 어떤 영향을 미쳤든지 앞으로의 삶은 내가 선택하고 책임져야 했다.

나는 단 한 번도 나를 훌륭하지 않은 사람이라고 생각한 적이 없다. 나는 위대한 사람이었고 특별한 사람이었다. 비록 현실은 당장 그렇지 않을지라도 결국 나는 그 간격을 채워갈 사람이라 믿었다. 끊임없이 발전하고 하루만큼 더 성장하는 사람이라고 믿었다. 남들이 비웃는 이상향은 내가 이뤄낼 현실이었다. 내가 아까웠다. 당장의 좌절에 모든 것을 놓아버리기에 나라는 사람이 너무 소중했다. 이 고통으로부터 벗어나야 했다.

하지만 결국 깨달은 사실은, 그것은 극복해야 할 대상이 아니라는 점이다. 벗어나야 할 대상도 아니고 단지 알아차려야 할 대상이었다. 고난과 좌절, 절망이 곧 내가 아니었다. 나는 그것을 경험하는 영혼이었다. 나는 매 순간 초연함에 발을 내디뎠고 손을 뻗었다. 사랑과 자유, 행복이란 이상향이야말로 곧 내가 될 것이었다.

취업을 준비한 적도 있었다. 자기소개서를 쓰면서 혼란스러웠다. '내가 뭐하고 있는 거지?'라는 생각이 들었다. 취업에 성공해도 나는 또 후회할 거리를 창조할 뿐이었다. 나는 직장 생활을 하겠다는 생각을 한 적이 없었다. 구속받는 삶이 싫었다. 자유롭게 내 일을 선택하고, 나 하고 싶은 대로 살기 원했다. 직장 생활에 어울리지 않는다는 말을 많이 들었다. 나는 직장 생활을 잘하는 주변인들을 보면 참 멋지다는 생각을 했다. 내가 갖고 있지 않은 점을 보며 동경했다. 어쨌든 취업 준비는 번번이 낙방하며 조용히 마무리됐다. 단 한 점의 미련도 없이 깨끗이 마음을 접었다.

책을 읽으며 내 삶의 의미는 무엇인지 고심했다. 내가 좋아했던 것들, 내 마음이 들떴던 것들을 되새겨 보았다. 차분히 나에게 몰입하니 하나씩 생각이 나기 시작했다. 나는 그림을 그릴 때 행복했다. 사람들에게 행복과 감동을 줄 때 행복했다. 아이들과 함께 있을 때 행복했다. 시간이 지나며 얼추 정리가 되었다. 그러면 이제 내게 필요한 것은 단 하나였다. 그것들을 하며 살기로 선택하는 것. 그렇게 결정을 내리면 되었다.

처한 상황이야 다르듯 느끼는 생각과 감정은 다 제각각이다. 나는 '배부른 소리'라는 말을 좋아하지 않는다. 비교라는 저울 위에 고통과 고난까지 올려놓고 싶지는 않다. 그것은 누군가의 생각과 감정을 오롯이 받아들이지 않는 것이다. 과격하게 표현하자면 부정하는 것이다. 아픔까지 남의 눈치 보며 털어놓을 수는 없다. 그러기엔 우리의 생각과 감정이 너무 생생하다.

한창 혼란스러워 고민을 털어놓을 때면 들려오는 말이 이랬다. '그래도 대학 이름이 있으니까 어떻게든 되겠지.' 혹은 '그래도 너는 좀 나은 편이야. 나는…'으로 시작되는 장황한 이야기. 결과적으로 보면 나는 결국 어떻게든 되었다. 그런데 그것은 외부적 요인이 아닌 내 안에서 일어난 변

3. 세상에 덜 신경 쓰고 나를 더 사랑하라

화 덕분이었다. '내 소망과 이상을 향한 철저한 직시'를 통해 변화가 일어나기 시작했다.

## 우리는 왜 살아야 하는가

니체는 "'왜 살아야 하는지를 아는 사람은 그 '어떤' 상황도 견뎌낼 수 있다."라고 말했다. 절망 속에서도 다시 일어설 수 있었던 것은 희망이 있기 때문이었다. 나는 특별한 삶을 살 것이라는 믿음과 희망, 어두운 감정들이 끝내 사랑과 하나 되리라는 희망. 절망과 하나 되지 아니하고 그것을 경험으로 인식하는 지혜와 희망. 수만 번 반복해도 아깝지 않을 따뜻한 말이다.

많은 사람들이 삶의 의미를 모른 채 살아간다. 마음에 공허함을 느끼면서도 애써 무시하며 살아간다. 그 공허함을 그대로 지탱할 수 있는 원동력은 다름 아닌 '나와 닮은 우리'다. 힘들어 고개를 돌려보면 비슷한 상황에 비슷한 고민을 하는 사람들이 넘쳐난다. '아, 나만 그런 것이 아니구나.'하며 위안을 얻는다. 어느새 의미를 잃은 삶이 목적이 되고 그 자체로 의미가 된다. '원래 그런 거니까.' 하며 체념한다. '쉽지 않아, 삶의 의미를 찾는 것이 버거워.'라고 생각한다.

나는 그것을 틀렸다고 말하지 않겠다. 다만 그런 태도가 진정 우리가 원하는 것인지 생각해봤으면 좋겠다. 만약 우리가 현실의 제약으로부터 자유롭다면, 어떤 선택을 할 것인가? 지금의 마음에 한 치의 변화도 없을까? 지금껏 애써 숨겨왔던 소망과 이상들이 여전히 웅크리고 있을까? 한껏 달아오른 쳇바퀴에 여전히 내 삶을 얹을 것인가?

스피노자는 『윤리학』에서 이렇게 말했다.

"감정, 고통스러운 감정은, 우리가 그것을 명확하고 확실하게 묘사하는 바로 그 순간에 고통이기를 멈춘다."

우리의 생각과 감정은 그것과 거리를 두고 바라볼 때 침착해진다. 거리를 둔다는 것은 이와 같다. 예를 들어 화가 날 때, 그 '화'라는 감정과 나를 동일시하지 않는 태도이다. 몸의 변화를 감지하고 느낌을 알아차리며 이렇게 말하는 것이다. 나는 화를 '느끼는 사람'이라고.

그 순간 화는 서서히 종적을 감춘다. 화를 비롯한 모든 부정적 감정이 마찬가지다. 그것들을 애써 부정하려 할수록 강하게 몸부림친다. 잡념이나 두려움은 무시할수록 발버둥 친다. 인정하지 않은 존재는 존재감을 폭발적, 파괴적으로 드러내기 시작한다. 사랑받지 못하면 서러운 것은 생각과 감정도 사람과 다를 바가 없다. 우리는 우리의 모든 것을 사랑해야 한다. 사랑을 선택해야 한다. 싸우지 않고 받아들이기로 결정해야 한다.

절망 역시 마찬가지다. 우리는 절망의 존재가 아니다. 절망을 알아차리는 존재다. 그것이 '나에게 어떤 의미가 되는가.'는 완전히 내 선택에 달려 있다. 절망을 미워하면 좌절의 늪은 끊임없이 나를 끌어당길 것이다. 하지만 절망 속에서 희망을 찾고, 미래로 나아갈 의미를 본다면 절망은 배움이 될 것이다. 나의 절망은 오로지 나에게만 있는 유일한 경험이다.

미래에 대한 믿음을 잃어버리면 의지를 상실하고 의욕은 증발하게 된다. 안주하거나 포기하고 만다. '그저 그런 대로'와 '특별하게'의 경계는 단 한 걸음이면 된다. 선택이라는 위대한 결정은 변화를 알리는 총소리다. 희망은 언제든 우리의 선택을 기다리고 있다. 우리는 어떤 사람인가? 희망의 손을 맞잡든, 그렇지 않든 그것은 우리의 자유다. 하지만 분명 움찔거리는 우리의 마음은 답을 알고 있을 것이다.

# 남들은 남대로 살도록 내버려두라

당신 자신이 되어라. 다른 사람은 이미 누군가 차지했으니까.

— 오스카 와일드(Oscar Wilde)

## 하나만 보고 나아가다

학창 시절에 교육부에서 발표하는 교육과정은 초미의 관심사였다. 그것은 일종의 가이드라인이었다. 대학 입학을 위해 무엇에 집중해야 하는지 알려주는 척도였다. 한정된 시간을 어디에 투자해야 할지 방향을 알려주었다. 우리에게는 논술, 수시, 정시, 내신 등 신경 써야 할 것이 많았다.

나는 복잡한 것은 딱 질색이었다. '이러니저러니 해도 결국에는 공부를 잘하면 다 해결될 일 아닌가?' 하는 생각이 들었다. 어떤 것의 비중이 얼마나 되는지에 일절 관심을 두지 않았다. 나는 어른들이 원하는 것이 뭔지 알고 있었다. 시시때때로 바뀌는 제도가 아무리 숫자 놀음을 해도, 경쟁에서 앞서는 사람들에게는 아무 의미도 없을 것이었다.

그런 면에 있어서는 악착같았고 단순했다. 공부를 할 때도 주저리주저리 말 많고 글 많은 것이 싫었다. 핵심을 파악하려고 노력했다. 장문 속에 숨겨진 중심 내용이 뭔지 알아내고자 했다. 진짜 중요한 것들만 남기고 나머지는 비워냈다. 단순화시켜야 이해가 잘됐다. 조금 다른 말이지만 평소에 게임도 단축키가 많은 것은 잘 안 했다. 4개 이상이면 시작도 안 했다. 단축키가 많으면 캐릭터 다루기가 복잡하다. 복잡한 것은 싫었다. 단순한 게 좋았다.

돌아보면 그렇게 지겨워하고 미워했던 공부임에도 얻은 것이 많았다. 배운 것이 많았다. 하나의 감사함이 되었다. 공부하며 얻은 습관들은 다 나에게 소중한 무기가 되었다. 성장의 발판이 되었다. 의미 없는 가정이지만, 공부할 때의 자세를 삶에서도 적용시키는 지혜가 있었다면 어땠을까 하는 생각이 든다. 쳐낼 것들은 쳐내고, 단순하게 핵심을 추려내는 자세 말이다. 나에게는 그런 것들이 필요했다. 생각이 많으면 언젠가는 산으로 갔다. 어른이 된 내 머릿속에는 사공이 많았다.


우리는 공포와 불안감을 조성하는 사회에 산다. 공포와 불안은 사회를 움직이는 동력이다. 예를 들면 이렇다. 우리는 무언가 소비하지 않으면 실패하는 인생을 산다. 끊임없이 새로운 상품이 나오고 서비스가 탄생한다. 그것들은 탄생하자마자 우리 삶의 필수요건이 된다. 미디어는 우리는 그것들을 마땅히 누려야 하며, 그렇지 못하면 뒤처진다고 은근히 협박한다. 은연중에 우리는 없던 필요도 필요하게 된다.

대중매체는 공포를 광고한다. 지금 우리가 조심해야 할 것이 얼마나 많은가? 그리고 우리를 지키기 위해 해야 할 것이 얼마나 많은가? 일례로 전쟁의 위협이 얼마나 많은 자본을 뒤흔드는가? 압도적인 거대함으로부터 티끌 같은 사소함까지 우리는 위협을 느낀다. 우리는 불안에 길들여져 있다. 공포는 훌륭한 각성제다. 그저 행복하기만 한 사람은 무언가 갈망할 의지가 부족하다. 내 상태에 결핍감을 느끼고 불안을 느껴야 행동에 나선다. 사랑만큼 공포는 에너지가 크다. 우리는 우리도 모르게 행동하고 생각할 때가 많다.

삶에는 수많은 가치가 있다. 그 가치들에 우선순위를 매기는 것은 우리의 선택이다. 우리는 중요하다고 여기는 것에 먼저 손을 뻗는다. 하지만 때로는 내가 중요하다고 생각한 것이 내가 생각한 것인지, 남이 그렇다니까 그렇게 생각한 것인지 모를 때가 있다. 니체는 "젊은이를 타락으로 이끄는 확실한 방법은 다르게 생각하는 사람 대신 같은 사고방식을 가진 이를 존경하도록 지시하는 것이다."라고 말했다. 우리는 누구의 생각으로 살아가는가? 또 누구를 존경하는가? 우리는 타락하고 있지 않은가?

경험이 누적되어 가치관이 된다. 그런데 그 경험이 다 비슷하다. '나는

3. 세상에 덜 신경 쓰고 나를 더 사랑하라

다르다'고 여기지만 숨겨진 이면을 살펴보면 많이 닮았다. 가치관이라는 인격체는 외모만 다르고 똑같은 숨을 쉰다. 옳고 그름과 좋고 싫음의 외면을 벗어던지고 나면 그 속에는 두려움이 있다는 것을 보게 된다. 혹은 사랑이 있음을 알게 된다.

너와 나를 가르고 우리와 그들을 가른다. 성공과 실패를 가른다. 아군과 적군을 가른다. 그 경계는 또렷하다. 명백하게 눈에 띈다. 한쪽은 흑이고 한쪽은 백이다. 받아들일 수 없는 마음은 회색빛에 눈을 감았다. 무엇이든 옳고 그름의 잣대에 올려놓으면 누군가는 필연적으로 틀리게 된다. 틀린 자는 패배한다.

옳다면 힘을 얻고 틀리면 힘을 잃는다. 경계의 한구석으로 밀려나 숨을 죽인다. 하루에도 수십 번 판단하고, 판단당해야 한다. 어떠한 결론을 내렸는지 우리 몸은 생각과 감정으로 알려준다. 일종의 신호인 셈이다. 불편하고 만족스럽지 못하다. 혹은 만족스럽고 편안하다. 똑같은 잣대로 살아가는 삶의 자리가 비좁다. 유일할 수 없는 유일함이란 허상을 좇는다.


중요한 것은 내가 생각과 감정을 통제하지 못하는 데 있다. 그것은 끓는 물과 같다. 부풀어오는 기포를 우리는 어찌할 도리가 없다. 모양, 개수, 크기 전부 통제의 영역을 벗어났다. 뿜어내는 생각과 감정이 마치 매연 같을 때가 있다. 코끝이 찡하고 매캐한 냄새에 구역질이 난다. 어쩔 수 없다. 우리의 삶은 끊임없이 뭔가를 태우고 있기 때문이다. 연료는 때로 우리의 가장 소중한 것들이 된다.

다만 '어쩔 수 없다는 것'은 단념하고 마는 것과 다르다. 그것들이 내 통제 밖의 영역이라는 것을 인정하는 것이다. 자각이고 깨달음이다. 학습된 가치관과 수많은 사고방식. 그것에서 자유로워지고 싶다면, 일단 지금 내가 자유롭지 못하다는 것을 인식해야 한다. 알아간다는 것, 성장한다는 것은 이런 것이다. 나를 살아가기 위한 첫걸음이다.

## 나를 위한 연습, 받아들이기

스트레스는 현대인들에게 친숙하다. 늘 스스로 억누르고 남들에 맞춰 산다. 데이비드 홉킨스 박사는 저서 『놓아버림』에서 "사람들이 대부분 평소에 받는 스트레스 중 가장 큰 것은 외부 자극이 아니라 스스로 억제한 감정의 압력이다. 억제한 감정이 주된 스트레스 요인이 되면, 외적 환경이 평온하더라도 만성적으로 내적 스트레스에 시달릴 수 있다."라고 말한다. 끌려가는 삶은 밖에서 안으로, 안에서 밖으로 나를 무너뜨린다. 외부의 요인은 내적 갈등을 만들어낸다. 내적 압박은 겉모습마저 흉하게 허문다. 마음이 아프면 몸까지 망가진다.

스트레스는 내가 위협을 감지하고 있다는 증거다. 우리는 스트레스를 받는 자신에게 스트레스를 받기도 한다. 스트레스가 스트레스를 낳는다. 스트레스가 만성적으로 지속되면 면역 기능이 약화되고 탈진에 이른다.

**171**

몸의 균형이 망가지고 정신의 균형이 흐트러진다. 위협이라는 것이 거창해 보이지만 우리의 무의식에는 애써 외면한 마음이 자리 잡고 있다. 부정당한 나만의 순수한 소망과 감정들이 억눌려 있다. 존재의 부정 자체가 위협이다. 그렇게 우리는 스스로 위협하고 있을지도 모른다. 위협은 다름 아닌 '나를 있는 그대로 인정하지 않는 것'에서 비롯된다.

남들의 말 한마디가 나를 벅차게 만들 때가 있다. 곤두선 예민함은 이제 배려와 불편한 오지랖을 뒤섞어놓았다. 그들의 삶이 마치 나를 재촉하는 것만 같을 때가 있다. 속으로는 나답게 살고 싶으면서 한편으로는 남들답지 못해 혼란스럽다. 늘 비교하고 경쟁하느라 마음이 지친다. 고개를 숙여보면 흘린 땀이 흥건하다. 호흡이 가쁘다. 등줄기의 식은땀은 멈출 줄 모른다. 여기저기 나를 묶어놓은 흔적이 많다.

하지만 나는 다 괜찮다고 말하고 싶다. 지금 고뇌하는 모든 순간이 다 조화롭다. 지금 상황이 맘 같지 않고 형편없어 보일 수도 있다. 그런데 그냥 그대로 두면 된다. 그리고 내게 중요한 것은 무엇인지, 내게 중요하지 않은 것은 무엇인지 선택하면 된다. 방법은 어떻든 상관없다. 많은 사람들이 깨달음으로부터 얻은 지혜를 설파한다. 때로는 그것이 유일한 방법인 것처럼 소개하기도 한다. 어떤 면에서는 맞다. 그 방법이 잘 맞는 사람에게는 유일한 방법이 될 것이다. 우리는 전부 받아들이고 내려놓기로 한다. 우리에게 가장 편한 방법이 무엇인지 스스로 탐구하고 선택하자.

생각들이 떠오르고 감정이 느껴질 것이다. 그것은 나를 기쁘게 할 수도 있고 나를 아프게 할 수도 있다. 그것들을 전부 바라보도록 하자. 나는 그것들과 하나가 아님을 깨닫기로 하자. 나는 그것들을 관찰하는 자임을 인식하도록 하자. 내가 '나'를 온전히 이해하고 있지 않았음을 알아차리자.

남에게 엄격한 잣대를 들이대면 나 역시 쉽게 판단당하기 마련이다. 그들과 아무 상관이 없을 수는 없다. 하지만 상관없음을 먼저 받아들인다면, 더 조화롭게 관계를 창조해갈 수 있다. 무엇보다 나를 먼저 인정할 때, 그것이 습관이 되고 자연스러워질 때, 우리는 비로소 남들도 나와 같다는 것을 알아차릴 수 있다. 남들의 삶은 그것대로 인정하고, 초연하게 나의 삶을 살아갈 수 있다. 남들의 삶에 휘둘리지 않고 단지 사랑으로 존중해줄 수 있다. 너그러워진다는 것은 나를 인정하고 사랑하는 것으로부터 시작된다.

# 05

# 하기 싫으면 그냥 하지 마라

자신을 믿는 순간 어떻게 살아갈지 알게 된다.

– 괴테(Johann Wolfgang von Goethe)

## 해서 후회, 안 해서 후회, 후회해서 또 후회

뭔가를 꼭 해놓고 후회하는 적이 있었다. 틀림없이 내키지 않았을 때다. 말이든 행동이든 마찬가지다. 후회라는 것은 주로 '~할 걸' 혹은 '~하지 말 걸'이라는 두 가지 형태를 띠었다. 무언가를 하지 못해서 후회하고, 무언가를 해서 후회한다. 결과는 내가 예상한 것이 아니었다. 하지만 이미 알고 있었는지도 모른다. 내가 분명 후회하리라는 것을.

솔직하지 못한 마음은 부자연스러움을 낳는다. 온전히 몰입하지 못함을 뜻한다. 지금의 상황을 사랑하지 못한다. 입은 재잘거리고 몸은 끊임없이 움직이면서도 정신은 다른 곳에 팔려 있다. 보고 있어도 보는 것 같지 않고, 듣고 있어도 듣는 것 같지 않다. 매 순간 어딘가 모르게 불편함을 느낀다.

마지막 학기를 남기고 나는 계절 학기를 수강했다. 졸업 요건은 다 갖춘 상태였다. 그동안 내가 수업다운 수업을 들어본 적이 있었는지 곰곰이 생각해보았다. 결론은 '없었다.'였다. 수업의 질을 이야기하는 것이 아니다. 이것은 단지 '진정 재미있고 즐거운 수업을 들었는지'에 대한 대답이었다. 졸업하기 위해 억지로 듣는 수업들은 적어도 나한테만큼은 수업답지 못했다.

1학년 때 '사고와 표현'이라는 교양과목을 들은 적이 있었다. 1학년 때의 나는 출석하는 것에 의의를 두던 학생이었기에 성적이 좋지 않았다. 사실 출석보다도 그냥 학적이 있는 것에 만족하고 있던 상태였다. 과제는 안 하거나, 하더라도 대충 했다. 성적이 어떨지는 전혀 고민거리가 아니었다.

책을 만나며 깊이 사색하는 시간이 많았다. 내가 잊고 있던 것에 대해 생각할 시간이 많아졌다. 세상을 이해하고 인간을 이해하는 것에 흥미가 생겼다. 나를 알아가기 위해서는 나뿐만 아니라 나를 둘러싼 환경 역시 이해해야 했다. 나는 그들, 그것들과 분리될 수 없는 존재였다.

졸업을 앞두고 그간의 성적표를 한번 훑어보았다. 성적표는 나의 분신이었다. 그간 겪어온 심적 변화가 고스란히 반영되어 있었다. 1학년 성적에는 헤어 나오지 못한 해방감과 혼란이 묻어있었다. 2학년 때는 복학하고 난 후의 열정이 드러나 있었다. 3, 4학년 때는 다시 시작된 회의감과 방황이 투영되어 있었다.

내 눈에 들어온 것은 1학년 때의 교양과목이었다. 우스갯소리로 '교수님이 씨(C)를 뿌린다'고 하는 수업이었는데 나는 씨를 틔워볼 요량으로, 또 '한번쯤은 진지하게 들어보고 싶은 과목'이라는 생각으로 재수강을 신청했다. 여러 사람과 생각을 나누고 내 생각을 글로 표현하는 것이 재밌을 것 같았다.

나는 '인간복제논쟁'에 대한 논문을 제출했다. 논문을 쓰기 위해 수많은 책을 읽었다. 그리고 밤을 새웠다. 전공 논문을 쓸 때보다 훨씬 열정적이었다. 무엇보다 힘들다는 생각이 들지 않았다. 도서관에서 책들을 쌓아놓고 논문을 써 내려가는 일이 참 재미있었다. 재미있으니 최선을 다했고 최선을 다하니 성적도 좋았다.

계절학기가 끝나고 나서 참 뿌듯했다. 개인적으로 겪고 있던 혼란스러움과는 별개로, 참 행복했다. 하고 싶은 것을 스스로 결정했고 최선을 다했다. 그렇게 얻은 성취는 참 값진 것이었다. 보람찬 일이었다. 그동안 수없이 많은 '하기 싫은 일'에 파묻혀 지냈는데 오랜만에 나는 들뜨는 설렘을 느낄 수 있었다. '재수강하길 진짜 잘했다.'라는 생각이 들었다.

오랫동안 '하기 싫은 일'은 다른 이름을 내세웠다. 그것은 '해야 하는 일'이라는 이름으로 위장했다. 왜 해야 하는지 모를 때면 어른들에게 물었다. 도대체 '왜' 해야 하는지 묻는 질문에 돌아오는 대답이 이해가 안 됐다. 그 이유들은 전부 가능성을 매듭짓는 것이었다. 시간이 지날수록 매듭은 딱딱하게 굳어졌다. 점점 풀기 어려워졌다.

스스로 이해하지 못하는 사람은 남들을 이해시키지도 못한다. 이해시키지 못한다는 것은 그 자신이 이해하지 못하고 있는 것의 방증이다. 그럴싸하게 포장하려 해도 결국 포장지가 부족하다. 진지하게 고민해보고 질문하며, 합당한 대답을 내려본 경험이 부족하다. 그러면 내용물에 비해 과대한 포장지를 준비하거나, 한참 모자란 포장지를 준비하게 마련이다.

"너 공부 왜 하는지 모르겠지. 어른들이 하라고 해서 하기는 하는데, 진짜 하고 싶은 건 아니잖아."

학생들에게 이런 말을 하면 은근히 좋아한다. 주위에서 늘 '해야 된다.', '해라.'라는 말만 듣다가 아이들의 마음을 공감해주니 미소를 짓는다. 너무 당연한 사실인데도 "오, 선생님. 어떻게 알았어요?"라고 되묻는다. 그럼 대답한다. "어떻게 알긴. 나도 학생 때 그런 생각을 했는걸."

## 걱정하는 것을 걱정하지 마

아이들은 어릴 적 놀이를 통해 사회를 배운다. 스스로 역할을 부여하고 책임진다. 놀이에서 형성된 관계를 통해 학습한다. 아이들은 시나리오를 통제하고 직접 즐기는 주도적 영혼이다. 하지만 자라면서 놀이의 창의력은 서서히 빛을 잃는다. 무궁무진하던 상상력은 하나의 기준으로 수렴한다. 누군가의 놀이에 배역을 청탁한다. 하지 못해 안달이 난다.

아이들은 언젠가는 어른이 된다. 따라가고 쫓아가는 삶이 습관이 되면 그게 익숙해진다. 더 이상 세상에 '왜'라는 질문을 하지 않는다. 이해하지 못하는 것들에 순응한다. 요즘 시대에서 순응은 체념과 포기의 또 다른 이름이다. 스스로 살아가지 못하는 인간의 모습이다. 그런 부자연스러운 익숙함과 하나가 될 때, 그들은 그들의 자녀에게 또 모든 것이 원래 그런 거라고 말할 것이다.

우리가 하기 싫은 일을 놓지 못하는 데는 다양한 이유가 있다. 하지만 무엇보다도 다음의 일을 예측할 수 없다는 불안감이 가장 크지 않을까. 휩쓸려 살다 보니 어느새 시간이 너무 많이 흘렀다. 그런 것만 같다. 뭔가 새롭게 시작한다는 것이 부담스럽고 두렵다. 성공이 전제되지 않으면 변화를 도모하지 않는다. 은근한 불편함과의 동거를 계속한다. 그것이 무뎌지기만을 기다린다. 좀 더 완벽한 체념이 오기를 기다린다.

억지로 해야 하는 것이 내 삶을 통제하고 있다. 자연스럽지도 않고 즐겁지도 않다. 재미가 없다. 불가능이 없던 놀이는 이제 세상에 없다. 놀지 못하는 마음은 행복하지 못하다. '아, 하기 싫어.'라면서 막상 그만두지는 못한다. 남을 맞춰주는 것, 하기 싫은 일을 하는 것 등 이 모든 것이 이미 내 숨통을 붙잡고 있다.

세상의 기대치에 부응하기 위해 지나친 노력을 일삼는다. 내 앞의 수많은 가능성을 못 보고 지나친다. 언제든 변화를 이끌어낼 수 있는 원동력이 내 안에 있음을 잊는다. 두려움을 하나의 현상으로 보지 못하고 나와 동일시한다. 사랑과 행복은 단지 내가 외면할 때 모습을 감춘다는 사실을 모른다.


때로는 두려움조차 포기할 수 있어야 한다. 내 행복과 사랑에는 이토록 냉담하면서 왜 두려움에는 그토록 너그러운가? 나를 불편하게 만드는 것은 과연 사랑인가, 두려움인가? 잘못될지도 모른다는 불안감, 초조함 이 모든 것은 결국 두려움이다. 늘 존재를 위협받고 끊임없이 투쟁하지 않으면 안 됐다. 확신할 수 없는 미래를 두려워하는 것은 사실 당연하고 자연스러운 일이다.

하지만 우리는 '확신할 수 없는 미래를 두려워한다.'라는 말을 '확신할 수 없는 미래를 기대하는 것'으로 바꾸어 생각할 수도 있다. 두려움과 기대감의 차이는 마음의 시선에 있다. 내가 희망을 선택할 것인지, 절망을

3. 세상에 덜 신경 쓰고 나를 더 사랑하라

선택할 것인지에 대한 마음가짐이다. 우리는 그 무엇도 될 수 있으며, 그 무엇이라도 할 수 있다.

변화를 이끌어 내는 시작은 무언가를 '하는 것'으로부터, 또한 '하지 않는 것'으로부터도 이뤄진다. 하고 싶은 것은 시작하고, 하기 싫은 것은 과감히 포기하고 중단하는 것이다. 그 모든 것이 새로운 가능성을 열어준다. 걱정될지도 모른다. 걱정이라는 느낌이 불편할지도 모른다. 하지만 걱정과 불편함이라는 것은 우리를 통제할 수 없다. 우리가 그것들을 단지 느끼고 관찰할 때, 우리는 그것 위에 서게 된다. 두려움에 정복당하는 것은 오로지 그렇게 되기로 선택한 영혼에게만 해당되는 일이다.

어니 J. 젤린스키는 『모르고 사는 즐거움』에서 "우리가 하는 걱정의 96%는 쓸데없는 걱정이며 오직 4%만이 실제로 우리가 염려해야 할 부분이다."라고 말했다. 쓸데없는 걱정은 망상과 같다. 내 현실과 동떨어진 헛된 상상이다. 하지만 그런 걱정들은 우리도 모르는 사이 우리의 삶 대부분을 지배한다. 우리는 자각해야 한다.

우리의 소망과 욕구는 순수하다. 때 묻지 않은 행동력이다. 걱정도 없고 두려움도 없다. 그것에 확신을 갖는 것은 바로 '나'를 알아가는 것으로부터 출발한다. 모든 것이 그렇다. 우리의 두려움은 우리만의 것이 아니다. 세상의 것이다. 지레 겁먹고 배운 것이 많다. 중요한 것은, 아무래도 괜찮다는 것이다. 지금까지 어땠다는 것은 앞으로의 일과 아무런 상관도 없다. 스스로 해보고 싶은 것을 해보고, 하기 싫은 것은 그만두기도 해보자. 새로운 경험만큼 나를 성장시키는 것은 없다.

# 06

# 중요한 것에 더 시간을 써라

시간을 지배할 줄 아는 사람은 인생을 지배할 줄 아는 사람이다.

— 에셴바흐(Wolfram von Eschenbach)

## 내가 가장 소홀했던 사람

흔들리는 자존감은 뭐가 중요한지 몰랐다. 뗏목은 외로이 표류했고 항해사는 초라했다. 정신이 나가 있었다. 지도는 물에 젖어 잉크가 번졌다. 맑고 푸른 하늘보다 짙은 먹구름을 더 자주 목격했다. 사실 '중요한 게 무엇인지'보다 '무엇을 중요하게 여겨야 하는지'를 몰랐다.

나는 노래를 좋아했다. 즐겨 듣기도 했고, 즐겨 부르기도 했다. 노래가 주는 감동이 좋았다. 멜로디와 가사는 자주 내 마음과 교감했다. 노래 속에는 하나의 이야기가 담겨 있었다. 마치 나 같아서 울고 나 같아서 웃었

**182**

다. 노래에는 다양한 세상이 담겨 있었다. 내가 있고 네가 있었다. 부모님이 있고 친구가 있었다. 연인이 있었다. 아픔부터 행복까지 다 있었다.

감성에 젖는 것은 하나의 드라마였다. 좌절과 절망이 시나리오가 될 때, 그것은 의미를 지녔다. 나는 아무것도 아닌 실패자가 아니라 한 명의 주인공이 되었다. 비련의 남주인공이었다. 나는 어쩌면 비극을 즐겼다. 한숨을 내뱉으면서도 은근한 쾌감을 느꼈다. 처절함 속에도 희열이 있었다.

기쁜 일이 있을 때보다 슬픈 일이 있을 때 노래를 더 찾아 들었다. 내 마음속의 아픔과 상처들을 더 극대화했다. 슬픔을 더 키우고 좌절을 더 증폭시켰다. 그럴 때면 메마른 감정이 뭔가 살아나서 소리를 냈다. 내가 흠뻑 빠진 것은 그런 것들이었다. 어느 순간부터 비극은 나의 선택이었다.

너무 힘들어 기도를 했다. 아무도 없는 조용한 시간에 예배당에 들어갔다. 가만히 앉아 하나님을 불렀다. 글로 적고 머릿속으로 되뇌었다. '나 너무 힘드니까 제발 도와달라.'고 외쳤다. 이제 와서 생각해보면 나는 그때 진정으로 기도하지 않았다. 진심으로 구원받길 원하지 않았다. 다만 힘들어하는 내 모습을 누군가 알아봐주길 바란 게 아니었을까. 그런 점이 더 컸을지도 모르겠다.

정말 행복하고 싶다면 나는 행복을 바라봐야 했다. 외부에 구원을 바랄 것이 아니라 나를 들여다보아야 했다. 하지만 그래야 한다는 사실을 몰랐다. 내 삶의 중요도는 나를 가학적으로 몰고 가는 것에 치중되어 있었다. 구덩이에 빠진 자는 호미로 찍어 기어오를 생각을 하지 않고 오히려 더 깊은 구덩이를 팠다. 더 차가운 곳으로 내려가길 선택했다. 그렇게 생각하고 행동했다.

중학생 멘토링을 할 때였다. 아이와의 첫 만남은 흥미로웠다. 내 모습을 보는 듯했다. 아이는 움츠러들어 있었고 표정은 어두웠다. 자신감이 없고 부정적이었다. 사소한 일 하나에 큰 의미를 부여했다. 쉽게 겁을 냈다. 나는 아이에게 힘을 주고 싶었다. 내 마음은 시든 꽃이었다. 반면 겉모습은 시들지 않는 조화였다. 나는 나를 썩 잘 꾸며내는 사람이었다. 아이와 함께 하는 시간은 방황과 시련에서 자유로웠다.

매 순간 긍정적인 이야기를 했다. 사소한 일은 사소하게 받아들일 수 있도록 조언했다. 무조건적인 사랑과 응원을 건네주며 믿음을 주었다. '너는 무엇이든 할 수 있다.'라는 자신감을 심어주었다. 유머와 긍정의 힘이 강하다는 것을 알려주고자 했다. 나는 어릴 적 내 모습을 보듯이 아이를 보았다.

어느 날이었다. 아이가 갑자기 내게 "이 활동이 자신을 긍정적으로 변화시켰다."라고 말했다. 그것을 느낀다고. 아이는 미소를 지었다. 눈빛을 반짝였다. 나는 그때 알았다. 언젠가부터 아이는 자주 웃고 있었다. 스스

**184**

로 부정적인 말도 삼갔다. 첫 만남에 조심스럽던 아이는 내게 장난도 치고 있었다. 늘 보던 모습 그대로라고 생각했지만 아니었다. 아이는 내가 모르는 사이 변하고 있었다.

아이에게 고마웠다. 아이의 변화하는 모습이 오히려 나를 성장시켰다. 나는 생각했다. '아이에게 하는 말을 정작 나에게는 하지 않고 있구나.' 스스로를 소홀히 여겼던 나를 돌아보게 되었다. 하루 3시간 짧은 만남이 막을 내리면, 곧바로 나는 슬픔과 외로움을 찾을 것이었다. 비극이란 물살을 몸에 끼얹을 것이었다. 나는 그동안 나를 홀대하고 있었다는 것을 깨달았다.

나에게 중요한 것을 깨닫기까지 오랜 시간이 걸렸다. 내 감정과 자존감의 처절한 끝을 체험하고 나서야 비로소 알게 되었다. 내가 중요하게 여겨야 할 것은 바로 나 자신이라는 사실을. '실패는 성공의 어머니'라는 어찌 보면 진부한 명언이 그제야 와닿기 시작했다. 새로운 시작과 더 나은 성취를 위해서, 이 치열했던 경험이 반드시 필요하다는 사실을 알게 되었다.

## 다만 나는 나아갈 뿐이다

커뮤니티에 웹툰을 올리며 나도 악플을 받아보게 되었다. 댓글은 마치 감상평과 같아서 좋은 댓글이 달리면 기분이 뿌듯하고 그 사람들에게 고마웠다. 하지만 정도를 지나친 악플을 보면 눈살이 찌푸려졌다. 악에 받친 댓글들이 종종 있었다. 자살을 권유받기도 했다. 그런 말을 들으면 가슴이 아팠다. 한편으로는 악의와 분노에 가득 찬 그의 마음에 가슴 아프기도 했다.

웹툰을 꾸준히 올렸다. 이제 내게 중요한 것은 휘둘리지 않는 것이었다. 내가 웹툰을 그리고 올리는 것은 무엇보다 하나의 창작물을 만들어내는 과정이 즐겁기 때문이다. 그 창작물이 칭찬까지 받는다면 더할 나위 없이 좋았다. 내가 좋아하는 것을 남들도 좋아해 주기 때문이다. 나는 친구들과 있을 때 실없는 말장난을 많이 한다. 영감이 떠오른 순간에 농담을 내뱉지 않으면 뭔가 답답하다. 내뱉으면 꽤 자주 나 혼자 웃는다. 나만 재밌으면 그만이었다. 어이없어 웃는 친구들, 싸해진 분위기조차 우스웠다. '또라이 같다.'라는 말도 여러 번 들었다. 비슷한 맥락이다.


'나'라는 사람을 늦게나마 깨달았다. 내 소망과 순수한 욕구에 대해 알게 되었다. 휘둘리지 않으려면 나는 나다워야 했다. 내키지 않는 유혹에 무심하고 단호할 수 있어야 했다. 어영부영하지 않고 갈 길을 가야 했다. 그동안 세뇌되었던 생각과 감정들로부터 자유로워져야 했다.

나아지고 싶기에 나아지기를 선택한다. 더 이상 음울한 가사에 젖지 않기로 했다. 하지만 가끔은 그럴 때도 있을 것이다. 행복하기도 하고 슬프기도 한 것이 인생 아닌가. 감정은 조절하려 애쓸 때보다 맘 편히 받아들일 때 편안해진다. 초연함을 얻고자 하는 마음이 서두를 때가 있다. 하지만 그 조급함조차 사랑하기로 결정했다. 내 가능성을 재단하는 순간이 바로 마음에 족쇄를 채우는 순간임을 알았다.

다만 나는 나아갈 뿐이다. 내게 중요한 것은 나의 온전함이다. 순수한 나의 모습 그 자체다. 순간순간 드는 욕망, 생각, 감정들. 내가 진정 원하는 것과 원하지 않는 것은 이미 내가 안다. 불편하고 불편하지 않은 것을 이미 안다. 제멋대로 솟아오른 생각이 복잡하게 뒤엉키면 시야가 흐릿하다. 하지만 아무리 아지랑이가 희미함으로 덮어도 오아시스는 그 자리에 있기 마련이다.

우리에게 가장 중요한 순간은 언제인가? 나는 바로 지금 이 순간이라고 대답한다. 과거의 총합이자 미래의 근원. 지금은 내 삶의 일부이자 모든 것이다. 우리에게 가장 중요한 사람은 누구인가? 나는 바로 나 자신이라고 대답한다. 내 경험을 온전히 경험한 자, 내 생각을 생각한 자, 내 감정을 느낀 자, 나에게 가장 생생한 사람, 그 존재가 바로 나 자신이다.

이스라엘의 현자 힐렐은 "내가 나를 위하지 않으면 누가 나를 위해줄 것인가? 지금 하지 않으면 언제 할 날이 있겠는가?"라고 말했다. 스스로의 생각과 감정, 떠오르는 욕망들에 솔직해지도록 하자. 그것을 들여다보며 나라는 사람을 배워보자. 내가 중요하다고 여겨지는 것에 확신을 느끼는 순간, 그 순간에 우리는 우리의 삶을 살아갈 수 있을 것이다.

# 07

# 무리한 부탁은 단호하게 거절하라

제대로 거절하지 못하는 자는 거절한 뒤 허송세월을 보내게 된다.
– 마르그리트 드 나바르(Marguerite de Navarre)

## 때로는 협박 같은 부탁

어린아이는 사랑을 갈구했다. 예쁨을 받기 위해 스스로 꾸며냈다. 부정적 감정들을 억눌렀다. 타인의 기대에 순응하기 위해 노력했다. 아이는 상처받을 때의 아픔을 알고 있었다. 상처 주는 사람은 사랑받지 못하는 것을 알았다. 말이 줄었다. 내 말이 행여나 다른 사람의 마음을 할퀴지 않을까 염려했다. 말을 담아두고 씹다가 이내 삼켜버렸다.

나는 부탁을 잘 거절하지 못했다. 내 마음과 시간이 여유롭지 못한데도 받아들이는 경우가 잦았다. 내 삶의 우선순위는 자주 나를 벗어났다. 진정으로 내키지 않으니 후회할 때가 많았다. 마음이 넉넉할 때는 웃어넘길 수 있었지만, 내가 점점 움츠러들 때 후회는 피해 의식으로 자라났다. 하기 싫은 걸 억지로 강요받는 느낌이 싫었다. 상대방이 나를 이용한다는 생각이 들었다.

나의 불편함은 애써 감추려 해도 곧잘 드러났다. 누군가와 함께 있을 때 우리는 직관적으로 분위기를 느낀다. 눈에 보이지 않는 기류가 흐르는 것을 감지하는 것이다. 말하지 않아도 알 수 있는 것들이 있다. 그러나 나는 불편함을 인정하지 않았다. 아무렇지 않은 듯 흉내를 냈다. 거짓으로 둘러대는 말들이 많았다. 하지만 분명 그들은 느꼈을 것이다.

억지로 부탁을 들어주고 후회하는 일이 많아지니 슬슬 짜증이 났다. 내 마음이 감당하지 못할 부탁들은 부담이 되었다. 그러면 이해하지 못할 감정과 행동으로 표출되었다. 말 따로 행동 따로인 사람은 신뢰도를 잃는다. 남의 기대치에 억지로 끼워 맞추려는 노력은 나를 갉아먹고 있었다.


거절하는 것이 무서웠다. 남들의 기대를 무너뜨리고 싶지 않았다. 모두에게 좋은 사람이고 싶었다. 남들의 부탁을 능히 들어주는 사람이 되고 싶었다. 남들에게 인정받는 사람이 되고 싶었다. 사랑받고 싶어서 눈에 보이는 아무 동아줄이나 잡아끌었다. 잡고 보니 썩은 경우가 많았다.

무턱대고 다 수락하지는 않았지만 어렵사리 거절을 하고 나면 마음이 불편했다. 타인의 기대를 저버렸다는 죄책감과 그 죄책감이 주는 스트레스가 싫었다. 당당하게 나를 표현하지 못하고 끊임없이 불안해했다. '혹시 나를 미워하게 되면 어쩌지.'라는 생각에 괴로웠다.

어릴 적 내게 주어진 기대들은 일종의 협박이었다. 행동과 말투를 강요당했다. 따르지 않으면 나는 혼날 것이었다. 엄마의 짜증을 감수해야 했다. 학부모 참관 수업이 있던 어느 날이었다. 나는 초등학생 3학년쯤 되었다. 그날 아침에 나는 엄마에게 "선생님이 질문을 하면 꼭 발표를 하라."라는 당부를 받았다. 많은 사람들이 보는 자리에서 돋보이라는 지시였다.

수업이 시작되었다. 우리를 지켜보는 눈들이 많았다. 어른들의 시선은 선생님을 향하기도, 각자의 자녀들을 향하기도, 그리고 함께 있는 다른 학부모들을 향하기도 했을 테다. 서로의 눈치가 교실 안을 가득 채웠다. 이윽고 선생님이 아이들을 향해 질문을 던졌다. 부담감이 몰려왔다. 손을 들어 멋진 대답을 해야 했다. 뒤통수에 꽂히는 엄마의 눈초리가 느껴졌다.

나는 그렇게 하지 못했다. 온몸이 벌벌 떨렸다. 멋진 대답은 다른 아이의 차지가 되었다. 얌전히 있다가 수업이 끝났다. 머릿속이 온통 두려움으로 가득 찼다. 집에 가면 틀림없이 나는 혼날 것이었다. 아니나 다를까, 엄마는 나에게 잔뜩 실망하며 화를 냈다. "그것도 못 하냐?"라면서 나를

**191**

다그쳤다. 나 역시 화가 났지만 화를 내봐야 소용없을 것이었다. 비슷한 일들이 많았다.

언젠가부터 남들의 부탁은 내게 협박으로 다가왔다. 감정적으로 나는 궁지에 몰렸다. 자연스럽게 마음은 수그러들었다. 나를 미워하지 않았으면 좋겠다고 생각했다. 부탁을 들어주지 않으면 화를 낼까 봐, 내게 실망할까 봐 무서웠다. 한편으로는 그들이 밉기도 했다. 불편한 마음을 몰라주는 것이 원망스럽기도 했다.

현명하게 나를 드러내지 못했다. 드러내는 방법도 몰랐다. 억지로 고개를 끄덕였다. 속으로는 남 탓을 했다. 불편한 상황의 책임을 남에게 전가했다. 마음이 복잡하게 꼬였다. 부탁을 들어주고 은근히 생색을 냈다. 더 큰 보답을 기대했다. 내가 느끼는 부담을 상대방에게 고스란히 전해주었다.

뿌리박힌 위계질서는 거절을 나쁘게 몰았다. 상명하복의 문화는 '거절'에 당당함 대신 죄책감을 덧입혔다. 내 마음의 편안함은 나중으로 미뤄야 하는 것이었다. 내가 부정당하는 일, 내 마음이 외면당하는 일이 많았다. 부탁은 거대한 무게로 나를 짓눌렀다.

그런 분위기 속에 겸손조차 빛을 잃었다. 어느 순간 겸손은 나약함이 되었다. 당당함은 '무장'해야 하는 것이었다. 싸우기 위해 당당함을 갖춰야 했다. 우리의 시행착오는 극단을 달린다. 적당함의 아름다움을 잃었다. 주변을 둘러보면 많은 것들이 꼭대기를 오르내리다, 땅 끝으로 추락한다. 그리고는 땅 끝을 박차 올라 하늘을 찢을 듯 솟구친다. 감정의 진자는 시끄럽게 진동한다. 정신 사납게 호를 그린다.

## 나를 위한 거절의 현명함

거절은 부정이다. 하나의 호의가 닫힌다. 관계가 어그러진다. 아니다. 거절은 '인정'이다. 당연하지 않은 마음을 받아들이는 태도다. 내 마음에 솔직해지는 현명함이다. 나를 사랑하는 지혜로움이다. 내 안에 죄책감을 구겨 넣지 않는 여유로움이다. 나를 나답게 만들어주는 기술이다.

거절이란 단어에 때가 묻었다. 핏빛 녹이 슬었다. 마음의 상처가 뱉어낸 핏물이다. 그간 거절하고 거절당하며 받은 아픔이다. 그런 기억들이 많다. 과거의 경험에 연연하며 '지금'에 제동을 건다. 거절이란 현명함이 제 갈 길을 못 간다. 거절은 상대방과 나의 마음을 있는 그대로 직시하는 것이다. 애매모호한 불편함을 놓아버리는 편안함이다.

무리한 부탁을 창조해내는 것은 나 자신이다. 무리한 부탁도 들어주는 사람으로 살아온 것은 누구인가. 무리하다는 것을 알면서도 받아들인 주체는 누구인가. 그렇게 선택한 것은 누구인가. 물론 지금 내 모습의 원인이 온전히 나뿐만은 아니다. 부모님, 친구, 형제자매, 선생님, 문화, 동료 등 여러 원인이 있다. 삶의 인과관계는 결코 일대일대응이 아니다. 우리는 다양한 함수의 결과물이다.

하지만 우리는 그것조차 인식하고 자유로워지기를 선택한다. 그간 무슨 일이 있었든지 다 놓고 새롭게 나아가기를 선택한다. 나를 존중하기로 결정한다. 내 마음에 솔직해지기로 한다. 거절이란 기술은 나와 상대방을 존중하는 것임을 알아차린다. 거절이란 두려움에 얼룩진 때들을 씻어내기로 한다.

단호함이란 솔직함이다. 당당함도 솔직함이다. 솔직함은 나를 인정하는 것이다. 그동안 인정받지 못해 겪은 슬픔이 얼마나 많은가. 나조차 나를 인정하지 않을 때 삶은 나를 버린다. 목줄을 채운다. 손잡이를 다른 사람에게 넘기고 끌려다닌다. 할 수 있는 것은 울타리 있는 마당 안을 돌아다니는 것뿐이다.


마음은 그대로 받아들일 때 편안해진다. 두려움은 두려움을 인식하고 인정할 때 떼쓰는 것을 멈춘다. 더 이상 나를 괴롭히지 않는다. 나는 그것을 인식하는 존재다. 내 안에 일어나는 모든 것을 인지하고 애정 어린 눈길로 바라보는 존재다. 애쓰지 않고 '나'를 되찾아가는 존재다. 알아차리고 인식하는 것만으로도 마음은 평안과 사랑에 이른다.

우리에게는 거절이라는 훌륭한 인정하기 기술이 있다. 내 마음에 솔직해질 수 있는 멋진 연습이다. 두려워하지 않아도 된다. 혹은 두려워해도 된다. 방법이 어설퍼서 몇 번 상처가 될 수도 있지만 괜찮다. 진실된 관계는 몇 번의 거절로 무너지지 않는다. 두려운 상황은 오직 두려움과 내가 하나 될 때 모습을 드러낸다. 솔직하게 거절을 표현하다 보면, 세상이 꽤나 내게 호의적이라는 사실을 알게 될 것이다.

3. 세상에 덜 신경 쓰고 나를 더 사랑하라

# 08

# 남들의 시선에서 자유로워져라

자신이 특별한 인재라는 자신감만큼 그 사람에게 유익하고 유일한 것은 없다.

— 데일 카네기(Dale Carnegie)

## 감정의 노예, 생각의 노예

문득 걷다 보면 생각을 알아차릴 때가 있다. 생각은 속도가 빨랐다. 금세 잔상을 남기고 떠나는 것들이 많았다. '지금'에 집중하지 못하고 있었다. 그럴 때면 왠지 모르게 시야가 희뿌옇다. 생각을 알아차리는 것은 정신이 번쩍 드는 일이었다. 하루의 대부분은 의미 없는 두려움으로 가득 찼다.

일어나지도 않은 일들을 걱정하며 분노했다. 온갖 파괴적인 상상들이 나를 불안으로 몰고 갔다. 두려움과 하나가 되었다. 가만히 있어도 피곤했다. 숨만 쉬어도 지쳤다. 의식적으로 생각을 알아차리기 전까지 나는 생각의 노예, 감정의 노예였다. 마음에 드는 일이 하나도 없었다.

"어른들은 옳은 판단, 현명한 판단을 하기 위해 스스로 진지해진다. 그러고는 고작 한다는 것이 스스로 신의 노예, 명분의 노예가 되는 것이다. 그들은 기쁨과 즐거움, 만족을 찾기보다 의무와 책임에 자신을 옭아맨다. 그렇게 어른들은 많은 시간과 에너지를 투자해서, 거의 주객이 전도된 바보짓을 하고 있는 것이다. 그러나 어린아이는 그와 반대다. 그래서 아이는 노련한 강자인 것이다. 아이는 그저 자신의 감정에 충실하고 자기 몸이 하라는 대로 따른다. 즐겁고 행복하고 싶은 자신의 욕구에 충실하기 때문에 언제나 해맑게 웃으며 즐거움과 기쁨을 만끽한다. 하지만 그 단순한 행위가 이미 자유로운 자, 강한 자, 초인의 경지인 것이다."

이는 『오늘 잃어버린 자존감을 찾았습니다』의 저자 주현성 작가의 말이다. 내게는 어린아이의 단순함이 필요했다. 노예가 되기 위한 몸부림이 아니라, 나를 되찾기 위한 몸부림을 쳐야 했다. 즐겁고 행복하고자 하는 욕구를 들여다보아야 했다. 이끌려가는 삶은 부작용이 많았다. 나를 부정했던 선택이 나를 어떻게 만들었는지 직시해야 했다. 두려움이 차지하는 삶이 아니라 행복과 사랑이 차지하는 삶을 살고 싶었다.

아침 일찍 카페로 향해 책을 읽었다. 지혜를 온몸으로 받아들였다. 마

**197**

음이 열리며 호흡이 편해졌다. 긴장이 서서히 사라져갔다. 아무렇게나 떠오르던 생각과 감정이 서서히 정리되기 시작했다. 나는 점점 그것과 분리되고 있었다. 조금씩 나다워지고 있었다.

내가 무엇을 할 때 행복한지 알고 있었다. 세상의 잣대에 맞춰서는 절대 이룰 수 없는 것이었다. 남들의 기준을 내 정의로 삼고, 남들의 눈치를 살피며 내 생각과 행동에 제약을 걸 때 나는 결코 행복해질 수 없었다. 나는 자유로워지기로 했다. 쉽지만은 않은 일이라서 두려움도 생겼다. 하지만 내가 부정적인 감정에 중요도를 두지 않는다면, 그것은 그저 나를 스쳐 지나갈 것이었다.

나는 서른에 이르러서야 졸업을 했다. 누군가는 취업을 하고 누군가는 사업을 했다. 자격증을 취득하고 시험을 봤다. 스펙이라는 것을 쌓았다. 남들이 사는 모습은 때로 짙은 향기였다. 향기에 취해 나도 모르게 이끌릴 때가 있었다. 하지만 그것은 마약이었다. 취해버리면 나는 망가질 것이었다. 나답게 살지 못할 것이었다.

남들이 나를 안타깝게 여기기도 했다. 내게 학벌은 공든 탑이었다. 공든 탑은 무너지지 않는다고 했던가. 하지만 나는 탑을 쌓고 싶지 않았다. 학벌은 무너지지 않았다. 다만 공들였던 내 마음이 무너질 뿐이었다. 그것만으로 나는 살아갈 수 없었다. 그것만으로 나는 행복할 수 없었다.

『나는 직장에 다니며 1인 창업을 시작했다』의 저자 김태광 대표는 자수성가의 표본이다. 한국판 브렌든 버처드다. 그는 사회의 통념을 타파했다. 오롯이 '나'로서 살아가는 유일함을 체득했다. 온갖 역경을 극복했다. 그의 역경은 배움이 되었고 가르침이 되었다. 그는 자신으로부터 영감을 얻고 하나님으로부터 영감을 얻는다. 그의 삶은 매 순간 창조의 연속이다.

자신은 200여 권의 책을 냈다. 또한 800여 명의 작가를 배출했다. 많은 사람들이 스스로의 삶을 살 수 있게끔 돕는다. 그의 경험은 그 자체로 동기부여가 된다. 훌륭한 본보기가 된다. 도전을 겁내지 않는다. 삶을 성공으로 이끄는 법을 안다. 지식이 아닌 지혜를 설파한다. 삶은 그에게 축복이자 놀이이다. '세상은 내 마음의 현현'이라는 진리를 꿰뚫었다.

꾸밈이 없고 가식이 없다. 스스로를 존중할 줄 알고 사랑할 줄 안다. 남들을 존중하며 아낄 줄 안다. 어린아이와 어른이 공존하는 영혼이다. 그의 책이 내 스승이다. 그의 삶이 내 스승이다. 숱하게 읽은 자기계발서가 나를 성장시켰지만 거리감이 있었다. 곁에서 두고 볼 수 있는 스승이 실감 나는 법인데 그의 존재가 지금 나에게 그렇다.


때로 그는 독설을 한다. 체념한 마음들에 일침을 가한다. 나태해진 마음에 자극을 준다. 성공하려면 남들과 다른 길을 가야 한다고 말한다. 그는 독설이라고 말하지만 나에게는 독설 같지 않다. 그동안 세상이 내게 한 말들은 자장가였다. 나를 잠들게 하는 마취제였다. 나를 깨어 있게 하지 못했다. 하지만 그의 이야기는 나를 깨우는 각성제다. 눈을 뜨게 하는 아침 햇살이다.

그의 책을 통해 '한책협'을 알게 되어 그의 특강을 들었다. 시동만 걸던 마음이 바퀴를 굴리기 시작했다. 나는 빠르게 나아갈 것이고 남들의 시선은 창문 밖으로 휙휙 지나가는 풍경이 될 것이었다. 그것에 신경 쓰지 않고 내 삶을 살아갈 것이었다. 계기판의 바늘은 이제 오로지 '나'라는 속도를 가리키게 되었다. 남들이 어디로, 얼마만큼의 속도로 가든 더 이상 나와는 상관없었다.

## 나는 살아가나요, 살아지나요

'나'라는 존재를 아끼지 않기로 했다. 귀하게 여기지 않겠다는 말이 아니다. 이것은 남김없이 쓰겠다는 결정이다. 아껴서 남기지 않고 그대로 사용하기로 했다. 내 마음의 모든 것을 낱낱이 드러내기로 했다. 적나라하게 들여다보고 인정하며, 그것이 꽃을 피울 수 있게 스스로 돕기로 했다.

버킷리스트를 써갔다. 사소한 것부터 큰 것까지 남김없이 적었다. 적는 순간은 기쁨이었다. 그것들이 이뤄진 순간을 상상하게 된다. 상상하면 현실이 된다. 나는 그것을 믿는다. 꿈은 그것이 이미 이뤄진 것을 '알' 때 모습을 드러낸다. 그것을 믿으려 애써 노력하는 것은 마음의 불편함을 낳는다. 불편함은 의심을 낳는다. 의심이란 두려움이다. 두려움을 놓아버리면 더 이상 애쓰지 않아도 된다. 자연스럽게 내리는 결정과 아는 것이 이제 내 삶을 이끌어갈 것이었다. 어릴 적 빛바랬던 설렘이 되살아나기 시작했다.

남들의 기준에서 멀어질 때 마음이 편해졌다. 나를 위해 해야 할 것들이 또렷해지기 시작했다. 한때 나의 소비는 매번 결핍과 부족함을 느꼈다. 확신이 없는 지출은 남모를 죄책감이었다. 하지만 이제 나는 가장 현명한 지출은 나를 위해 쓰는 것이며, 확신이 있을 때 모든 순간이 값진 투자가 된다는 것을 안다.

남들의 시선에서 자유로워지는 것은 쉽지 않다. 분명 어렵다. 그러나 그것은 단지 어려울 뿐 못할 것이 아니다. 틀림없이 어설퍼서 시행착오를 겪을 테다. 그러나 시행착오는 배움이 된다. 소중한 경험이 되고 성장의 밑거름이 될 것이다. 그 모든 것을 기쁨으로 받아들일 때 세상은 환희의 찬가를 불러주리라.

우리의 삶은 우리만의 특별한 선택을 기다리고 있다. 많은 이들이 죽음에 이르러서야 깨달음을 얻는다. 하지만 그 깨달음은 우리에게 생생하

**201**

지 못하다. '살아가는' 우리에게 죽음이란 막연한 결과물이다. 결국 후회는 비슷한 모습으로 나타날 것이다. 후회하는 삶은 나쁜 삶이고, 후회하지 않는 삶이 좋은 삶이라는 말은 하지 않겠다. 그렇게 생각하지도 않는다. 모든 것이 하나님 아래 허락된 가능성이다. 모든 현실은 그 자체로 아름답다. 다만 그 두 가지가 우리에게 주는 느낌은 분명 다르다. 가끔은 바쁜 발걸음을 멈추고 우리가 '살아가는지' 혹은 '살아지는지' 생각해보자.

# 함부로 오해하지 않는 연습

나를 오해할까 봐 두렵다. 내 진심이 왜곡되는 순간이 무섭다.

'나를 나쁘게 보면 어쩌지? 나를 형편없게 생각하면 어쩌지? 내가 인정 받지 못하면 어쩌지? 나를 우습게 보면 어쩌지?'

사실 그런 일을 쉽게 일어난다. 혹은 일어나지 않는다. 내가 나를 형편 없게 생각하고 스스로 우습게 여길 때 남들도 그렇게 보게 된다. 나에 대 한 자신이 있고 믿음이 있으면 남들도 나를 믿는다. 자신이 믿는 만큼 이 루어진다는 말에 한 치의 거짓도 없다.

나에게 솔직하지 못하니 꾸밈이 많다. 부자연스러운 불편함으로 말과 행동을 감싼다. 늘 생각과 감정들을 검열하고 통제된 모습으로 남들을 대 한다. 나는 훌륭하게 연기하고 있다고 생각하지만 그 속의 모순은 숨길수 도 없고 숨겨지지도 않는다. 남들이 직접적으로 말을 안 하는 것일 뿐이 다. 실체는 이미 드러나 있다.

늘 불안하고 쫓기듯 산다. 허망한 경계심과 가치관으로 남들을 함부로 판단하니 자기 자신 역시 같은 잣대 위에 놓인다. 오해받을까 봐 두려워하는 사람들은 필시 남들을 쉽게 오해하는 사람이다. 판단당하기 싫어하는 사람들은 분명 남들을 쉽게 판단하는 사람이다. 사람들은 꽤 자주 본인의 상처를 투영한 세상을 살아간다. '내가 그랬으니 당신도 그럴 테지.'라는 편견으로 살아간다. 이것은 잘못이 아니라 다만 알아차려야 할 속성이다. 우리가 깨달아야 할 것은 죄책감이 아니라 놓아버려야 한다는 사실이다.

상황이 오해할 수밖에 없게끔 이루어졌다고 생각할 수도 있다. 나의 판단은 틀림없는 이유에 근거해 이루어졌다고 믿는다. 상처로 취약해진 마음은 책임을 쉽게 미룬다. 잘못은 상대방에게, 정당함은 나에게 있다고 생각한다. 하나의 미신은 나를 마음 좁은 곳에 가둔다. 오해는 오해를 낳는다. 끊임없이 증식하는 오해는 괴로움을 만들어낸다. 남들이 밉다.

훌륭한 이야기꾼인 우리의 뇌는 불편한 감정에 근거해 합리화할 만한 멋진 소설을 지어낸다. 아주 그럴 듯한 말이 된다. 앞뒤가 맞아 보인다. 의심과 오해에 빠지면 나만의 가정을 정설로 발전시킬 이유들만 골라 찾는다. 의미를 부여하는 자는 온전히 나 자신이다. 오해에 묻어 있는 나의 치우친 생각들을 살펴보지 않으면 자유와 편안함은 내 것일 수 없다.

놓아버린다는 것은 이 모든 부정성을 인정하되 다만 그것이 나에게 영향을 줄 수 없다고 믿는 과정이다. 오해할 수 있고 원망할 수도 있다. 그것은 단지 감정과 생각일 뿐이다. 심장에서 피를 뿜어내듯, 허파가 숨을 쉬듯, 세포가 에너지를 만들어내듯 우리 안에서 일어나는 너무나 자연스럽고 인간다운 모습이다. 이것을 인정하고 직시하기로 결정할 때, 우리는 그것에 구속되지 않을 수 있다. 우리는 육체에서 벌어지는 일들을 느끼고 관찰하는 존재다. 생각과 감정은 그 자체로 인정하고 나는 나대로 선택을 내리면 된다. 의심과 오해라는 것에 휘둘릴 것인지, 아니면 자유로워질 것인지 말이다.

## 4장

마음속 복잡한 계산을 내려놓는 법

# 모두 삶이 처음이라는 것을 받아들이기

'타인에 대한 연민'은 인간을 인간이라 부를 수 있는 이유다.

— 공병호

## 연습하지 못해 서툰 삶을 산다

감사는 당장 붙잡지 않으면 금세 숨어버렸다. 사랑은 지나고 나면 후회가 되었다. 용서는 언제든 어려운 것이었다. 몸은 어른이 되어가는데 기억은 자꾸만 과거를 헤집었다. 그곳에서 단서를 얻을 것 같았다. 기억의 서랍장은 어지럽게 널브러졌다. 흩어진 기억의 조각들이 차츰 퍼즐을 맞춰갔다.

견디다 못해 악담을 쏟아낸 적이 있었다. 그들의 사랑은 사랑이 아니었음을 토로했다. 억울함과 원망을 분사했다. 엄마가 울었다. 아빠가 울었다. 그리고 나도 울었다. 남들이 보기에 별 탈 없던 가정은 아픈 병을 앓고 있었다. 지독히도 오래 앓았다. 낫기까지는 인내의 시간이 필요할 것이었다.

어른이 되어서 현실에 던져진

나는 철이 없는 아들딸이 되어서

이곳저곳에서 깨지고 또 일어서다

외로운 어느 날 꺼내본 사진 속 아빠를 닮아 있네

내 젊음 어느새 기울어갈 때쯤

그제야 보이는 당신의 날들이

가족사진 속에 미소 띤 젊은 우리 엄마

꽃피던 시절은 나에게 다시 돌아와서

김진호의 〈가족사진〉이라는 노래의 가사다. 처음 들었을 때 펑펑 울었다. 언젠가 보았던 엄마 아빠의 젊은 모습이 떠올랐다. 지금의 나보다도 어렸을 때의 엄마 아빠, 그들이 서로 만날 거라고 생각도 못 했을 때의 엄마 아빠, 그들의 엄마 아빠와 손을 잡고 있던 나의 엄마 아빠, 내가 있기 전부터 살아온 나의 엄마 아빠.

눈물로 상처에 새살을 덮었다. 우리 부모님 역시 어린 시절이 있었고

**210**

청춘을 겪고 사랑부터 좌절까지 모든 것을 겪어냈을 것이다. 그들도 부모라는 역할이 새로웠을 것이다. 처음이라 어설펐을 것이다. 연습할 시간이 없었을 것이다. 우리가 겪은 서툰 모습은 당연히 그럴 수밖에 없는 것이었다.

부모란 이름만으로 얼마나 책임져야 할 것이 많은지, 견디는 것은 누구에게나 힘든 일이었다. 그들 역시 각자의 영역에서 고통받고 상처받았던 기억이 있었다. 그들의 마음에도 아물지 않은 흉터가 있었다. 부모님 역시 낯선 것에는 서투르고 실수도 할 수 있는 '사람'이었다.

원인을 외부에서 찾을 때 진정한 해결에서 멀어진다. 나는 부모님을 탓하며 나를 방어하려 했지만 그래서 나아지는 것은 아무것도 없었다. 자라나는 것은 미움과 파괴적인 망상뿐이었다. 내가 진실로 바라는 것은 사랑과 행복, 치유였다.

나는 모순 덩어리였다. 나의 잘못에는 관대하고 남의 잘못에는 가혹했다. 무너진 자존감은 사소한 것 하나에도 '내가 옳다'고만 주장했다. 마음이 닫혀 분별력이 떨어졌다. 나를 이해할 때 비로소 남도 이해할 수 있었다. 나의 모습들을 받아들이고 사랑할 때, '지금'을 볼 수 있었다. 미래를 볼 수 있었다. 다른 사람들의 마음도 볼 수 있었다. 차츰 엄마 아빠를 받아들이기 시작했다.

사랑은 사랑대로, 아픔은 아픔대로 인정하게 되었다. 사랑하는 방식에 정의를 세우려 하니 힘들었다. 정의를 세우는 순간 정답은 하나가 된다. 그 외의 것들은 오답이 된다. 오답이 반복되면 실망하게 된다. 애써 정의하지 않으니 편안해졌다. 판단하기를 멈추고 그대로 받아들이니 자유로워졌다.

우리는 모두 처음인 삶을 산다. 보이는 것에서 실수하고 보이지 않는 것에서 실수한다. 삶은 매 순간 새로운 경험을 제공한다. 익숙한 것 사이에도 항상 새로움이 숨어 있다. 완전히 똑같은 하루는 없다. 하다못해 그날 하는 생각이 다르고, 옷차림이 다르고, 만나는 사람이 다르고, 나누는 대화가 다르다.

실수하지 않는 사람은 없다. 새로운 것에 처음부터 능숙한 사람은 없다. 삶이란 매 순간 새로움의 연속이기에 어쩌면 우리는 필연적으로 실수와 함께한다. 그 새로운 실수를 통해 우리는 배우고 성장한다. 익숙한 것에 더 잘 대처할 수 있다. 이러한 것들을 받아들일 때 비로소 너그럽고 관대해질 수 있다. 옳고 그름의 칼 같은 잣대에서 자유로워질 수 있다.

## 모든 가능성의 아름다움

대학에 다닐 때였다. 수업 시간에 교수님께서 질문을 하셨다. 사랑을 무엇이라고 생각하는지에 대해 물으셨다. 나는 사랑할 때 집착을 많이 하던 편이었다. 구속하고 통제하려 했다. 결핍감을 채우려 애정을 긁어모았다. 상대방에게 부담이 되고 압박이 되었다. 별일 아닌 것으로 많이 싸웠다. 그리고 돌아서면 매번 미안하다는 마음뿐이었다.

곰곰이 생각해보았다. 사랑을 뭐라고 정의해버리면, 내가 정의하지 않은 영역은 사랑이 아닌 것이었다. 하지만 사랑의 모습은 몇 마디 단어로 정의할 수 없었다. 그 수많은 상황, 수많은 감정, 수많은 생각 중 각자에게 가장 큰 의미로 다가오는 것이 있을 터였다. 대부분 자신의 삶에 가장 치명적이고 와닿았던 것들이 정의로 이어졌다.

나는 당시에는 대답을 못했다. 하지만 곧 답을 내렸다. 공감, 인정, 베풂, 나눔, 질투, 집착, 다툼 등 사랑할 때 일어나는 그 모든 것들이 사랑이라고. 무엇보다도 사랑은 '사랑 그 자체'로 설명이 필요 없는 정의를 지닌다고. 그리고 이 모든 것은 각자의 삶 속에서 '다르게' 빛나리라 생각했다. 그렇기에 우리는 만나기도 하고 헤어지기도 하지 않을까. 다르기 때문에 일어나는 일들이 아름다웠다.

다름을 받아들이는 것, 실수를 인정하는 것, 남을 이해하는 것은 모두 바람직하다고 여기는 처세들이다. 이러한 덕목들은 사실 비슷한 방법론을 지닌다. 바로 '나를 사랑하는 것'이다. 내 안에 온 세상이 다 들어 있다. 나만 느낄 수 있는 감정과 나만 할 수 있는 생각이 있다. 나만이 겪어온 삶이 있다. 이것들을 인정하고 사랑하기 시작할 때, 삶의 미덕들은 자연스레 이뤄지게 된다. 나를 먼저 이해하지 않고, 어떻게 남들을 기꺼운 마음으로 이해할 수 있을까?

"자존감은 나로부터 시작되어 타인에게 전파되고 흡수되는 따뜻한 자기애에서 비롯된다. 자기중심적으로 살아서는 안 된다는 이 사회의 관습적 의무에 저항하면서, 자신의 삶을 구축하고 있는 것들을 최우선적으로 사랑하는 일, 진정한 자존감은 바로 이것에서 출발한다."

데이비드 시버리는 저서 『나는 뻔뻔하게 살기로 했다』에 이렇게 적었다. 내가 사랑으로 채워질 때 우리는 여유로운 마음으로 타인도 챙길 수 있다. 내가 바뀌면 세상이 바뀐다는 말이 틀린 말이 아니다. 내 모습에 너그러워지고 관대해진다면 세상을 다르게 보게 된다. 옳고 그름을 판단하기보다 받아들이게 된다. 존재들을 인정함으로써 사랑을 더 넓게 행하게 된다.

용서하지 못할 상처를 입거나 용서받지 못할 상처를 줬을 수도 있다. 너그러워지기엔 내가 너무 손해를 보는 것 같다는 생각이 들 수도 있다. 용서를 구하기엔 죄책감이 너무 클 수도 있다. 그러나 이 모든 것을 받아들이고 알아차리기로 한다. 그런 생각과 감정이 내게 일어났다는 것을 알기로 한다. 그다음 단 하나의 명제, 우리가 항상 완벽할 수는 없음을 이해하기로 한다. 우리는 완벽함보다는 다양함으로 살아간다. 그래서 때로는 상처를 주고 상처 받기도 한다. 같지 않아서 새롭고 흥미로우며 무엇보다 아름다운 것이다.

4. 마음속 복잡한 계산을 내려놓는 법

# 02

# 오로지 내 선택으로 인생을 채우기

운명은 우연이 아닌, 선택이다. 기다리는 것이 아니라, 성취하는 것이다.
– 윌리엄 제닝스 브라이언(William Jennings Bryan)

## 그리고 아무 일도 없었다

나는 의무대의 행정병으로 복무했다. 인원 편재가 적어 의무실 업무도 같이 배웠다. 입대할 때만 해도 내가 주사를 놓는다든가, 부목을 댄다든가, X-ray를 찍는다든가, 약 이름을 외우게 될 줄은 꿈에도 몰랐다. 하지만 그 무엇보다도, 내가 죽음을 목격하게 될 줄은 더더욱 몰랐다.

이등병 때였다. 일이 아직 서툴러서 늘 조마조마했다. '혹시라도 실수를 저지르면 어쩌지.' 하는 생각이 가득했다. 학교를 전전하느라 입대가 늦었다. 나는 자존심이 강했다. 나보다 어린 선임들에게 혼나는 것이 싫었다. 사회에서 얼마나 대단한 사람이었든 이등병이 되면 다 똑같다. 실수투성이 어린아이가 된다. 그러면 필연적으로 소위 '갈굼'이라는 것을 당하게 되었다.

　치료실 근무를 서고 있었다. 아무리 이론을 배워봐야 실전은 또 다른 법이었다. 직접 체험하지 않고는 익숙해질 수 없을 것이었다. 환자들이 오면 빠릿빠릿하게 움직여야 했다. 막상 능숙해지고 나면 별것 아닌 일도, 조바심이 나면 크게 보인다. 실수하지 않으려는 조급함이 더 실수를 만들어낸다. 나는 내가 근무하는 동안에는 환자가 오지 않기를 내심 바라고 있었다. 부디 이 시간만이라도 부대 내 모든 장병이 무탈하기 간절히 기도했다.

　갑자기 장병 두 명이 부리나케 치료실 안으로 달려 들어왔다. 굉장히 다급해보였다. 뭐라고 말했는지 기억도 잘 나지 않는다. 얼추 내용은 이랬다. 화장실에서 누군가 목을 매달았다는 것이었다. 나는 당황하여 어찌할 바를 몰랐다. 곁에 있던 한 선임이 나는 치료실에 남아 있으라고 한 다음 화장실로 달려갔다.

　얼마 지나지 않아 선임들이 그 사람을 부축해왔다. 피부가 창백했다. 침대에 눕히고 심폐소생술을 실시했다. 군의관과 선임들이 바쁘게 움직였다. 내가 할 수 있는 것은 전화를 돌리는 일뿐이었다. 생명이 꺼져가는 순간에 아무것도 할 수 없음이 초라했다. 숨이 급해졌고 눈물이 났다. 곧 국군수도병원에서 구급차가 왔다.

**217**

죽음을 앞에 두고 나는 한없이 나약했다. 도와줄 수 없었다. 구원의 손길을 내밀어줄 수 없었다. 스무 살 초반 어린 영혼은 얼마나 힘들었을까? 얼마나 외로웠을까. 감히 내가 헤아리지 못할 고통을 견뎠을 것이다. 이루 다 말하지 못한 아픔을 간직하고 있었을 것이다. 나는 그를 알지 못한다. 하지만 그를 위로해주지 못했던 것이 가슴이 아팠다. 그의 상황을 몰랐던 것이 마음이 아렸다.

그럼에도 불구하고 세상은 별일 없이 돌아갔다. 각기 제 할 일을 했다. 슬픔과 애도는 잠시뿐이었다. 아무 일 없었다는 듯 각자의 삶을 살아간다. 가슴 먹먹한 일이지만, 한 사람의 빈자리는 크지 않았다. 그것은 금세 채워졌다. 살아 있는 사람들은 여전히 숨을 쉬며, 먹고, 자고, 돈을 벌고, 대화하고, 싸웠다. 또 화해하고, 사랑하고, 체념하고, 포기하고, 다짐하고, 울고, 웃었다. 가는 데는 순서 없다고 한다. 들으면 힘이 턱 하고 빠진다. '모든 것이 다 부질없구나.'라고 느낄 때가 있다. 삶의 의미를 잃어버린 마음은 희망이 없다.

내 삶의 의미는 어디에 있을까? 남들이 행복하다는 것을 흉내 내면 나도 행복해질까? 남들이 옳다고 하는 것에 동조해주면 평화로워질까? 남들이 갖고 싶은 것을 욕망하고, 남들이 이루고 싶은 것을 성취하면 만족이 될까? 남들이 믿는 정답이 나에게도 정답인 걸까? 무엇보다도 나는 이 세상에 왜 태어났을까?

많은 사람들이 현실을 외치며 가능성을 제한한다. 그러나 내게 가장 와닿는 현실은 무엇인가? 현실의 사전적 정의를 살펴보면 이렇다. '현재 실제로 존재하는 사실이나 상태', 눈에 보이고 귀에 들리는 것은 단지 현상이다. 내게 가장 실제적인 것은 바로 나의 느낌이다. 무엇을 할 때 행복하고 행복하지 않은지에 대한 느낌. 두렵고 두렵지 않은 것에 대한 느낌. 그 느낌이야말로 내게 가장 와닿는 현실이다. 그 느낌들에 솔직해질 때 행복에 가까워질 수 있다.

우리는 각자 나름의 고민을 안고 살아간다. 견뎌내야 하는 것들은 책임감이다. 온전히 나로서 살지 못하는 것은, 내 삶에 누군가의 삶이 얽혀 있기 때문이다. 서로 얽매여 무리에 합류한다. 똑같은 곳을 보고 똑같은 걸음걸이로 나아간다. 많은 선택지는 구겨진 휴지조각으로 남는다.

## 내 삶을 위한 신의 한 수

바둑 기사들은 대국이 끝나면 복기를 한다. 복기는 두었던 대로 다시 돌을 놓아보며 판국을 곱씹는 것이다. 자신의 선택들을 되새긴다. 더 나은 선택지들을 살펴보고, 패착으로부터 배움을 얻는다.

선택들은 그다음 선택의 스승이 된다. 바둑의 가능성은 우주의 별만큼이나 무궁무진하다고 한다. 가로, 세로로 엇갈려진 38개의 선이 또 하나의 우주를 창조해내는 셈이다.

2016년 3월에 이세돌과 알파고의 대국이 열렸다. 학교 도서관에서 공부는 안 하고 뚫어져라 중계를 보던 기억이 난다. 예상보다 알파고는 강했다. 결과는 4승 1패. 알파고의 승리로 대국은 마무리가 되었다. 대부분의 일반인은 이런 압도적인 점수 차를 생각하지 못했다. 인공지능은 인간 바둑의 정석을 초월했다. 새로운 가능성을 창조하며 승리를 쟁취했다. 고정관념을 벗어난 창의력으로 승부를 봤다.

나는 바둑에서 삶을 본다. 우리가 복기하지 않고 지나치는 선택이 얼마나 많은가. 얼마나 많은 고정관념에 갇혀 있는가. 우리는 수많은 선택을 쉬이 흘려보내며 배움을 포기한다. 정해진 삶의 순응이란 내 안의 창조력을 버리는 행위다. 예상을 뒤엎는 승리는 창의적일 때 쟁취할 수 있다.

아무래도 5번의 대국 중 가장 기억에 남는 것은 4국이었다. 이세돌은 '신의 한 수'라 불리는 78수를 둠으로써 대국을 뒤엎어버렸다. 알파고조차 가늠하지 못한 우주를 이세돌이 만들어냈다. 이세돌의 착수가 끝나고 알파고의 예측 승률이 급락했다. 알파고는 마치 당황한 듯이 소위 '떡수'를 남발했다. 제4국은 180수 만에 이세돌의 불계승으로 종료되었다. 기념비

**220**

---

적인 승리 후에도 이세돌은 환히 웃지 않았다. 다만 돌을 정리하며 복기할 뿐이었다.

나는 세상을 당황시킬 신의 한 수를 갖고 있는가? 정석이라 여겨진 삶의 틀을 벗어날 용기를 갖고 있는가? 스스로 질문할 때 답을 내리기 어려웠다. 하지만 곧 답을 내리기 어려운 이유가 단지 내가 답을 외면하고 있을 뿐임을 깨달았다. 백조들 사이에서 흑조의 삶을 살아간다는 것이 마냥 두렵게 느껴졌다.

하지만 두려움을 직시하고 내 꿈을 직시하니 모든 것이 단순하게 보이기 시작했다. 두려움은 내게 어떤 영향도 끼치지 못할 것이었다. 내가 두려움이 되기를 선택하지만 않는다면 말이다. 나는 두렵고 싶지 않다. 하지만 두려움은 실재한다. 그러면 내게 남은 것은 하나다. 두려움을 바라볼 것인가, 혹은 두려움과 하나가 될 것인가. 두려움과 하나가 된다면 나는 행동하지 못할 것이었다. 두려움을 바라본다면 나는 나대로 나아갈 것이었다.

사람을 웃고 울리는 노래를 하고, 이모티콘과 만화를 그리며 콘텐츠를 만들고, 아이들을 지도하며, 책을 써서 사람들과 경험을 공유한다. 이룬 꿈도 있고, 이뤄지고 있는 꿈도 있다. 하지만 내 꿈에 '이뤄지지 못할'이라는 수식어는 붙이지 않는다. 절대로! 내가 하기로 마음먹었다면 그것은

**221**

이제 시간문제일 뿐이라는 것을 안다. 나는 포기하지 않는 영혼이다. 그리고 내 삶을 나 원하는 대로 창조하는 영혼이다. 나는 그렇게 하기로 선택했다.

# 03

# 외면했던 내 감정에 솔직해지기

감정적인 문제를 해결하는 근본은 불편한 감정의 진짜 원인을 파악하는 일이다.

– 알랭 드 보통(Alain de Botton)

## 감정을 외면할 때 괴로워진다

내가 가장 솔직하지 못했던 감정은 바로 두려움이었다. 두려움은 모든 부정적 감정의 근원이다. 분노, 원망, 질투, 후회, 열등감, 죄책감 등. 내 뜻대로 되지 않아 나도 모르게 위험을 느낀다. 우리의 뇌는 두려움을 과대해석하는 경향이 있다. 작은 일 하나에도 커다란 이야기를 만들어 낸다. 두려움은 다양한 가면을 쓰고 부정성을 내뿜었다.

두려움은 숱한 불편함을 만들어냈다. 미움받는 것에 대한 두려움, 실패에 대한 두려움, 오해받는 것에 대한 두려움 등이 그랬다. 불편한 감정은 그 자체로 불편한 것이었다. 때로는 날 두렵게 하는 '사실'보다 두렵다는 '느낌'이 더 괴로웠다. 괴롭기에 회피하려 했다. 외면하고 무시하려 했다. 가장 쉽게 할 수 있는 일이 '아닌 척' 하는 것이었다. 괜찮은 사람처럼 행동했다.

그랬더니 여러 부작용이 생겼다. 쉽게 거절을 못 하고, 하기 싫은 일을 하게 되고, 능력 이상의 것들을 책임지게 되었다. 화가 나도 쉽게 화를 내지 못 했다. 누군가를 좋아해도 쉽게 좋아한다는 말을 못 했다. 화를 내면 나를 싫어할까 봐 무서웠고, 고백했을 때는 거절할까 봐 움츠러들었다. 감정도 순환해야 하는데 끊임없이 쌓이기만 하니 건강하지 못했다.

어릴 때 화를 참았던 습관의 영향도 있었다. 화를 내야 할 때 안 내니 괜히 엄한 데서 터졌다. 나는 꽤 자주 욱하는 성격이었다. 남들이 봤을 때 별것 아닌 일로 열을 올린 적이 많았다. 그러고 나면 꼭 후회했다. 숨기고픈 감정이 새어 나올 때면 힘들었다. 그 순간을 계속 곱씹으며 자책했다.

차라리 화를 낼 거면 적재적소에 내야 하지 않을까? 사람이 살면서 서로 화가 날 수도 있고, 화나게 만들 수도 있다. 그것은 너무나 자연스러운 일이다. 나는 내 인간관계의 이상향을 너무 어렵게 설정해놓았다. 누구나 나를 좋아해야 했다. 또한 나는 모두에게 좋은 사람이어야 했다. 하지만 나는 기계가 아니었기에 입력 값은 자주 오류를 일으키곤 했다.

화를 내면 때로 위협이 된다. 하지만 그 순간의 문제점을 정확히 짚어내는 기술이 될 수도 있다. 서로의 보완점을 또렷하게 마주하게 된다. 서로가 갖고 있던 문제점에 대해 경각심을 일깨울 수 있다. 상대방의 감정을 인정하고 존중하게 되는 계기가 될 수 있다. 현명하게 화낼 줄 아는 사람은 스트레스가 적다.

현명하게 화낸다는 것은 어떻게 화내는 것일까? '화'라는 것은 분노다. 분노는 에너지가 커서 휩쓸리기 쉽다. 풀어내야 할 것을 풀어내지 않고 단순히 비난을 하는 데 그칠 가능성도 크다. 분노를 양산하는 분노 표출은 삼가는 것이 좋다. 화가 긍정적인 에너지로 전환되려면 그것에 솔직해지는 것이 필요하다.

내가 무엇 때문에 화가 났는지, 내가 지금 느끼는 감정은 어떤지, 어떤 생각이 드는지를 명확히 아는 것이다. 명확히 알기 위해서는 화를 나와 분리시켜 바라보아야 한다. 화가 날 때 내 몸의 반응은 어떠한지, 어떤 생각이 떠오르는지를 관찰해야 한다. 분노에 자아를 맡기면 반응은 틀림없이 과격해진다. 하지만 그 분노를 관찰하며 인식하는 자아가 되면 좀 더 느긋해질 수 있다.

한편 나는 삐지기도 많이 삐졌다. 내가 감정을 인정하지 않으니 이상한 반응이 나타났다. 괜히 밉보이는 말을 하고 은근히 압박감을 주었다.

**225**

만일 내가 감정에 솔직해지고, 그것을 공유했다면 훨씬 조화롭지 않았을까? 감정은 이성만으로 완전히 조절하기 어렵다. 쌓아두다가 땅바닥에 줄줄 흘리고 말았다.

'말을 해, 말아?'

고민한 적이 많았다. 그런데 잘 풀어낼 자신이 없었다. 혹여라도 말실수를 해서 오해를 살까 봐 속으로 삼켜냈다. 혹은 괜히 관계가 어그러질까 싶어 대충 넘어갔다. 말하기 전에 머릿속이 걱정으로 가득 찼다. 걱정의 종류가 너무 많아 일일이 열거하기가 어렵다. 차마 다 기억해내기가 벅차다. 하여튼 그런 순간이 많았다.

## 두려움에 압도된 사랑

나는 연애를 많이 안 했다. 혹은 못 했다. 사실 그 둘 다였다. 어릴 때는 괜히 부끄러웠다. 내외하다시피 거리를 두었다. 좋아하는 마음은 사랑으로 발전하지 못했다. 자주 중간에 멈췄다. 좋아하는 감정이 있으면 나는 철저하게 어린아이처럼 굴었다. 괜히 괴롭히고·약 올렸다. 장난을 쳤다. 그냥 그게 재밌을 때도 있었고, 진짜 좋아해서 그런 경우도 있었다.

어른이 되어서도 마찬가지였다. 그런데 어느 순간 속 보이는 것이 창피

했다. 호감을 표현하는 방법이 어른답지 못해 금방 티가 났다. 그러면 괜히 주변 눈치를 살피며 말과 행동을 자제했다. 인연의 끈이 이어지려다가도 도로 풀어지는 경우가 많았다. 좋다는 감정을 제대로 표현 못 해 식어버린 일이 여럿 있었다.

나는 낯선 사람을 만나는 것이 어려웠다. 웬만하면 서로 알던 사이에서 발전해나가는 자연스러움을 선호했다. 친근함이 사랑으로 자라나는 과정이 좋았다. 그게 마음이 편했다. 스무 살 초반에 소개팅을 세 번 정도 하고 그 후 한 번도 안 했다. 어색했다. 불편함을 견뎌내기가 버거웠다. 억지로 웃고 이야기를 짜내는 것이 힘들었다. 이래저래 누군가 만나기가 쉽지 않았다.

확신이 없으면 패를 뒤집지 않았다. 호감을 두고 심리전을 펼쳤다. 유치한 자존심이었다. 이런 마음은 연애가 시작되고서도 이어질 때가 있었다. 사랑의 크기를 자주 저울 위에 올려놓았다. 누가 더 좋아하고, 덜 좋아하는지가 끊임없는 관심사였다. 내 사랑에 집중하지 못하고 자꾸 상대방의 사랑을 살폈다. 자주 조건을 내걸고 판단을 내렸다. 나도 피곤하고 상대방도 피곤했다.

자존감이 낮아서 내가 좋아하는 사람이 나를 사랑해주면 너무 기뻤다. 많이 기대고 기대했다. 내 공허함을 채워주길 바랐다. 사실 그것은 나 스스로 해야 할 일이었다. 하지만 자주 상대방에게 떠넘겼다. 대신해주길

**227**

원했다. 내게 끊임없이 사랑을 쏟아주길 바랐다. 한편으로는 그 와중에도 끊임없이 '나를 떠나지 않을까' 불안해했다. 위태롭게 걷다가 자꾸 고꾸라졌다.

지나고 나서 생각해보았다. '내 사랑은 엄마의 사랑을 참 많이도 닮았구나.' 엄마 역시 어릴 적 굉장히 강압적인 가정환경에서 자랐다. 외할아버지는 무척 엄한 분으로 집안의 절대적 권위자이자 결정권자셨다. 엄마는 5남매 중 장녀다. 학창 시절부터 외할아버지의 단속이 심했다. 엄마는 해야 할 일이 많았고 자유롭지도 못했다. 언젠가의 일이다. 외가 모임 중에 말다툼이 일어났다. 외할아버지가 외삼촌을 향해 재떨이를 던지셨다. 손자, 손녀들이 조용히 그 광경을 지켜봤다. 나 역시 그곳에 있었다.

나중에 내가 부모님께 받은 영향들을 살펴보며 엄마, 아빠의 삶도 생각해보지 않을 수 없었다. 그들의 삶에도 분명 부모님의 모습이 닮아 있을 터였다. 그들의 어린 시절, 경험, 상처, 사랑 등 그런 것들을 생각하면 울컥했다. 그러면 그 세월 속에 감춰진 어린아이가 보이는 것도 같았다.

감정은 알게 모르게 우리가 배워온 것이다. 우리가 그동안 어떤 느낌을 느꼈고, 어떤 경험을 했는지에 따라 각자 익숙한 감정의 폭도 전부 다르다. 어릴 적 느낌과 경험은 우리의 통제를 벗어나 있었다. 우리는 어른들의 것을 배웠고 물려받았다. 과거의 모습이 지금의 나에게 영향을 미치는 것은 당연한 일이다.

그러나 우리는 자라서 어른이 되었다. 스스로의 경험을 어느 정도 통제하며 감정을 들여다볼 수 있다. 감정과 내가 하나가 아니라는 사실을 자각할 수 있다. 능력을 갖고 있는 것과 가진 능력을 사용하는 것은 천지차이다. 감정에 휩쓸리지 않고 그것을 한 걸음 떨어져서 관찰할 때 우리는 좀 더 '나'에 가까워질 수 있다. 내 몸의 반응을 살피고 내가 느끼는 느낌들을 인식하는 것, 그것이야말로 내 감정에 솔직해지는 최선의 방법이다.

4. 마음속 복잡한 계산을 내려놓는 법

# 내 생각과 마주하고 선택하기

놓아버림은 무거운 물건을 떨어뜨리듯 마음 속 압박을 갑작스레 끝내는 일이다.
놓아버리면 마음이 놓이고 가벼워지는 느낌이 들면서 한결 기쁘고 홀가분해진다.

— 데이비드 호킨스(David Ramon Hawkins)

## 내가 나비의 꿈을 꾸는지, 나비가 나의 꿈을 꾸는지

어릴 때 자각몽을 꾼 적이 있었다. 자각몽 안에서는 내가 꿈을 꾸고 있음을 인식한다. 나는 그때 꿈속에 있다는 것을 알았다. 나는 꿈에서 친구들과 한 건물 안을 조심스럽게 탐색하고 있었다. 우리는 각자 총을 들고 있었다. 한창 〈경찰특공대〉라는 드라마가 인기 있을 때였다. 학교 끝나면 친구들과 주야장천 서바이벌을 하며 놀았다. 그것 때문인가 싶다.

오래전 꿈이라 정확히 기억은 나지 않는다. 어쨌든 결국 교전이 벌어졌다. 꿈속인 걸 알면서도 무서웠다. 교전 중에 내가 총을 맞았는데 하나도 아프지 않았다. 그런데 계속 싸우는 게 무서워 '차라리 빨리 죽고 말자.'라는 생각이 들었다. 그래서 날 향해 총 세 발을 쐈다. 근데 도통 안 죽는 것이었다.

한번은 이런 적도 있었다. 어렸을 때 귀신이나 괴물 꿈을 꾸면 그렇게 무서웠다. 가위눌린 적은 없는데 무서운 꿈을 꾼 적이 꽤 있었다. 꿈을 꾸는 도중에 내가 꿈속에 있다는 것을 알아차렸다. 나는 무언가에 막 쫓기고 있었다. 꿈이긴 하지만 잡히면 무슨 일이 일어날지 몰라 두려웠다. 꿈속의 장면을 '보고' 있으면서도 '당장 눈을 떠야 돼. 꿈에서 깨야 돼!'라는 생각을 했다. 눈을 뜨고 있는데도 눈을 뜨려 노력했다. 깨어 있는 상태에서는 도통 이해할 수 없는 시도였다. 그런데 성공했다. 나는 눈을 떴고 꿈에서 깼다.

또 한번은 내가 손오공 같은 초능력자였다. 에너지 같은 것은 그냥 쏘기로 마음먹고 손을 내뻗으면 쏠 수 있는 것이었다. 나는 꿈속에서 별 어려움 없이 날았다. 꿈을 꾸고 있다는 것을 알고 있었기에 당연히 날 수 있겠다고 생각했다. 그래서 날겠다고 결정했다. 방법은 생각하지 않았다. 자각몽은 꽤 재미있었다.

평범한 꿈에서 우리는 꿈을 꾸고 있다는 사실을 모른다. 그냥 꿈에 휩쓸려 꿈을 체험하다가, 잠에서 깨고 나서야 '아, 꿈이었구나.' 하고 깨닫는다. 평상시 우리가 하는 생각도 마치 꿈같을 때가 있다. 생각은 제멋대로 장면을 바꿔버리는 불친절한 방송 같다. 시시때때로 주제를 바꿔가며 생

**231**

각들을 떠올린다. 대부분 우리는 그 생각들과 하나 되어 살아간다. 그 생각들이 마치 '나'인 것처럼 살아간다.

그러나 그것이 단지 '생각'이라는 것을 알아차릴 때, 우리는 생각에서 깨어날 수 있다. 잠시 내가 생각에 빠졌다는 것을 알아차리는 것이다. 꿈을 꾸었다는 것을 알아차리듯이 말이다. 더욱이 생각을 '하고 있다.'라는 것까지 알아차리면, 자유로운 자각몽처럼 생각에서도 자유로워질 수 있다.

생각은 우리에게 그리 친절한 존재가 아니다. 온갖 잡념과 불쾌한 상상들이 머리를 아프게 만든다. 우리는 일상생활에서 진짜 현존하는 '사실' 외에 신경 쓰는 것이 많다. 낱낱이 살펴보면 얼마나 많은지 깨닫고 놀랄 것이다. 많은 이야기들이 머릿속에 넘쳐난다. 실제 일어나지도 않은 복잡한 생각들로 하루의 대부분을 채우고 있다.

생각을 나와 분리시켜 바라보면 초연해진다. 생각은 내가 통제할 수 있는 부분과 통제할 수 없는 부분으로 나누어진다. 내가 의지를 발동시킬 때 통제된 생각들을 하게 된다. 하지만 대부분 우리는 의지를 발휘하지 않는다. 그저 떠오르는 생각에 정신을 내맡긴다. 들여다보면 꽤 많은 생각이 내가 원하지 않는 것임을 알아차릴 수 있다.

유발 하라리는 『호모 데우스』에서 인간의 자유의지를 논하며 생각에 관한 통찰을 서술했다. "당신 마음속에 어떤 생각이 갑자기 떠오르거든 이렇게 자문해보면 된다. '내가 왜 이 생각을 했을까? 이 생각을 하겠다고 1분 전에 결정하고 그런 다음에 생각했나? 아니면 내 어떤 지시나 허가 없이 그 생각이 그냥 떠올랐나? 내 생각과 결정의 주인이 실제로 나라면, 다음 60초 동안 아무 생각도 하지 않겠다는 결정도 내릴 수 있지 않을까? 과연 이렇게 할 수 있는지 한번 해보라."

자유의지에 대한 철학적 논쟁은 차치하도록 한다. 다만 분명한 것은, 생각이라는 것이 늘 내 마음 같지 않다는 것이다. 유발 하라리의 말을 빌리자면 우리의 생각과 감정은 '일부는 사회적 편견들의 반복이고, 일부는 개인적 역사의 메아리이며, 일부는 유전적 유산의 발현'이다. 이러한 사실을 진심으로 깨달을 때 무언가 떨어져나가는 것을 느낀다. 지금껏 지독히도 휘둘려왔던 그 모든 것으로부터 거리를 두게 된다.

## 우리에게는 생각을 선택할 능력이 있다

군대에서 행군을 할 때였다. 내가 직접 걷는지, 걸음이 나를 옮기는지 알 수가 없었다. 삐걱거리는 방탄모를 중간에 고쳐 썼다. 뒤꿈치에 터진 물집은 이미 감각을 잃었다. 밤새 걸어야 했다. 힘든 것도 힘든 것이었지

**233**

만 정말 심심했다. 지루하니까 시간이 더디게 흘렀다.

그래서 억지로 생각을 짜냈다. 재밌는 상상을 했다. 머릿속으로 사회에 나가서 할 일들을 생각했다. 과거에 재밌었던 일들을 떠올렸다. 그렇게 하다 보면 시간이 잘 갔다. 그런데 생각이란 것도 짜내다 보니 결국 동이 났다. 그래서 몇 시간 동안 '이제는 무슨 생각을 해야 하나?' 하며 걸었다. 돌이켜보면 나에게는 생각을 통제할 힘이 있었다. 마음만 먹으면 즐거운 상상을 떠올릴 수 있었다.

우리를 지배하는 생각은 방향성을 띤다. 평소 긍정적 생각을 많이 하는 사람은 모든 상황을 긍정적으로 해석한다. 주로 희망을 보며 자신감에 차 있다. 도전 정신이 투철하며 너그럽다. 반면에 부정적 생각에 빠져 있는 사람은 불평, 불만이 많다. 자조 섞인 말들을 내뱉는다. 생각 속에는 괴롭고 짜증나는 일들이 가득하다. 생각이 어디로 치우쳐 있든지 우리는 생각에 '빠져' 있을 때 그 생각대로 살게 된다.

빠져 있다는 것은 내가 통제권을 생각에 넘겨줬다는 뜻이다. 긍정적인 사람에게는 좋은 일들이 넘쳐난다. 애정 어린 시선으로 세상을 해석하니 세상도 그에게 호의적이다. 사실 그 좋은 것은 모두 그 사람이 창조해내는 것이다. 도전해야 성취하고 너그러워야 사랑받을 수 있다. 자신감을 가져야 당당할 수 있다. 희망을 보아야 기회를 잡는다. 생각에 빠져 있는 상태는 부정적인 사람에게 치명적이다. 기회를 놓치고 열등감이 쌓이면 끊임없이 불만을 만들어낸다. 내면이 망가진다. 무너져 있는 자존감을 회복시키지 못한다. 삶의 태도가 결국 작은 것 하나에서부터 차이를 만들어낸다.

부정성이나 긍정성은 강요할 것도, 강요될 것도 아니다. 다만 스스로 선택할 문제일 뿐이다. 두 가지 태도로부터 비롯된 결과물들을 판단하지 않고 바라볼 때, 무엇이 좋아 보이는지는 자신이 알 것이다. 긍정성을 선택하면서 얻는 것을 사랑하는지, 부정성을 선택하면서 얻는 것을 사랑하는지는 '내'가 제일 잘 안다. 그럼 결국 결론은 똑같다. 선택하는 것이다.

나는 부정적 경험을 많이 한 사람이었다. 그러다 보니 생각과 감정도 부정적으로 치우쳤다. 때로는 끔찍하기도 했다. 언젠가 생각했다. '계속 이대로라도 좋은가?' 분명 나는 바뀌고 싶었다. 두 가지 선택지 중에 긍정적인 태도가 더 마음에 들었다. 그것들이 가져다주는 결과물들이 더 매력적이었다. 무엇보다 부정적인 생각들에 빠져 있을 때면 정말 괴로웠다.

여전히 하루에도 수십 번 흔들린다. 알아차리고자 하는 의식이 없으면 금세 생각은 나를 끌고 간다. 생각과 하나가 되어 폭풍을 거치고 나면 기진맥진하다. 그럴 때는 재빨리 깨어 있고자 하고 생각을 관찰한다. 내게 떠오르는 생각들을 본다. 그리고 무심하게 놓아버린다. 기분 좋은 생각들로 그 자리를 채우려 한다. 잘되지 않을 때는 그냥 내버려둔다. 그리고 다음에 다시 해본다. 억지로 애쓰는 것이 나를 힘들게 한다는 것을 알았다.

**235**

편안하게 모든 것을 받아들이기로 했다. 30년 묵은 때를 벗겨내는 일이 단숨에 일어날 수 없다. 하지만 언젠가 일어날 일이다. 그래서 나는 지금 이 순간도 끊임없이 알아차린다. 그리고 생각을 정화한다.

# 05

# 깨달음 속에 진짜 가르침 찾기

옳고 그르냐의 척도는 오직 우리에게 달려 있습니다.
삶 자체에는 옳고 그름이란 존재하지 않습니다.
– 네빌 고다드(Neville Goddard)

## 문제 삼으면 비로소 문제가 되리라

우리는 여전히 태어나지 않았다. 어머니의 자궁을 벗어났지만 아직 세상의 자궁에 갇혀 있다. 세상의 혈액을 받고 양분을 받는다. 그 무엇 하나나 홀로 얻은 것이 없다. 우리의 마음은 세상의 태반에 연결되어 있다. 진정한 삶의 잉태는 내 손으로 탯줄을 끊을 때 비로소 완성된다. 깨달음이란 나 스스로 탄생하여 살아가는 과정이다.

세상의 배 속에 있을 때는 나 혼자 아무것도 할 수 없다. 주어지는 대로 살아갈 뿐이다. 주어진 생각으로 생각하고, 주어진 감정으로 느낀다. 그

**237**

것을 거부하고 나로서 살아가기를 선택할 때, 그때 비로소 우리는 갇혀 있을 때 못 보던 것들을 보게 된다. 생각하고, 느끼고, 경험하게 된다.

깨달음은 마음을 여는 과정이다. 그간 나를 옭아매던 것들을 벗어던지고 모든 가능성을 받아들이는 과정이다. 의미 없는 판단을 멈추는 것이다. 통제욕을 내려놓는 행위다. 나를 새롭게 정의하는 결단이다. 내 삶을 다시 시작하는 전환점이다. 나에게 순수해지고 나를 솔직하게 들여다보는 것이다. 나를 완전히 인정하는 것이다. 아름다움을 아름답게 보는 것이다. 옳고 그름에서 자유로워지는 것이다. 좋아하는 것을 선택하는 것이다. 내 인식을 인식하는 과정이다. 그리고 스스로 창조해가는 것이다.

나를 혼란스럽게 하는 숱한 정의와 제약들을 놓아버리면 남는 것은 하나밖에 없다. 바로 '나'라는 존재다. 이 세상을 인식하는 것은 누구인가? 세상에 이름 붙이는 것은 누구인가? 그 모든 것을 받아들이는 자는 누구인가? 내 경험들을 경험하고, 의미를 부여한 것은 누구인가? 내게 영향을 준 타인을 인식하는 것은 누구인가? 내 생각을 주인은 누구인가? 내 감정을 느끼는 자는 누구인가? 내가 유일하게 받아들이고 인정해야 할 것은 바로 '나'라는 존재다.

책을 읽으며 끌어당김의 법칙에 대해 알게 되었다. 그것은 우주의 법칙이라고 불린다. 한창 『시크릿』이 화제였던 적이 있었다. 당시에는 그것이 무슨 법칙을 논하는지 일절 관심이 없었다. 아마도 기억하기에 나는 그때 학생이었다. 그것이 화제였음을 알아차린 것은 훗날 내가 그것에 관심을 둘 때였다.

엉망이었던 삶을 복구시키고 싶었다. 아무것도 하지 않고 술을 마셨다. 게임을 했다. 그러니 피폐해졌다. 하지만 열등감과 죄책감으로 똘똘 뭉쳤던 자아는 반등을 노렸다. 이대로만 있을 수 없다고 생각했다. 마음을 정화하고 새로운 삶을 살고 싶었다. 그러기 위해서는 행동해야 했다.

형이상학자 네빌 고다드는 "있는 그대로의 자아를 발견하는 것이야말로 세상의 근본적 문제를 해결하는 핵심이다."라고 말했다. 아무런 판단 없이 있는 그대로를 인정하고, 그간 내게 쌓여왔던 믿음 체계를 재정립해야 했다. 그래야 내가 가진 문제점들이 씻겨갈 것이었다. 내가 문제라고 생각했던 것들은 '내가 문제라고 인식하기에' 문제였다. 그 모든 것을 문제로 인식하지 않는 순수한 시선을 되찾기 바랐다.

조 비테일, 마이클 싱어, 김태광, 김상운, 데이비드 호킨스, 디팩 초프라, 아디야 샨티, 요가난다, 나폴레온 힐, 개리 레너드, 바딤 젤란드, 레스터 레븐슨, 닐 도날드 월시, 제임스 도티, 루이스 L. 헤이, 할 엘로드, 페

**239**

니 피어스, 조엘 오스틴, 가브리엘 번스타인, 비셴 락히아니, 달라이 라마, 잭 캔필드, 마크 빅터 한센, 릭 워렌, 펨 그라우트 등.

이 사람들의 책을 읽었다. 의식을 넓히고 순수함에 가까워지는 지혜들을 얻었다. 내가 진짜 원하는 삶을 살아가기 위해 읽었다. 무엇을 포기해야 하고, 무엇을 잊어버려야 하고, 무엇을 놓아버려야 하는지 알았다. 지금껏 갖고 있던 고정관념을 놓아버리는 법을 배웠다. 나를 얽매고 있던 것을 놓아버리면 결국 사랑밖에 남지 않았다. 그것이 내가 태어난 이유이자 살아가는 이유였다. 세상은 내 마음의 거울이라는 것을 알게 되었다.

쉽지 않았다. 내 고통의 원인을 들여다보는 일도, 그것을 극복하는 일도 마찬가지였다. 오랫동안 나를 지배해온 것들을 떨쳐내는 것이 힘들었다. 내가 행복하리라 믿었던 방법과 목적, 갖가지 상황과 인간관계를 받아들이는 요령이 내 안에서 이루어지고 있음을 알게 되었다. 내게는 내 처지를 남 탓으로 돌려버리는 습관이 짙게 배어 있었는데 이제 그것은 내가 아니다.

원인조차 나였다. 단지 모르고 있던 것뿐이었다. 모든 사실은 내가 그렇게 일어나게끔 만들고 있었다. 늘 불평과 불안으로 가득했던 마음가짐이 모든 것의 원인임을 알게 되었다. 모르면 모르고 말지, 알게 된 이상 달라지지 않을 수 없었다. 나는 바꿔나가야 했다. 내 꿈, 내 삶의 목표, 의미, 인간관계 등 전부 새롭게 시작해야 했다. 쳐낼 것들은 쳐내고, 새로 심을 것은 심어야 했다.

## 마음이 열릴 때 느끼는 조화로움

하루는 카페에 앉아 책을 읽고 있었다. 갑자기 몸이 붕 뜨는 듯하면서 내가 내 육체 이상의 존재라는 것이 느껴졌다. 시야가 넓어졌다. 나를 감싸고 있는 시공간이 무의미하게 느껴졌다. 그리고 아무 이유도 없이 감동이 차오르기 시작했다. 가슴이 벅차올랐다. 또 어떤 날은 집에서 밥을 먹는데 갑자기 눈물이 났다. 내가 누릴 수 있는 이 모든 것이 감격스러웠다. 감사함이 갑작스럽게 찾아왔다. 이런 일들은 내가 진정으로 내 몸과 의식에 집중할 때 도드라지게 일어났다.

하지만 단 한 번의 깨달음과 몇 번의 경험만으로 만족할 수는 없다. 여전히 나는 흔들리는 존재며 나약한 존재다. 감격과 감사에 충만해질 때보다 불안과 두려움에 휩쓸릴 때가 더 잦다. 세상에는 '진짜로 중요하지 않은 것'들이 훨씬 많다. 정신 차리지 않으면 자연스럽게 신경이 쓰인다. 당연한 일이다. 일반적으로 부정성은 긍정성보다 더 많이 편재해 있다. 게다가 내 마음은 아직 부정성에 더 익숙하다. 30년 묵은 습관은 단 한순간에 떨어지지 않는다.

내가 나약함을 인정하는 것은 여기서 단념하고 말아버리겠다는 의미가 아니다. 끊임없이 외부에 흔들릴지언정 나는 내 갈 길을 고수하겠다는 의미다. 모든 것이 단 한순간에 떨어져나갈 수는 없다는 걸 인정하겠다는 의미다. 다만 나는 내 이상을 놓지 않을 것이다. 그동안의 짙은 습관을 벗어내기 위해 새로운 습관을 연습하겠다는 의미다.

명상가들의 경험을 들어보면 신비한 경험을 한 사람들이 많다. 직관이 또렷해진다. 하늘에서 주어진 듯한 영감을 받는다. 마음을 사랑으로 가득 채운 사람들에게는 감사할 거리가 넘쳐난다. 세상은 내가 믿는 대로 흘러간다고 한다. 네빌 고다드는 "자신이 과거에 선포했던 것이 과거에 나타났고, 지금 선포하고 있는 것은 현실에서 모습을 드러내고 있는 중입니다. 인간으로 존재하는 한, 앞으로도 계속해서 이런 일을 하게 될 것입니다. 세상 속 어떤 것이든, 우리가 그것이 있으라 명령하지도 않았는데 나타난 것들은 하나도 없습니다."라고 말한다. 여기서 말하는 선포란 의식 안에서 내가 나 스스로에 대해 인식하고자 하는 것들을 뜻한다.

끌어당김의 법칙, 유인력, 호오포노포노, 놓아버림, 명상 등 이 모든 것은 이름만 다를 뿐 같은 진리다. 내 마음을 과거의 낡은 것으로부터 깨끗이 하고 오로지 사랑과 감사로 채우는 것이다. 또한 진정 내 마음에 순수해지고 나 원하는 것을 바라는 태도다. 그것을 이루는 방법이다.

하루의 시간을 잘 들여다보면 분명 의미 없이 지나가는 순간들이 있을 것이다. 나는 강력하게 독서를 추천한다. 그리고 스스로 들여다보는 시간을 가지기를 권유한다. 그런 하루들이 모일 때 큰 변화가 일어난다. 비록 당장은 아니더라도 틀림없이 일어난다. 갖고 있는 많은 문제가 떨어져 나가게 된다. 우리의 고정관념과 지난한 사고방식으로부터 자유로워질 때, 우리는 비로소 나답게 살아갈 수 있을 것이다.

# 내 안의 두려움 사랑하기

사랑은 두려움을 없애며 사랑이야말로 궁극입니다.
나의 행복은 나의 사랑하는 능력과 같습니다.
– 레스터 레븐슨(Lester Levenson)

## 학습된 두려움, 학습된 경계심

주말에 학교에 가기 위해서 지하철에 올랐다. 웬 아침부터 사람들이 그렇게 많은지. 이른 시간 나서면 앉아갈 수 있으리란 기대를 했다. '세상은 참 바쁘게 돌아가는구나.'라고 생각했다. 어르신부터 어린 학생들까지 주말 이른 아침에 어디로 가는지 궁금했다. 나는 문 옆에 기대어 핸드폰을 만지작거리기 시작했다.

몇 정거장 지나는데 따가운 시선이 느껴지기 시작했다. 누군가 나를 쳐다보면 지레 겁먹고 긴장을 하게 된다. '내가 뭘 기분 상하게 했나?'라는 생각이 들기 시작하면 그때부터는 머릿속이 난장판이다. 별의별 상상이

**244**

들면서 묘하게 심장이 고동친다. '행여 시비가 붙는 건 아니겠지.'라는 생각이 든다. 과거의 기억들이 떠오른다. 내 눈빛이 기분 나쁘다며 괜히 시비를 걸던 사람들과 싸웠던 기억들.

신경이 쓰여 힐끔거리다 눈이 마주쳤다. 나이 지긋한 어르신이었다. 뭐라고 말씀하시는데 음악 소리 때문에 들리지 않았다. 이어폰 한쪽을 빼고 "네?" 하고 되물으니 어르신이 말씀하셨다. "짐도 많아 보이는데 여기 앉아. 나는 저기 노약자석으로 가면 돼." 순간 경계심이 와르르 무너졌다. '내가 도대체 무슨 생각을 하고 있던 거지?'라는 생각에 부끄러워졌고 죄책감이 들었다.

어르신이 괜찮다고 사양하는 내 팔을 두어 번 토닥이셨다. 괜히 어쩔 줄 몰라 망설이고 있는 틈에 어르신은 벌떡 일어나셨다. 그리고 노약자석으로 옮겨가 앉으셨다. 은근히 적대감을 갖고 있었기에 더 죄송스러웠고 그만큼 감동스러웠다. 학교 가는 길 내내 불편하고 감사한 마음이 사라지지 않았다.

뭔가에 두려움을 갖고 있으면 마음은 방어태세를 취한다. 적대감을 품고 한 시도 경계를 늦추지 않는다. 혹시나 해가 될까 봐 잔뜩 웅크린다. 공격을 기다리고 반격을 준비한다. 나는 두려움이 습관화되어 있었다. 색안경을 끼고 세상을 바라보았다. 우리는 분명 과거의 경험들로부터 자유로울 수 없다.

**245**

한동안 아빠의 발소리가 싫었던 적이 있었다. 발소리가 들리면 곧 아빠는 문을 열고 집에 들어올 것이었다. 집에 들어오면 엄마랑 대화를 할 것이었다. 대화를 하면 언짢은 목소리들을 듣게 될 것이었다. 한숨 소리, 짜증내는 소리, 한탄 소리 등. 그러한 소리들은 내 심장을 가슴에서 툭 떨어뜨리는 것 같았다. 어릴 때의 트라우마가 남아 있었다. 진동수가 낮은 어두운 소리들은 나를 괴롭게 만들었다. 그 외에도 문이 쾅 닫히는 소리라든지, 물건이 내려치는 소리 등 여러 가지가 있었다.

그러면 나는 아빠가 문을 여는 순간부터 잔뜩 긴장을 했다. 그리고 '혹시 듣기 싫은 소리가 나면 어쩌지.'라며 초조해했다. '혹시나'는 대부분 '역시나'로 바뀌었다. 그러면 화가 났다. 집에서 책을 읽고 있든, 공부를 하고 있든, 뭘 하든 집중이 안 됐다. '도대체 언제까지?'라는 생각이 들었다. 한번 기분이 엉망이면 집에서 아무것도 할 수 없었다. 내 마음은 기다렸다는 듯이 화를 만들어냈고 금세 엉망진창이 되었다.

과거에는 상황을 두려워했다면 이제는 두려움을 두려워한다. 내 마음을 아프게 하는 상황들을 처음 만났을 때는 이랬다. '도대체 왜 이러는 거지?'라고 궁금해 했다. 별로 큰 상처가 되지는 않았다. 그저 한숨 한 번 쉬고 넘길 수 있었다. 그런데 그런 상황이 계속되니 마음이 '어, 이것 봐라?' 했다. 가만히 있으면 안 되겠다는 생각을 했나 보다. 화가 나고 분노가 생겼다. 적대감과 경계심이 생겼다.

그런데 그런 감정들이 주는 느낌이 괴로웠다. 하나의 상황에서도 수만 가지 아픔이 동시에 몰려왔다. 그간 억울했던 것들과 참아냈던 것들이 한꺼번에 쏟아졌다. 그러면 더 격하게 반응했다. 옛날 일을 들춰내며 반격했다. 꼭 말로 드러내지 않더라도 마음속엔 이미 현재와 과거가 뒤섞여 있었다.

두려움과 적대감, 경계심을 갖고 세상을 바라봤다. 그러니 세상이 나에게 호의적일 리 없었다. 기분 나쁜 일에는 감정이 크게 요동쳤다. 그것이 결국 내 마음이 만들어낸 일들이라는 것을 알지 못했다. 과거의 일들에서 자유롭지 못했다. 현재의 상황을 과거에 비추어 해석했다. 그런데 아픈 과거는 놓아주어야 했다.

이런 마음이 오래갈수록 놓아버리기가 어렵다. 어른이 될수록 성격의 관성은 무거워진다. 바꾸기 어렵다. 세상을 바라보고 해석하는 시선은 경험과 습관의 산물이기 때문이다. 물론 이 점을 깨닫고 변하고자 한다면 안 될 일은 없다. 그래서 나는 변하고자 했다. 세상을 내 친구로 만들고 싶었다.

## 감사는 내가 외면할 때 모습을 감춘다

감사할 일들은 굳이 찾아내야 하는 것이 아니라 원래 있는 것이었다. 우리는 항상 비교의 그늘에 가려져 있다. 그래서 스스로의 것을 폄하하는 경향이 있다. 세상의 잣대를 따른다면 나만의 만족은 요원한 것이다. 늘 나보다 더 나은 사람, 나보다 더 많이 가진 사람, 나보다 더 잘하는 사람이 있다. 감사의 의미를 온전히 느끼지 못한다. 그러니 언제나 부족하고 못나 보인다. 만성적으로 결핍감을 느낀다.

같은 이유로, 우리는 비교를 통해 감사해서도 안 된다. 감사란 남들의 것을 열등하게 보고 내 것을 우월하게 여기며 자아도취하는 것이 아니다. 그런 감사는 비겁하고 일시적이다. 또한 거만함과 자만심으로 빠질 우려가 있다. "그런 사람들에 비하면 우리는 행복한 거야."라고 말하는 사람들의 내면에는 열등감이 있다. 그들의 기준에서 자기 자신보다 못한 사람들을 보며 자위하는 것일 뿐이다.

사실 나의 '안 된다.'는 단언이 아니다. 이것은 설명이며 권유이다. '비교'라는 세상의 수단에 마음을 맡길 때, 필연적으로 떠안아야 할 결핍감에 대해 이야기하는 것이다. 독자들 중 누구라도 내 말을 거부하며 동의하지 않을 권리가 있다. 다만 중요한 것은 오롯이 '나'로부터 감사와 사랑을 찾을 때, 그때야말로 변천하지 않는 유일함에 다가갈 수 있다는 사실이다.

보이는 것을 통제하기보다 보이지 않는 것을 통제하는 것이 더욱 어렵다. 우리는 유물론적인 사고방식에 길들여져 있다. 익숙한 것은 익숙함 그 스스로 추진력을 얻는다. 마음도 근육과 같다는 말은 진정으로 이해하기 쉽지 않다. 마음을 어떻게 써야 하는지 잘 모른다. 그래야 할 필요도 잘 느끼지 못한다.

그래서 절박함은 때로 유용하다. 보이는 것이 아무것도 나를 구원해줄 수 없다고 느낄 때, 비로소 우리는 마음에 관심을 갖기 때문이다. 마음의 힘을 알게 된다. 보이지 않는 것이 보이는 것을 압도함을 알게 된다. 그리고 그것을 연습하려 한다. 오랜 습관을 덮기 시작한다. 나의 두려움을 적나라하게 파헤치기 시작한다. 그리고 감사와 사랑으로 채우겠다고 마음 먹는다.

사실 두려움조차 사랑이다. 두려움은 지나치게 커져버린 자기애와 다를 바 없다. 스스로를 지키기 위한 방어수단이다. 위험에 예민해져야 나를 보호할 것 아닌가? 세상은 때로 두려움으로 바라볼 필요가 있다. 그러나 두려움으로 고통받는 사람들의 문제는 '정도를 지나쳤다.'라는 것이다.

단순히 사실만을 바라보지 못한다. 누적된 두려움은 피해 의식으로 자라난다. 부정 편향된 시선으로 해석한다. 사랑과 감사조차 외면하고 의심하며 과민하게 반응한다. 한번 형성된 두려움은 쉽게 자리를 잃지 않는다. 끊임없이 우리의 생각과 감정을 조종한다. 세상을 이겨내야 하는 것으로 보며 삶은 전투적이 된다.

이런 두려움에서 어떻게 자유로워질 수 있을까? 답은 간단하다. 놓아버리면 된다. 두려움을 인식하면 된다. 두려움이 우리를 괴롭게 하는 이유는 단 하나다. 우리가 두려움 그 자체가 되어버리기 때문이다. 두려움이 어디서부터 형성되었는지 알지 못하고, 단지 폭발하는 두려움에 마음을 내맡겼기 때문이다. 내 두려움을 직시하지 않고 관심을 두지 않았기 때문이다.

세상 모든 것이 존재를 인정해줄 때 비로소 만족한다. 나를 괴롭게 하지 않는다. 내가 지금 괴롭다면, 분명 내가 인정하지 않은 무언가가 있다는 뜻이다. 이제부터라도 두려움을 인식하라. 내 안에 쌓여 있는 두려움을 해석하도록 한다. 두려움과 나는 하나가 아니라는 사실을 알아채기로 한다. 단지 두려움은 두려움으로 인정하고, 그것이 나와는 아무 상관도 없음을 받아들이도록 한다. 나는 두려움이 아니고 그것을 느끼는 자임을 알아차린다. 결국 그것은 나에게 아무 영향도 끼치지 못한다는 것을 받아들인다. 우리는 두려움보다 위대하다. 여유 있는 마음으로 두려움을 바라보면, 자연스럽게 너그러워질 것이다. 또한 사랑하게 될 것이다.

# 07

# 생각만으로 안 될 때는 종이에 적어보기

꿈과 목표를 종이 위에 적고 그에 따른 행동을 취함으로써
되고자 하는 이상향에 다가갈 수 있다. 미래를 자신의 것으로 만들어라.

– 마크 빅터 한센(Mark Victor Hansen)

## 생각과 감정을 인정하는 연습

나는 글을 자주 적었다. 주로 감성에 젖어 글을 적었다. 내 생각을 풀어
놓는 것이 좋았다. 글에 아름다움이 있음을 느꼈다. 한글은 예뻤다. 글로
옮겨질 때 생각은 하나의 생명이 되었다. 세상에 모습을 드러냈다. 나는
편지와 시를 즐겨 썼다. 다른 사람의 글을 보며 감동도 많이 받았다. 경험
을 나눌 수 있었고 지혜를 나눌 수 있었다. 글이란 또 하나의 나였다.

어렸을 적 글짓기란 고역이었다. 억지로 써야 하는 것이었다. 목표의
식은 내 안에 있는 것이 아니라 밖에 있는 것이었다. 누가 시켜서 글을 썼

다. 일기라든지, 숙제라든지, 논설문이라든지…. 그런 글에는 자연스러움이 묻어나지 않았다. 어색했고 불편했다. 딱딱했고 재미도 없었다. 누구나 다들 한번쯤 쓰는 평범함이었다.

맨 처음 창작을 한 것은 초등학교 때였다. 나는 상상하는 것을 좋아했다. 그래서 주로 그림을 그렸다. 줄 없는 연습장은 어릴 적 내 소꿉친구였다. 나는 그림을 그렸고, 그 그림에 빠졌다. 그림에는 이야기가 있었고 또 하나의 세상이 있었다. 그러면 재미있었다. 한두 시간이 금세 지나갔다.

인터넷에 소설을 썼다. 학창시절에는 그 사실이 왠지 부끄러웠다. 주위에 알리지 않았다. 내 창작물은 '작품'이 아닌데 그것을 봐주고 좋아해 주는 사람들이 있다는 게 신기했다. 또 기분이 좋았다. 내가 즐거워서 쓰는 글이었기에 행복했다. 글은 자연스러웠고 부드러웠다.

나를 꾸며내는 시간이 오래될수록 겉으로 풀어내지 못한 속마음이 많아졌다. 나는 행복을 연기했고 즐거움을 꾸며냈다. 하지만 속에서는 슬픔과 외로움이 요란했다. 혼자 있는 시간에 그것들을 글로 풀어냈다. 그러다 보면 혼자 울 때도 많았다. 글이라는 것은 나를 위로하는 방법 중에 하나였다.

한동안 내 글은 슬픔을 노래했다. 청각은 늘 잔잔한 감성에 노출되었다. 금방이라도 눈물이 나올 것 같은 노래만 들었다. 그러면 글이 더 잘

다른 사람 신경 쓰지 않는 연습

써졌다. 마음과 음악이 공명하면 글이라는 소리를 냈다. 비 오는 날의 귀갓길에는 글감이 쉽게 떠올랐다. 살짝 술에 취한 밤에도 마찬가지였다. 그러면 돌아다니는 와중에 수첩을 열었다. 혹은 집에 돌아와 노트북을 열었다.

마음이 땔감을 다 태워갈 때쯤 나는 새로운 글을 쓰기 시작했다. 내 과거를 적고 지금의 생각과 앞으로 어떻게 살 것인가를 적었다. 그랬더니 보이기 시작했다. 머릿속에서만 맴돌던 잡음들이 또렷이 음계를 새기기 시작했다. 나는 이제 그것을 연주할 수 있을 것 같았다.

보이지 않던 것을 보이게 만들었다. 더 현명하게 대처할 수 있게 되었다. 정리가 되고 계산이 되었다. 수업을 하다 보면 종종 아이들은 암산을 하느라 오랜 시간을 쓴다. 그러면 1분 안에 풀 문제도 3분씩 걸린다. 암산으로 풀어냈을 때 어른들이 하는 "너는 머리가 참 좋아."라는 칭찬의 희열을 알기 때문이 아닌가 싶다. 나는 그럴 때면 아이들에게 수학을 풀 때는 손으로 쓰고, 눈으로 보고, 머리로 생각하라고 말한다. 머릿속에 있는 계산 과정들이 종이 위의 수식으로 나타날 때, 아이들은 훨씬 수월하게 풀어나갈 것이었다. 더욱 체계적으로 풀어나갈 수 있기 때문이다.

나의 복잡했던 생각 역시 마찬가지였다. 흔히 생각의 꼬리를 문다고 한

**253**

다. 생각은 꼬리가 많다. 당연히 달라붙는 생각도 많다. 나도 모르게 잊는 생각이 떨어져 나간다. 하지만 한 번 꼬리를 문 생각들은 전부 하나의 단서가 될 것이었다. 놓치는 생각이 많을수록 해답은 늦춰졌다. 연관되어 있는 경험과 느낌이 그곳에 뿌리를 두고 있기 때문이다.

그래서 적었다. 나의 분노와 원망, 트라우마, 슬픔, 상처가 되었던 기억을 모두 적었다. 그리고 책을 읽으며 떠오른 생각들도 전부 적었다. 내 감정에 대한 생각과 내가 감사할 거리들을 적었다. 이 기적 같은 삶과 생각에 대한 생각, 내가 살아갈 삶, 지혜와 믿음, 확신을 적었다. 나는 나의 모든 것을 적었다.

그랬더니 흐름이 보이기 시작했다. 원인과 결과를 파악할 수 있었다. 내 마음이 어떤 생각을 뿜어내는지, 어떤 감정을 뿜어내는지 알게 되었다. 읽는 것과 더불어 쓰는 것 역시 내 인생을 바꾼 구원이었다. 그간 쓴 노트가 많다. 요즘은 언제든 볼펜과 노트를 품에 넣고 다닌다. 나는 읽고 쓰는 사람이 되었다.

글은 점점 긍정적으로 바뀌었다. 쓴 글은 결국 내가 또 읽을 것이었다. 이것은 긍정의 순환고리다. 나는 끊임없이 나로부터 자극을 받을 것이었다. 부정성이든 긍정성이든 한 번 선택하면 삶은 그것을 계속 되풀이한다. 그러면 습관이 되고 결국 자연스러운 내 모습이 된다.

## 모든 것을 또렷하게 마주하라

생각을 글로 옮기는 것은 마치 급류의 물고기를 낚아채는 것과 같다. 우리 머릿속에는 쉴 새 없는 생각의 흐름이 있다. 통제하지 못한 생각은 버겁기까지 하다. 우리가 그 모든 것을 일일이 챙겨줄 수가 없다. 이 빠른 물살 속에서 물고기를 건져 올려야만 해물탕을 해먹든, 회를 떠먹든 할 수 있다. 성취는 행동할 때 이루어진다.

두려움을 적으면 두려움을 마주 보게 된다. 지금 내가 무엇을 두려워하고 있는지 활자로 보게 된다. 그럼 명확하다. 무엇이 나를 무섭게 했고 화나게 했는지를 보면 내 두려움의 경향성을 알게 된다. 나의 아픔과 상처들을 적으면 두려움의 원인을 알게 된다. 원인을 알지 못하고 결과를 바꿀 수는 없다. '내가 이런 경험들 때문에 이런 영향들을 받았구나.'라고 느끼면 어떤 부분에서 변화를 일궈야 할지 알 수 있다.

불필요한 생각과 감정 때문에 지칠 때가 있다. 그럴 때 그것들을 솔직하게 적어보면 나를 분리시켜 놓고 바라볼 수 있다. 적는다는 것은 그 생각과 감정들을 인정한다는 뜻이다. 애써 외면하거나 부정하지 않고 받아들인다는 뜻이다. 그러면 마음이 한결 편해진다. 그다음에는 자기 자신이 원하는 모습을 적는다.

'그럼에도 불구하고 나는 ~하기로 결정했다.'라는 식으로 적으면 된다. '~' 안에는 자신이 원하는 것을 적는다. 물질적인 면이나 내적인 면, 그 어떤 것이라도 좋다. 여기서 '그럼에도 불구하고'는 애초에 적었던 지금의 생각과 느낌이 나와는 상관없음을 인정하는 것이다. 마지막으로 '결정했다.'는 내가 원하는 대로 이루어짐을 애쓰지 않고 받아들이는 것이다. 조금도 의심하지 않는 믿음을 뜻한다. 무조건적인 단호한 의지를 표명한다.

이것이 습관이 되면 단순히 속으로 마음을 다스리는 것보다 훨씬 도움이 된다. 당장 내 생각과 감정을 들여다볼 수 있고, 동시에 그것으로부터 자유로워짐을 경험한다. 또한 내가 이루고픈 이상향을 다짐하게 된다. 나를 옭아맨 매듭이 차츰 느슨해지는 것을 느끼게 된다. 읽는 것만큼이나 쓰는 것은 큰 도움이 된다.

나를 글로 옮기는 것에 안착하면 감사일기를 쓰는 것을 추천한다. 동시에 해도 좋다. 처음에는 '이게 뭐 하는 짓이지?' 싶을 것이다. 변화란 당연히 낯설고 의심스럽다. 하지만 사랑과 감사를 찾을 때 변화는 '반드시' 있다. 아래는 팀 페리스의 『지금 하지 않으면 언제 하겠는가』의 일부다.

"벤은 매일 아침 감사일기를 쓴다. '감사'를 시각화하면 뇌가 자동으로 감사할 일들을 찾게 되어 행복해지기 때문이다. 감사일기는 긍정적인 낙관주의로 삶을 이끌어준다. 우리는 너무 부정적인 뉴스와 사건사고에 둘러싸여 있기에 긍정과 낙관은 아주 한가로운 이야기처럼 들릴 수도 있다. 하지만 낙관주의를 삶에 퍼뜨리지 않으면 우리가 무엇을 잘하고 있는지 알 길이 없다."

나의 모든 것을 시각화하는 연습을 한다. 꾸준히 생각과 감정을 옮기고 두려움을 적어본다. 감사와 사랑을 적어 본다. 머지않아 우리를 둘러싼 많은 것이 우리로부터 자유로워질 것이다. 물론 나도 그것으로부터 자유로워질 것이다. 자유로워진다는 것은 다름 아닌 '나'다워지는 것이다.

# 내 느낌대로 판단하는 연습하기

당신이 어떤 사건의 사후에 부여하는 '의미'는
실은 애초에 그 사건을 끌어당겼던 당신의 '믿음'이다.
― 조 비테일(Joe Vitale)

## 너는 너대로 옳고, 나는 나대로 옳다

당신의 정답이 나의 정답이 될 수 없다. 마찬가지로 나의 정답이 당신의 정답이 될 수 없다. 당신의 삶은 나의 삶과 다르다. 당신의 느낌은 당신 안에 실존하고, 나의 느낌은 내 안에 실존한다. 하지만 우리는 자주 그 경계를 혼란스러워한다. 상대방과 나의 경계가 허물어지는 경우가 많다. 내가 나인지, 당신인지 모를 때가 많다. 어지러운 방황은 틀림없이 나로 살지 못해 벌어지는 일이다.

나는 그동안 내 느낌을 부정하고 남의 느낌을 많이 따랐다. 남들의 눈치를 살피며 그들의 느낌을 알아채고자 했다. 그런데 눈치를 살핀다는 것 자체가 나를 약하게 만들고 위태롭게 만들었다. 그것은 배려도 아니고 하고 싶어서 하는 것도 아니었다. 마음이 위축되니 불안해지는 일이 많아졌다. 그럴수록 나는 나로부터 멀어졌다.

우울한 하루가 일상이었다. 공허함만 남은 하루들이 고단했다. 위로받지 못한 마음은 공감을 요구했다. 쪼그라든 마음이 남들의 허물을 찾아냈다. 함께할 나약함을 찾아다녔다. 아픔을 겪었기에 아픔을 민첩하게 알아챘다. 하지만 나는 공감해줄 수 없었다. 그저 들춰낼 뿐이었다. 진정한 공감은 억지로 한다고 되는 것이 아니었다. 공감받지도 못하고, 공감하지도 못하는 외톨이처럼 살았다.

"공감은 상대를 공감 '해주는' 일이 아니다. 내 상처가 공감받는 것에 예민하지 못하면 누군가를 공감하는 일에 대한 감각을 유지하기 어렵다. 나와 너, 양방을 공감하지 못하면 어느 일방의 공감도 불가능한 것이 공감의 오묘한 핵심이다. 그래서 공감은 너도 살리고 나도 구한다. 그래서 공감은 치유의 온전한 결정체다. 이 온전함의 토대는 오로지 자기 보호에 대한 감각에서 시작되고 유지되며 자기 보호는 자기 경계에 대한 민감성에서 시작된다."

『당신이 옳다』의 저자인 정신과 의사 정혜신의 말이다. 나는 남들의 아픔을 진정으로 공감해주고 싶었다. 왜냐하면 내가 상처받았을 때의 아픔을 알기 때문이었다. 하지만 나의 공감은 훌륭하지 못했다. 어쭙잖게 흉내만 내다가 지칠 뿐이었다. 나는 우선 나의 아픔을 어루만져야 할 필요가 있었다. 남들에게 좋은 사람이 되고 싶으면 우선 나 자신에게 좋은 사람이어야 했다.

겉으로 드러나는 나와 내면의 나는 자주 충돌했다. 그 괴리감을 억척스럽게도 견뎌냈다. 남들의 정답에 나를 끼워 맞추는 것은 고된 일이었다. 나의 풀이 과정은 중간에 한 움큼씩 생략되었다. 그러니 정답까지의 과정을 이해할 수 없었다. 채점할 때 동그라미가 그려져도 행복하지 않았다.

예전에 봉사활동을 한 적이 있었다. 그곳에서는 몇 주마다 한 번씩 장애인 복지에 관한 주제로 토론을 했다. 한 주는 토론 도중에 언어 사용에 대한 이야기가 나왔다. 기억하기로는 '동정'에 관한 것이었다. 내용의 요지는 이렇다. 장애인을 동정 어린 시선으로 바라보면 안 된다는 것.

나는 궁금했다. '왜 동정 어린 시선으로 보면 안 되지? 동정이 나쁜 건가?'라고 생각했다. 하지만 한편으로는 상대방이 무슨 말을 하고 싶은지 알 것도 같았다. 아마도 우리가 사회에서 느끼는 은근한 우월감을 타파하자는 것인 것 같았다. 동등한 입장에서 장애인을 바라보지 않고, 심적으로 내려다보는 위치에서 적선하듯 연민하는 태도를 거부한다는 의미였으리라.

'남의 어려운 처지를 자기 일처럼 딱하고 가엾게 여김'이 동정의 사전적 정의다. 이것이야말로 참된 공감이 아닐까? 기쁨이든 슬픔이든 마치 내 일처럼 여기는 것은 본디 쉬운 일이 아니다. 동정이란 단어에 거부감이 드는 것은 동정이란 단어 자체가 원인일까, 그것을 받아들이는 마음이 원인일까? 장애인이 겪는 현실적 문제는 실재한다. 그것은 틀림없이 어려움이다. 대표적으로 교통수단의 제약이 있다. 이런 것들을 딱히 여기는 마음이 있어야 현실적인 해결책도 나오지 않을까? 딱하고 가엾게 여긴다는 것은 슬픔을 공감할 수 있는 감정 상태를 뜻한다. 남의 슬픔을 공감하지 못하고는 슬픔을 구원할 수 없다.

장애인을 장애우로 바꿔 부르기로 하고, 봉사활동을 자원활동으로 부르는 등 여러 가지 변화가 일어났다. 하지만 이러한 것들이 진정한 의미를 가질 수 있는지 궁금했다. 진정 장애인들을 사랑하고, 그들이 겪는 어려움을 최선을 다해 도와주고자 하는 태도야말로 가장 필요하고 중요한 것이 아닌가 생각했다. 마음이 올곧지 못하면 눈에 보이는 것을 아무리 고쳐도 진정한 변화는 일어나지 않을 것이었다. 생각해보라. 잘못을 덮기 위해 간판을 바꾼들, 사람이 바뀌지 않으면 변하는 것은 없다. 뉴스를 보면 비일비재한 일들이다. 중요한 것은 '핵심'이다.

**261**

내 삶의 태도를 바꾸는 핵심은 겉모습을 바꾸는 데 있지 않았다. 아무리 화려하게 치장을 한들, 텅 빈 마음에서는 울음만 울려낼 뿐이었다. 그동안의 마음을 들여다보아야 했다. 한없이 삐딱해진 마음, 적대적인 마음, 의심하는 마음, 오해하는 마음 뒤에 무엇이 있는지 탐험해야 했다. 그곳은 생각보다 어두웠다.

## 순수한 나로서 판단하려면

내 느낌대로 판단하라는 말은 자칫 위험하다. 이미 우리는 남들의 느낌에 길들여져 있기 때문이다. 이것이 온전히 내 느낌인지 모른다. 남들이 옳다고 하는 것에 수긍하고, 틀리다고 하는 것에 손가락질한다. 남들이 좋으면 좋다고 한다. 나쁘다고 하면 나쁜 것인 줄 안다. 개성이란 허무한 외침이다. 우리는 내 본연의 느낌을 되찾고 판단의 의미를 확인해야 한다.

마음이란 순진하고 천진하여 세상의 것을 곧이곧대로 믿어버렸다. 그렇게 차곡차곡 쌓인 것은 두텁다. 한 겹이었으면 좋으련만 야속하게도 그렇지 못하다. 우리는 그것을 씻어내는 데 시간이 필요하리라. 그러나 중간에 멈추지만 않는다면 결국엔 도달하리라. 이윽고 도달한 곳에는 태초의 순수함과 사랑이 우리를 기다리고 있을 것이다. 이것은 나의 순수한 느낌으로 가는 과정이다.

남들의 의견과 행동에 옳고 그름이란 딱지를 붙이지 않는다. 우주의 모든 가능성은 축복이며 현실은 내 마음 상태의 반영이라는 것을 깨닫는다. 옳고 그름이라는 것은 선을 그어 경계 짓는 것 외에 아무것도 아님을 알아차린다. 그것이 나에게 주는 영향을 놓아버린다. 다만 선택의 기로에 섰을 때, 철저히 나만을 의식하고 내게만 집중하며 나를 위한 선택하는 것을 우리는 판단이라 부른다.

순수한 나의 느낌은 무언가를 마주할 때 편안함과 불편함으로 응답을 한다. 이때의 불편함은 학습된 불편함이 아니다. 오롯이 '나'로서 느끼는 불편함이다. 남들이 불편하다고 해서 덩달아 따라가는 불편함이 아니다. 내 영혼과 마음이 좋지 않다고 말하는 것이다. 반면 편안함은 그것을 내가 좋아하기 때문에 일어나는 느낌이다. 순수한 마음은 한 치의 거짓도 없다.

네빌 고다드는 "여러분이 어떤 것을 보고는 그것이 어떻게 보이는지 말해본다면, 여러분의 눈에 비친 그것은 여러분이 진정 어떤 존재인지를 말해줍니다. 여러분은 그렇게 발견한 자아를 먼저 받아들여야 합니다. 그렇게 받아들였을 때 여러분은 변화할 수 있습니다."라고 말했다. 지금 내 삶에서 나를 괴롭게 하는 것들, 예를 들어 직장 상사나 부모님, 친구, 연인, 주변 지인, 처한 상황 등 모든 것이 그것을 그렇게 바라보기로 결정한 내

**263**

모습과 같다. 분명히 언제부턴가 이 삶은 전부 내 책임이다. 바꿔야 할 것은 내 마음인 것이다.

내 느낌대로 판단하게 될 때, 우리는 자연스럽게 편안한 상태를 택한다. 결국 그것은 조화로운 삶으로 이어진다. 남들의 눈치로부터 자유롭다. 애써 불편한 인간관계에 구속받지 않는다. 현실의 두려움으로부터 해방되어 나에게 솔직해진다. 용기 있는 결단들을 내리게 된다. 이 모든 것의 끝은 다름 아닌 나 자신의 행복이며 넘쳐나는 사랑이다. 그것을 경험하고 싶다면 해보는 수밖에 없다.

# 상대방의 반응이 내 마음 같지 않을 때

기대한다는 것은 때로는 설렘이면서 때로는 부담이다. 상황을 통제하려 하지 않고 기쁘고 편안한 마음으로 기다릴 때 기대는 설렘이 된다. 하지만 내 뜻대로 상황을 통제하려 하고 상대방에게 압박감을 줄 때 기대는 부담감이 된다. 그때 기대는 내가 상대방에게 부여하는 하나의 의무이자 임무가 된다. 내 기대를 충족시켜줘야 한다는 임무.

상대방에게 부담감을 지울 때 그것은 짐이 된다. 남의 마음을 짓누르게 된다. '이런 상황에서 너는 마땅히 그래야 해.'라는 무언의 압박이 불편함을 창조한다. 물론 상황은 그다지 순조롭지 못하다. 그들에게는 그들만의 생각과 감정이 있다. 그들은 내가 아니라 그들 자신을 따를 것이다.

그럼 실망한다. 실망은 때로 남을 폄하하는 일로 이어진다. 어떻게 그럴 수 있냐며 원망 가득한 눈초리를 보낸다. 그럴 수 있다. 그럴 수 있는 것이야말로 가장 자연스럽고 당연한 사람의 모습이다. 이 자연스러움을 내 입맛대로 주무르려고 하니 이뤄질 수 없는 욕심이 커지고 결핍의 경험

**265**

만 일궈낸다. 통제할 수 없는 것을 통제하려 할 때 가장 상처받는 것은 결국 누구일까?

축하받고 싶은 마음이든, 위로받고 싶은 마음이든 상대방에게 은근히 요구하는 그 모든 것이 과격하게 말해 감정상 협박과 다름없다는 것을 인정해야 한다. 달리 생각해보면 나 역시 마찬가지다. 솔직한 욕망을 숨기고 은연중에 압박감을 건네는 사람을 좋아하지 않는다. 이것은 '그 사람이 틀렸고 잘못했다.'라는 의미가 아니라 단지 내가 선호하지 않는다는 철저한 직시다. 그리고 인정이다.

나를 들여다볼 때 많은 것들이 명쾌하고 또렷해진다. 나는 나를 구속하려 하고 압박하는 사람을 선호하는가? 내 느낌과 생각을 충실한 마음으로 마주할 때 어려움은 단순해진다. 내가 무엇을 선택해야 하는지 길이 열린다.

기대하고 바랄 수 있다. 다만 그다음에 일어나는 일들이 어떤지 생각해봐야 한다. 인정과 존중이 결여된 태도가 어떤 결과를 창조하는지를 알아야 한다. 나는 바꿀 수 없는 것을 바꾸려 하고 있지는 않은가? 상대방의 반응을 통제하려 하고 기대할 때 나는 진정 편안하고 행복할 수 있을까? 나는 어떤 선택을 내려야 할까?

4. 마음속 복잡한 계산을 내려놓는 법

## 5장

지금부터 우리, 행복해지는 연습을 하자

# 다른 사람의 기대에 맞추어 살지 마라

인생에서 행복은 목표를 세우고 그것을 달성하기 위해 힘쓸 때 생긴다.

– 나폴레온 힐(Napoleon Hill)

## 나는 누구의 행복을 위해 사는가

"개인의 행복을 위한 도구인 집단이 거꾸로 개인의 행복의 잣대가 되어 버리는 순간, 집단이라는 리바이어던은 바다괴물로 돌아가 개인을 삼킨다. 집단 내에서의 서열, 타인과의 비교가 행복의 기준인 사회에서는 개인은 분수를 지킬 줄 아는 노예가 되어야 비로소 행복할 수 있고, 그렇지 않으면 영원히 사다리 위로 한 칸이라도 더 올라가려고 아등바등 매달려 있다가 때가 되면 무덤으로 떨어질 뿐이다. 행복의 주어가 잘못 쓰여 있는 사회의 비극이다."

문유석 판사는 저서 『개인주의자 선언』에서 위와 같이 말했다. 타인의 기대에 맞춰 사는 삶은 어느새 우리의 사명이 되었다. 우리의 임무는 주어진 본분에 충실하여 집단의 훌륭한 일원이 되는 것이다. 상명하복의 군대 문화가 뿌리박힌 우리 사회에서 개인의 존재감은 억눌러져야 마땅한 것이었다.

경쟁은 먹구름이요, 비교는 빗줄기다. 그리고 경쟁의 장에 비교란 바늘 따라가는 실이다. 일관된 가치관을 고수하는 집단 내에서 '나'를 살아가는 것은 튀는 일이다. 그것은 도전이며 동시에 위험한 도박이다. 모 아니면 도다. 심지어 '백도'일 수도 있다. 한 번뿐인 인생이라는 말이 정작 용기가 필요할 때 발목을 잡는다.

성공과 실패에서 우리는 결벽증을 앓고 있다. 실패라는 불결함을 견디지 못한다. 완전한 성공에 대한 강박을 보이고 주저하며 망설인다. 하지만 우리 삶은 '확실하지 않으면 승부를 걸지 마라.'라는 통념이 적용되는 도박이 아니라 '일단 승부를 보라.'라는 도전에 가깝다. 하나씩 시도해가며 넘어지고 실패하고 배우기도 하면서 결국 이뤄가는 것이다.

다행히 내가 어떤 사람인지 알아냈어도 행동이 굼뜨다. 행하지 못한 후회와 미련은 가차 없이 닦아버린다. 남겨두면 찝찝하다. 늘 하던 대로가 좋다. '이제 와서 뭘? 이만하면 됐지.'라는 생각이 앞선다. 안정되어 보이

**272**

는 삶은 만족으로, 혹은 불편함을 애써 감춘 안일함으로 계속 살게 된다.

나는 스스로의 기대를 저버린 채 살아왔다. 문유석 판사의 말을 빌리자면 노예의 삶을 살아온 것이다. '대다수 구성원의 감춰진 이름은 노예다.'라고 말하는 것이 문유석 판사뿐만은 아니다. 이 사회에 대해 문제의식을 갖고 있는 많은 사람들이 그렇게 칭하기를 주저하지 않는다.

예전에 MBC에서 방송했던 〈무한도전〉의 한 에피소드가 생각이 난다. 당시 무한도전 멤버들은 왕부터 천민까지 역할을 배정받았다. 그리고 현대로 시간 여행을 하게 되는 설정이었다. 방송인 노홍철이 지나가던 시민을 붙잡고 직업이 뭐냐고 물었다. 시민이 회사원이라 대답하자 노홍철이 되물었다.

"회사원이 뭐요? 천민이요, 양반이요?"

그랬더니 시민이 대답한다.

"노비요."

영화 〈내부자들〉에서 배우 백윤식이 "어차피 대중들은 개돼지."라는 명대사를 남겼다. 처음 들었을 때 기분이 썩 유쾌하지만은 않았다. 사회의 대부분은 일반적인 대중이기 때문이다. 그리고 나 역시 대중의 일부였다. 하지만 그것은 시간이 지날수록 곱씹게 되는 대사였다. 관객들을 향한 일

갈처럼 느껴지기도 했다. 그것은 영화 속 언론인의 비열함을 보여주기 위함이라기보다 스스로 무지하기를 택한 대중의 마음을 겨냥하기 위함인 것 같았다.

개인이 무너지면 틀림없이 집단도 무너진다. 제 기능을 못하는 세포들이 많을수록 유기체는 점점 생기를 잃는다. 우리 사회는 건강한가, 그렇지 못한가? 사회의 병폐가 막연하지 않고 구체적일수록, 그리고 다발적일수록 오히려 우리는 스스로 경계해야 한다. 우리는 피해자이면서 동시에 가해자이다.

나는 개인적으로 이 사회의 모습이 건강하다고 생각하지 않는다. 물론 건강함과 건강하지 않음이, 한쪽은 옳고 다른 쪽은 그르다는 것이 아니다. 다만 나는 건강한 것을 좋아한다. 나에게 있어 건강함은 다툼과 분쟁이 없고, 서로 조건 없이 존중해주는 모습이다. 나는 그러한 모습을 선택하고 싶다.

다만 '지금 나는 책임으로부터 일체 자유롭냐?'라고 묻는다면, 그렇지 않다. 내가 보고 있는 모습은 내 마음이 그런 상태이기 때문임을 안다. 따라서 나는 나에게 책임을 묻는다. 내가 보고 있는 세상을 바꾸려면 내가 바뀌어야 한다. 나와 세상을 바꾸는 일의 해결책은 모두 내 안에 있다.

무한 경쟁의 장에서 우리는 실패에 관대하지 못하다. 몇 번 시동이 꺼지면, 나란히 달리던 차는 어느새 가버리고 안 보이는 것이다. 남을 걱정해주고 돌봐주며 이끌어줄 여력이 없다. 다들 무언가에 홀린 듯이 살아간다. 우리는 집단의 가치관에 입각해 결정을 내린다. 우리가 내린 결정은 집단의 데이터베이스에 차곡차곡 쌓인다. 결국 집단은 더욱 몸집을 키워갈 수밖에 없다. 집단의 강력한 일관성은 개인들이 서로 끊임없이 기대하게 만든다. 집단이 유지되지 않으면 그 집단을 따르던 개인은 아무 의미도 갖지 못하기 때문이다.

## 마인드셋과 결정장애

정작 개인의 삶에서 중요한 문제에 직면했을 때 결정을 내리지 못한다. 나 역시 결정의 주도권을 주로 남에게 맡겨왔다. 그러니 스스로 내리는 결정에 점점 두려움이 커졌다. 어렸을 때는 실패해도 회복하기 쉽지만, 성인이 될수록 내가 책임져야 할 무게는 더 무거웠기 때문이다. 하지만 그 무게만큼이나 내가 배울 수 있는 것도 크다는 것을 알지 못했다.

『마인드 셋』의 저자 캐럴 드웩 교수는 마음가짐의 중요성을 역설한다. 수없이 들은 단순한 이야기다. 말하자면, '할 수 있다.'라는 마음가짐을 가진 사람이 '할 수 없다.'라는 마음가짐을 지닌 사람보다 훨씬 성공할 확률이 높다는 것이다. 후자는 '능력은 고정되어 있다'고 생각해서 '고정 마인드셋(Fixed Mindset)', 전자는 '능력은 얼마든지 발전시킬 수 있다'고 여겨서 '성장 마인드셋(Growth Mindset)'이라 불린다. 고정 마인드셋을 가진 사람은 남들의 기대에 맞춰 살기에 평가에 민감하고, 실패를 두려워해서 현실에 안주하는 경향이 있다. 마치 보통의 우리를 설명하는 것 같다.

카이스트 정재승 교수는 저서 『열두 발자국』에서 이렇게 말한다.

"결정장애를 극복하기 위해서는 우선 내가 어떤 사람인지를 객관적으로 판단할 수 있어야 합니다. 각각의 선택지가 가진 장단점을 파악한 뒤에, 어떤 것이 더 중요한지를 판단할 때 그 사람이 인생에서 경험한 선호나 우선순위가 적용됩니다. 내가 뭘 좋아하는지에 대한 기준이 명확할수록 결정이 쉬워져요."

주변 지인들과 이야기를 나눠보면 변화에 대한 욕망은 있는데 정작 자신이 뭘 하고 싶은지 모르는 경우가 많다. 중요한 의사결정을 스스로 내려본 경험이 적어서 그렇다. 그것은 누구의 잘못도 아니다. 우리의 결정은 경험에 의존한다. 사람의 가치관이나 느낌도 마찬가지다. 살아온 순간의 역사가 우리만의 선택을 창조한다.

그러다 어느 순간 새로운 경험을 하는 것이 어려워질 때가 온다. 그때부터 비슷한 경험이 축적되기 시작한다. 내리는 선택도 유사하고 그리는 미래도 같아진다. 서로 기대하는 것이 같아서 그렇다. 다만 앞으로는 새로운 경험을 많이 만들어봐야 하는데 과연 어디서, 어떻게 할 것인가?

가장 편하고 단순한 방법은 책을 읽는 것이다. 책은 간접 경험의 용매이자 직접 경험의 효소다. 경험을 녹여놓은 것이자 경험을 촉발하는 것이 책이다. 책은 앉아서 볼 수도 있고, 서서 볼 수도 있다. 심지어 요즘은 책 읽어주는 어플도 있다. 책을 들을 수도 있는 것이다. 틈이 날 때 조금씩 읽으면 된다. 책 읽는 것을 마치 사명처럼 생각하면 부담이 된다. 일처럼 느껴지는 것들은 금방 손에서 놓게 된다. 감시하는 사람이 없으면 더 그렇다. 만약 나답게 사는 삶에 갈증을 느낀다면, 독서를 물 마시는 것처럼 생각해야 한다.

다른 사람의 기대에서 벗어난 자유로운 삶은 멀리 있지 않다. 복잡해 보이는 문제가 알고 보면 간단히 풀릴 때가 있다. 어렵게 생각하면 한없이 어려울 것이고, 간단히 생각하면 그보다 간단할 수 없을 것이다. 지금 내 마인드셋이 어떻든지 아무 상관이 없다. 그 마인드셋의 세워진 근원을 알고 정화하며, 원하는 것으로 다시 결정하면 된다. 그런 자유로움과 단호함은 허구의 제약을 탈피한 깨끗한 마음에서 나온다. 답은 한결같다. '나'를 알아야 한다는 것이다.

**277**

# 02

# 행복하다고 생각하는 것만으로도 행복해진다

인생의 매 순간은 새로운 시작점이며
지금 이 순간은 지금 여기에 서 있는 자의 새로운 시작점이다.
나의 세상에서는 모든 일이 순조롭다.
– 루이스 L. 헤이(Louise L. Hay)

## 나는 내가 정의한 모습으로 살아간다

우리는 스스로에 대한 민감도가 낮은 편이다. 나에게 민감하다는 것은 내 생각과 감정에 휩쓸리는 것이 아니라, 그것을 알아채는 것이다. 우리는 종종 주변 상황을 눈치껏 파악한다. 상대방의 기분이 어떻고, 사람들 사이의 긴장관계가 어떤지 직관적으로 알아챈다. 하지만 특정 상황에 따른 반응은 개인마다 편차가 있기 때문에 전부 신뢰할 수는 없다. 앞서 말했듯이 우리의 생각과 감정은 각자의 경험에 따라 반응하기 때문이다. 그러나 여전히 눈치껏 살아남는 사람은 꽤 쓸모가 있다. 생활하는 데 유리하다.

'주변 상황을 의식하는 것만큼 자기 자신에게도 열심인가?'라 묻는다면, 나는 그렇지 못했다. 나에게 내 생각과 감정은 묻어두어야 하는 것이었다. 나를 존중하기보다는 무시했다. 나도 모르게 그런 모습이 고착되었다. 시간이 지날수록 답답했고 불편해졌다. 내 과거를 파고들수록 변화를 도모하기란 어려워 보였다.

나는 어렸을 때부터 만성적인 위장장애가 있었다. 항상 속이 더부룩했다. 뭔가를 먹고 나서 트림이 나오지 않으면 불편했다. 속에 돌덩이가 있는 느낌이 들었다. 자려고 누웠는데도 영 느낌이 좋지 않아 몇 번을 일어났다가 누웠다를 반복했다. 깊이 잠들 수가 없었다. 자는 도중에도 이물감 때문에 깬 적도 많았다.

고3 때는 스트레스가 심해 역류성 식도염까지 생겼다. 가만히 앉아 있어도 속이 꽉 찬 느낌이 들었다. 위산이 올라와 가슴이 타는 듯한 통증이 일었다. 가려야 하는 음식이 많았다. 나는 피자를 좋아했는데 피자를 먹으면 그날 하루는 꼬박 불편해야 했다. 라면, 치킨, 피자 등 맛있는 음식들은 대부분 역류성 식도염에 안 좋다고 했다. 그렇다고 내가 열심히 식단 조절을 하는 건 아니었지만 그냥 그 사실 자체에 압박감을 느꼈다. 잘 먹고 잘 소화시키는 사람들을 보면 부러웠다.

장염이 심해 학원을 중간에 쉰 적도 있었다. 인간의 장에는 수십조 마리의 세균들이 산다. 이들이 우리 몸에 미치는 영향은 어마어마하다. 심지어 우리의 사고방식에도 영향을 미친다. 면역세포와 상호작용하며 질병을 막아주기도 한다. 대사에 도움 되는 수많은 물질을 만들어낸다. 어찌 보면 사람의 체질은 장내 미생물에 의해 좌우된다. 인간의 장은 하나의 생태계와 비슷해서, 어떤 음식을 먹느냐에 따라 우리와 공생하는 미생물들의 종류가 달라진다.

요즘은 대변 이식에 관한 임상 연구가 진행되고 있다. 타인의 대변을 이식해서 장내 균총을 바꾸는 것이다. 당연히 여기서 타인은 건강한 사람을 의미한다. 나는 내 건강 상태에 늘 불만을 갖고 있었다. 이와 같은 이야기를 접해들었을 때, 무의식중에 '내게 똥을 빌려줄 만한 건강한 사람이 어디 없을까.' 하고 고민할 정도였다.


처음에는 스트레스 때문에 소화가 안 되더니, 나중에는 소화가 안 되는 것 때문에 더 스트레스를 받고 있었다. 더 스트레스를 받으니 소화는 더안 될 것이었다. 그러면 더욱 더 스트레스 받고 한번 안 좋기 시작하니 계속 안 좋아졌다. 생활이 너무 불편했다. 불편하기도 하고 불안하기도 해서 병원에 가 내시경을 찍으면 의사 선생님은 또 별 문제 없다고 하신다. 그런데 검사를 받고 돌아오면, 늘 내시경 결과에 의문이 드는 일상의 반복이었다.


주변인들에게 '스트레스를 받으니 소화가 잘 안 된다'고 한창 말하고 다녔다. 기본 마음가짐이 '나는 건강하지 못해.'로 설정되어 있으니 생각 없이 나오는 말들이 전부 부정적이었다. 그때는 알아채지 못했다. "그런데 내시경 결과를 찍으면 별 문제 없대. 진짜 이상해."라고 말하니 한 친구가 내게 그랬다. "네가 그렇게 생각해서 소화가 안 되는 거 아니야?"

그때는 손사래를 치며 아니라고 했다. 한창 내 생각에 대한 반론이 내 존재감에 대한 반박으로 느껴질 때가 있었다. 스스로 무너지고 있던 와중이라 드러나지 않은 피해 의식이 컸다. 그러면 마치 파블로프의 개처럼 무조건반사적으로 '아니야.'라는 말에 덩달아 '아니야.'로 반응했다. 낮은 자존감으로 썩 괜찮은 대화란 이뤄내기 어려운 것이었다.

그리고 시간이 지났다. 그 사이에 많은 일들이 있었다. 계절이 바뀌고 내 마음도 바뀌었다. 꽃이 피고 지는 것처럼 내 마음에 시들 것들은 시들고, 피어날 것들은 새롭게 피어났다. 이제 몸을 다시 보니 소화불량은 나와 상관이 없는 일이 되어 있었다. 내 생각과 감정을 받아들이는 것처럼, 몸의 불편함도 그저 하나의 감각으로 알아차렸다. 그것을 없애버리려고 노력하지 않고 편안히 받아들였다. 불편함을 없애려고 노력하면 틀림없이 몸은 긴장상태에 들어간다. 싸울 때와 마찬가지다.

긴장 상태에서는 몸이 편안하지 못하다. 불편함을 없애기 위해 더 큰 불편함을 초래하는 것이다. 소화가 안 되면 소화가 안 되는 그 느낌을 받

**281**

아들였다. 그리고 내 몸을 믿었다. 의식적으로 통제하지 않아도 내 몸은 현명하게 작동하고 있었다. 수십조 개의 세포들이 분주히 움직이고 있었다. 의식하지 않아도 숨을 쉬었고, 의식하지 않아도 심장은 뛰었다.

한번 소화가 안 된다는 느낌이 들면, 나는 그것을 통제하려 들었다. 소화기관이 태어나서 지금까지 한 일은 소화시키는 일뿐이었다. 그 친구가 나보다 훨씬 전문가였다. 전문가에게 이래라저래라 하니 일이 더 꼬일 수밖에 없는 것이었다. 나는 하나님의 창조물인 내 육체를 믿기로 했다. 그리고 받아들이고 더 이상 신경 쓰지 않았다.

그랬더니 몸은 언제 그랬냐는 듯 멀쩡히 돌아왔다. 비슷한 일들이 더 있다. 미세먼지가 많다고 느끼면 기침이 평소보다 훨씬 더 많이 나온다. 괜히 목이 칼칼한 것 같다. 그런데 신경을 끄고 모든 것을 열린 마음으로 받아들이면 그냥 있는 그대로 편했다.

## 보이지 않는 것이 보이는 것을 지배하다

건강한 몸이 건강한 마음을 만들기도 하지만, 건강한 마음이 건강한 몸을 만들기도 한다. 건강한 마음을 만드는 방법은 앞서 말한 바와 같이, 두려움에 동화되는 것이 아니라 그런 것들을 알아차리고 놓아주는 일이다. 나를 괴롭게 하는 것은 나와 상관없음을 받아들이는 일이다. 그 존재를 부정하지 않고 인정해주는 것이다. 기꺼이 받아들이고 편안해지는 것이다. 그것이 지금 나에게 있음을 애써 거부하지 않는 것이다. 명상은 이런 마음을 연습하는 데 도움이 된다.

세계적인 영성 작가이자 의사인 디팩 초프라는 저서『슈퍼유전자』에 명상과 관련된 실험 결과를 기술했다. 그의 실험에서 명상을 한 집단은 명상을 하지 않은 집단에 비해 정신건강이 호전되었고, 유전자 활성도 이로운 방향으로 바뀌었다. 바이러스 감염과 상처 치유에 관한 유전자 활성이 늘어났다. 또한 항노화 활성도 증가함을 관찰할 수 있었다. 즉 명상을 통해 몸의 건강을 증진시킬 수 있다는 것이다. 과학적 검증이 더 필요한 부분이긴 하지만, 명상과 같은 마음 훈련이 심적으로나 육체적으로 도움이 된다는 사례들은 이미 즐비하다.

명상이라는 것이 꼭 골방에 틀어박혀 앉아 진행해야 하는 것은 아니다. 명상이 숭고한 작업이 되어버리는 순간, 진정한 명상은 남의 일이 되어버린다. 우리는 우리를 편하게 해주어야 한다. 처음이라 낯선 일인데다가, 마냥 쉽지만은 않다. 어려운 것을 더 어렵게 만들어 좋을 일이 하나도 없다. 다만 나에게 집중하고 내가 원하는 생각들을 선택하겠다는 결정을 일상화하면 된다.

지금 이 순간에도 수많은 생각이 떠오른다. 하지만 잘 살펴보면, 내가 좋아하는 생각과 그렇지 않은 생각들이 있다. 그렇지 않은 생각들은 그저

**283**

떠나보내자. 바람에 흩날리는 낙엽 무리를 보듯 그 생각들을 바라보자. 우리는 그것의 존재를 없다고 말하지 않고 외면하지도 않는다. 그것을 인정하고 받아들인다. 다만 내가 원하는 낙엽들만 손에 쥐는 것이다.

내가 별로 좋아하지 않는 사람의 얼굴을 떠올리면 그 사람의 얼굴만 떠오르는 것이 아니다. 내가 그 사람을 좋아하지 않는 이유들도 함께 떠오른다. 과거의 경험들이 떠오른다. 일어나지도 않은 불쾌한 상상들이 함께 떠오른다. 연예인을 떠올릴 때도 그 사람의 모습만 떠오르는 것이 아니다. 지금껏 내가 보고 들었던 사실들과 상상들이 함께 떠오른다. 뇌는 끊임없이 가지를 연결하고 이야기를 만들어내는 작업을 계속한다. 어떤 길을 낼지는 평소 내가 어떤 생각을 하느냐에 달려있다.

마음 연습이 조금씩 결실을 맺을 때였다. 나는 이제 내 부정성을 알아차리는 존재가 되었다. 물론 그것에 휩쓸릴 때도 있지만, 이제는 알아차릴 때가 더 많다. 서서히 빠져나오고 있는 것이다. 그리고 의식 속에 몇 개의 단어를 던져놓는다. '행복하다, 즐겁다'와 같은 말을 기계적으로 읊는 것이 아니라 행복과 즐거움의 의미를 가슴으로 느끼면 연쇄작용이 일어난다. 행복이란 느낌이 사방팔방으로 가지를 뻗기 시작한다. 그럼 호흡도 편안해진다. 정말 행복해지는 것을 느낀다.

처음에 잘 안 되는 것은 당연하다. 우리는 보통 부정적인 연쇄작용을 많이 일으켰기 때문이다. 행복이란 단어를 심어도 어떤 가지를 뻗어야 할지 모를 때가 있다. 그럴 때는 계속해야 한다. 마치 물을 주고 햇살을 쬐어주듯이 정성을 들여야 한다. 하나의 압박감으로써가 아니라 내가 그렇게 하고자 하는 마음으로 해야 한다. 몸과 마음의 건강은 내가 선택하고자 하는 바로 '그것'에 달려 있다. 그것은 사랑이 될 수도, 두려움이 될 수도 있다. 무엇을 선택하고 싶은가?

# 03

# 나와 상대를 동시에 인정하되, 나누어 생각하라

친절은 온갖 모순을 해결하면서 생활을 장식한다.
얽힐 것은 풀어주고 난해한 것을 수월하게 해주며 암울한 것을 환희로 바꾸어놓는다.
– 체스터필드(Philip Dormer Stanhope Chesterfield)

## 휘둘리지도, 휘두르지도 말아야 한다

예전에 아르바이트로 텔레마케팅을 한 적이 있었다. 텔레마케팅은 인바운드와 아웃바운드로 나뉜다. 인바운드는 걸려오는 전화를 응대하는 것이고, 아웃바운드는 직접 고객에게 전화를 걸어 판촉 활동을 하는 것이다. 나는 인바운드와 아웃바운드 둘 다 해봤다. 개인적으로는 인바운드가 더 힘들었다.

아웃바운드는 잘 안되면 거절당하거나, 욕 몇 마디 얻어먹는 것으로 끝난다. 하지만 인바운드는 고객의 다양한 상황에 발맞춰 해결책을 제시해야 하는 작업이다. 나는 렌터카 서비스 센터에 있었는데 차에 문제가 생기면 곧바로 고객의 시간에 영향을 준다. '빨리빨리' 문화인 우리나라에서 사람들은 시간이 허비되는 것에 그리 너그럽지 못하다. 나 역시 그랬고 내가 응대한 고객들 역시 마찬가지였다. 게다가 사용 시간에 영향이 가는 순간, 사용료에 대한 생각도 안 할 수 없다.

나는 이 아르바이트를 하면서 '하루에 참 사고가 많이 나는구나.' 하고 실감했다. 사고가 일단 나면 사고 비용에 관한 문제가 발생하는데, 많은 사람들이 이 부분을 잘 납득하지 못했다. 자신이 벌인 일에 비해 과도하다고 느끼는 것이다. 그 액수를 감당하기에는 억울하다고 느낀다. 소비자의 입장과 판매자의 입장은 항상 다르다. 나는 판매자 역시 언제든 소비자가 될 수 있음을 알고 있었다. 그들의 푸념과 불평이 막무가내는 아니라는 것을 이해했다.

그래서 서로 언짢은 일이 발생할 때면, 나는 회사 매뉴얼대로 대답할 수밖에 없는 것이 왠지 죄스러웠다. 나의 나약한 자존감은 이럴 때도 십분 발휘됐다. 마음 같아서는 고객이 원하는 대로 다 들어주고, 일을 간단히 마무리하고 싶은데 그럴 수 없었다. 마음이 그러하니 결국 말을 더듬었다. 내가 하는 말이 내 맘 같지 않아 움츠러들었다. 괜히 고객의 화를 돋우는 것이 싫었다.

하지만 그렇다고 내가 순둥이는 아니다. 나도 욕먹으면 화나고, 상대방이 화를 내면 화가 났다. 남의 눈치는 예민하게 살피되, 나를 공격한다 싶으면 곧바로 불이 끓어올랐다. 한번은 고객에게 청구될 내역을 설명하는데 상대가 다짜고짜 화를 냈다. 말이 되냐면서 그렇게는 못 한다고 했다. 그렇게 못 한대도 뭐 어쩔 수 있나. 나는 조심스럽게 해야 할 말을 했다.

그의 분노와 짜증이 차츰 고조되어가는 것이 느껴졌다. 나의 신경도 곤두서기 시작했다. '적당히 넘어갔으면 좋겠다.'라고 속으로 생각했다. 안 그래도 사고가 나면 처리할 일들이 많았다. 전화도 해야 되고, 전산 입력도 해야 하고, 중간에 다른 전화가 오면 멈춰야 되고, 멈추는 시간이 많아질수록 사후 처리는 지연될 것이고, 지연되면 또 고스란히 고객에게 피해가 갈 것이고…. 나는 멀티태스킹을 잘 못하는데 그렇게 되면 정말 큰일이었다. 가뜩이나 일도 익숙하지 않으니 나도 슬슬 짜증이 올랐다.

"X발." 기어이 비속어가 나왔다. 귀에 거슬리는 목소리는 그렇다 쳐도, 욕까지 나온 이상 더 인내하기는 어려웠다. 목소리에 잔뜩 흥분을 담은 채로, 말 그런 식으로 하면 안 되지 않냐고 물었다. 아주 난리가 났다. 회사가 어딘지, 내 이름이 무엇인지 궁금해했다. 그래서 알려줬다. 일은 어떻게 잘 처리되었다. 하지만 마음이 진정이 안 되어 얼마 동안 집중을 못했다.

이런 일이 나에게만 일어난 것은 아니다. 다른 사람들에게도 빈번하게 일어났다. 같은 직종에 몸담고 있는 사람들은 공감하겠지만, 고객 응대는 자칫하면 인간혐오로 이어지기 십상이다. 익명의 그늘에 가려 쏘는 분노가 얼마나 많은지 직접 겪게 된다. 비단 텔레마케팅뿐 아니라 익명성은 폭력적 분노를 표출하는 것에 대한 죄책감의 장벽을 허물어준다. 내 얼굴도 드러나지 않고, 공격받는 상대방의 얼굴도 드러나지 않는다. 더 안타까운 것은 이제 사회의 열등감과 분노는 익명성을 거부하기 시작했다는 점이다. 직접 모습을 드러내고 행동에 옮긴다. 현실도 더 이상 안전지대가 아니다.

그런데 남들의 분노에 휩쓸리지 않고 참 현명하게 대처하는 사람들이 있다. 그들은 남들의 공격성과 폭력성에 무심하다. 자신이 해야 할 일에만 집중한다. 아무리 밖에서 강하게 두들겨도 푹신한 마음은 타격이 없다. 조금이라도 기분이 상할 것 같으면 "아 씨, 똥 밟았네." 하며 우스갯소리로 넘겨버리고 만다. 더 이상 신경 쓰지 않는다. 이런 사람들이 존경스러웠다. 당시에 그들이 내게 중요한 조언들을 건넸지만 그런 조언들을 받아들일 마음의 준비가 안 되어 있었다. 아직 시선은 바깥에만 몰두했다.

## 인정할 때 찾아오는 편안함

나는 감수성이 풍부했다. 그것도 약간 우울한 쪽으로. 마음이 착 가라앉는 상태가 왠지 만족스러웠다. 그런 분위기는 은근히 즐길 만했다. 그

**289**

래서 더 빠져나오지 못했는지 모른다. 이제는 그것을 선택적으로 사용한다. 내 안에 감수성이 있음을 발견했고, 이제 나는 그것에 지배받는 존재가 아니라 그것을 지배하는 존재가 되었다. '나'를 파헤친 이후에 많은 변화가 있었다.

그래서 슬픔을 찾아낼 수 있는 사람을 좋아했다. 상대방의 슬픔을 내가 알아차릴 때, 왠지 교감하는 것 같아서 좋았다. 비련의 시나리오는 함께 할 배역들을 필요로 했다. 그런데 이런 마음가짐은 때로 슬픔을 상대방에게 강요하기도 했다. 나의 해석을 밀어붙이는 결과를 초래했다. 예를 들어 이미 충분히 만족하고 행복한 사람을 '속으로는 슬픔을 감추고 있는 사람'으로 해석했던 것이다. 이기적이고 삐뚤어진 시선이었다.

상대방을 내 감정에 끌어들이지 않고, 내가 상대방의 감정에 휩쓸리지 않으려면 어떻게 해야 할까? 마찬가지다. 나는 나대로 인정하고, 상대방은 상대방대로 인정하는 것이다. 내가 느끼는 감정은 오로지 나에게 실존한다는 사실을 받아들인다. 그리고 생각과 감정을 바라보는 순간, 그것은 나와 하나가 아니라 나의 선택지라는 것을 알아차린다.

상대방의 감정 역시 마찬가지다. 그들의 감정은 그들의 것이다. 앞의 예화에서 나는 상대방의 분노를 내 것과 동일시했다. 그 영향을 받기를 스스로 선택했다. 감정을 감정대로 보지 못했다. 상대방이 쏘아대는 화살을 피하지 않고 온몸으로 받아내 버렸다. 상처가 생기고 아픈 것은 당연한 일이다.

부정적 대화에서 긍정적 상호작용이 일어나기 어려운 이유는 우리가 감정과 생각들을 인정하지 않기 때문이다. 표면적으로 주고받는 대화는 이미 화가 가득 차 있다. 화와 하나가 되어 화로 이야기를 한다. 자신은 방어하고 상대방은 공격한다. 분노라는 감정끼리 대화를 하게 내버려두니 오해와 앙금만 남는 것이다.

그러나 그 감정들을 인정하고 말로 풀어놓으면 순조롭게 흘러갈 수 있다. 예를 들면 "나는 너의 어떠한 말 때문에 화가 났어. 나는 네가 그렇게 말하지 않기를 바라."라고 말하는 것이다. 이 로써 내 안의 화를 인정했고, 상대방이 그렇게 하지 않았으면 좋겠다는 욕구까지 인정했다. 그럼 상대방도 자신의 감정을 들여다보게 된다. 스스로 인정하는 과정을 거친다. 단순히 "어떻게 나한테 그렇게 말할 수 있어? 넌 정말 나쁜 인간이야."라고 말하면 다른 방도가 없다. 왜 그렇게 말을 했는지는 사실 뻔하다. 화가 났든지, 기분이 상했든지 그런 이유일 것이다. 결국 상대방의 감정을 인정하는 과정이 없고 마무리는 상대방을 모욕하는 것으로 끝난다. 화라는 감정에 대화를 맡겨버리면 이 꼴이 난다.

나는 대화법에 대한 전문가도 아니고 지식도 많이 없다. 하지만 데일

291

카네기의『인간관계론』이라든지, 더글러스 스톤 외 2명이 공저한『우주인들이 인간관계로 스트레스 받을 때 우주정거장에서 가장 많이 읽은 대화책』등 여러 책을 읽었다. 아무래도 구속받는 것이 싫고, 획일화된 기준에 나를 옭아매는 것에 대한 거부감이 여전히 남아 있어서인지, 아무리 훌륭한 가이드라인도 나와 어울리지 않는다고 느낄 때가 있다. 특히 말은 습성이라 긍정적으로 조금씩 바꿔나갈 수는 있겠지만 완전히 탈바꿈하기란 쉽지 않다.

아마 가장 자연스러운 존중과 인정은 내 마음이 정화될 때 이루어지지 않을까 싶다. 나에게 집중하고 내 생각과 감정을 지켜볼 때, 그것을 인정할 때 우리는 수조 속의 물고기가 아니라, 수조 밖에서 물고기를 관찰하는 존재가 되어 생각과 감정을 인정하게 된다. 이러한 연습이 나에게 자연스러워질 때, 남들의 생각과 감정 역시 그렇게 바라볼 수 있다. 상대방의 감정을 거부하지 않고 인정하고 존중해줄 때, 조화로운 관계는 물 흐르듯 이어질 것이다.

# 04

# 어떤 경우든 나의 마음을 존중하라

멋진 인생을 만드는 첫걸음은 바로 자신을 존경하는 것이다.

– 프리드리히 니체(F. W. Nietzsche)

## 어느새 나는 선생님의 나이가 되었다

나는 가끔 타임머신을 타고 과거로 간다. 그리고 어린 나와 젊은 엄마 아빠를 본다. 친구들을 본다. 연인을 본다. 함께 웃고 울던 그때로 간다. 사랑하고 미워했던 그날들로 간다. 서툴러도 서투른 줄 몰랐던 그날들로 간다. 행복으로 간다. 쓰라림으로 간다. 과거의 어디로든 간다.

인터넷에서 누군가 쓴 시를 보았다. 외로움에 기역(ㄱ)을 더하면 괴로움이 된다고 했다. 시를 보고 가슴이 울었다. 내 외로움도 그랬다. 쓸쓸함은 기억을 찾았다. 왜 그래야 했는지, 왜 그럴 수밖에 없었는지, 왜 후회는

**293**

반복되었는지 헤집고 보면 가슴이 아팠다. 내게는 그런 어리석음조차 습관이었다.

나를 마주하는 과정은 쉽지 않았다. 책을 읽으며 여러 지혜를 습득했고 다양한 방법을 동원했다. 그럼에도 발버둥 치는 나의 생각과 감정들은 스스로 쏟아내는 원망이었다. 이제야 나를 찾아왔냐고 소리치는 메아리였다. 차분히 달래야 했다. 잔뜩 화가 난 누군가에게 툭 건넨 사과 한마디는 그저 성의 없는 체면치레일 뿐이니까.

중학교 2학년 때 담임선생님은 초임교사셨다. 나중에 알고 보니 우리와 열 살밖에 차이가 나지 않았다. 중학교 2학년은 열다섯 살이니까 당시 선생님 나이는 스물다섯 살이었다. 서른을 넘어가며 참 신기한 것이 많다. 아직도 나는 철부지인데, 나보다 어린 시절에 누군가는 선생님이고, 누군가는 어머니 아버지라니… 그때의 어른들도 나와 같은 생각을 하며 살았을까? '나는 아직 어린데.' 하면서 궁금하다.

당시 선생님은 나이를 밝히지 않았는데 도통 왜인지는 몰랐다. 그때는 이렇게 생각했다. '나이가 생각보다 많아서 그런가? 왜 말을 안 하시지?' 그런데 지나고 보니 알겠더라. 안 그래도 바짝 반항기가 오른 아이들이 더 맞먹을까 봐 일부러 그런 것 같다. 선생님은 우리에게 친구처럼 다가왔지만 우리는 학생으로서 선을 넘지 말아야 했다. 그런데 사춘기 소년,

다른 사람 신경 쓰지 않는 연습

소녀는 원래 경계를 잘 모른다. 어른들이 가려줄 것은 가려줘야 했다. 선생님이 친구처럼 대해준다고 학생들까지 막 나가버리면 답이 없다.

내가 가르치는 초등학생들 중 몇 명은 내게 반말을 한다. 그들이 눈치 보는 것이 보인다. '이 사람에게 반말을 해도 되나, 아니면 존댓말을 해야 되나?'라며 머리 굴러가는 소리가 들린다. 그 경계가 모호하다 싶은 아이는 애초에 나를 부를 때 호칭을 생략한다. 그리고 할 말만 딱딱 끊어서 한다. 나는 아이들을 집단으로 상대하는 것이 아니라서 그냥 내버려둔다. 다른 아이들이 보고 휩쓸릴 분위기 같은 것이 없다. 사실 그냥 그 모습조차 귀엽다. 오히려 나를 편하게 생각하는 것 같아서 기분이 좋다.

선생님과의 1년은 재밌고 행복했다. 학창시절을 통틀어 가장 기억에 남는 1년이다. 친구들도 좋았고 분위기도 좋았다. 선생님은 우리를 잘 이끌어주셨다. 그런데 나는 건방진 녀석이라 참 까칠하게도 굴었다. 따뜻하지 못했고 날카로웠다. 비단 그 선생님뿐만은 아니었다. 학창시절 나를 만난 선생님들은 나를 '공부는 좀 하는데 싸가지 없는 학생'으로 기억하시지 않을까?

봄 방학도 끝나고 2학년의 끝을 완전히 고하는 날이었다. 선생님은 학생들에게 일일이 편지를 써서 나눠주셨다. 나는 당시 친한 친구와 같은 반이 안 됐다. 근데 그게 선생님 탓이라는 말도 안 되는 이유를 대며 토라져 있었다. 글을 쓰면서도 부끄러움이 올라온다. 하여튼 그랬다. 그래서 편지는 받는 둥 마는 둥, 집에 가서는 읽는 둥 마는 둥 했다. 아마 엄마가 책상에 꽂아놓지 않았다면 편지는 진즉 버리지 않았을까.

한참 지나고 선생님의 나이가 되었을 때, 나도 중학교 2학년 학생들을 만났다. 대학생 언니, 오빠들 앞에서 아이들은 당찼다. 스스럼없이 욕을 뱉고 남의 흉을 보기도 했다. 처음에는 적응이 안 됐다. 당황했다. 나는 아이들에게 내 경험을 공유하면서 도움을 주고 싶다는 생각뿐이었다. 앞에서 비속어를 남발하는 학생들에게 어떻게 해야 할 지 생각해본 적이 없었다.

물론 아이들은 사랑스러웠다. 겉으로 드러나는 모습은 단지 흉내일 뿐이었다. 한창 친구들과의 관계가 가장 중요하고, 보이는 것이 자존감의 대부분을 차지하는 사춘기 아이들이었다. 나는 매 학기 아이들과의 만남이 끝나면 편지를 건넸다. 내가 진심으로 하고픈 이야기들을 글로 전했다. 그리고 생각했다. '이 아이들은 편지를 언제쯤 진심으로 읽게 될까?'

## 10년 만에 도착한 편지

선생님의 편지를 제대로 읽기까지 오랜 시간이 걸렸다. 책상 유리 밑에

꽂혀 있던 편지는 많이 외로웠을 것이다. 나는 그동안 그것과 대화하지 않았다. 대수롭지 않게 시선을 거두었다. 어른이 되어 다시 읽었을 때 비로소 편지는 내게 말을 하기 시작했다. 그 안에 담긴 의미와 애정, 선생님의 관심을 알게 되었다. 한편으로는 궁금했다. 이 편지를 쓸 때 선생님은 어른이었을까, 아니면 어른이 되어가는 중이었을까? 나는 선생님이 보고 싶었다.

내가 지키지 못한 일들이 많아 남들에게 당부했다. "내가 이랬으니 너는 그러지 말아라." 한편으로는 애정이었고 한편으로는 자만이었다. 글쎄, 사실 잘 모르겠다. 의미를 부여하기가 아리송하다. 나는 그저 아이들에게 알려주고 싶었다. 비슷한 후회가 반복되는 일을 목격하면 나는 가슴 아플 것 같아서 그랬다.

시간이 지나면서 차츰 느꼈다. '후회를 되뇌어봤자 안 될 일만 알려주는 것 아닐까?' 그럼에도 사랑받는 존재라는 것을 끊임없이 상기시켜주고, 무엇이든 할 수 있다는 자신감을 북돋아주는 것이 필요하다고 생각했다. 칭찬은 고래도 춤추게 하지만 인간은 날뛰게 한다. 고래의 창조력과 인간의 창조력은 감히 비교할 수 없다. 아이들이 꿈과 사랑, 행복으로 세상에 날뛰기를 바랐다.

나를 존중하지 못해 생겨난 결핍감은 하나의 세상을 만들어냈다. 하지만 나름 훌륭했다. 그것들이 없었다면 깨닫지 못했을 것이 많다. 하나의 소중한 배움으로 와닿는다. 그로부터 생긴 소중한 기억과 인연도 많다. 다만 이렇게 된 것은 내가 나를 사랑하기 시작했을 때부터였다. 그전까지 모든 것은 지나고 나면 텅 비어버리는 공허함이었다.

'존중받는 사람'은 말로 되는 것이 아니라 스스로 그렇게 결정하면서 이루어진다. 내가 나를 존중하겠다고 마음먹었을 때 비로소 안 좋은 것을 놓아버리는 치유가 진행된다. 후회는 생산적인 경험이 되고 기억이 된다. 나를 성장시키는 밑바탕이 된다. 후회는 지워야 할 것이 아니라 그려내야 할 것이 된다.


내 삶을 존중하지 못해 퇴색되어가는 기억이 많다. 그것은 이제 괴로움이 아니라 고통이다. 나를 일어서지 못하게 하는 고통, 끊임없이 가슴을 움켜쥐고 피를 토하게 하는 고통, 인상을 찌푸리며 억울함을 토해도 씻어지지 않는 고통, 눈물로 대지를 적시는 고통, 여기서 머뭇거리게 만드는 고통이다.


아이들과 함께 있는 순간에만 위안을 얻고, 그 나머지는 쓸쓸했다. 아마 나는 아이들의 마음은 존중했을지언정, 여전히 내 마음에는 관심이 없었기 때문이었으리라. 나를 존중하지 않을 때 모든 만족은 일시적이었다.

하지만 이제 내 마음은 내 앞에 모습을 드러냈고, 나는 반갑게 마음을 마중한다. 어쩌면 내가 내 마음에게 모습을 드러낸 것일지도 모른다. 마중받는 것은 아마도 '나'일 것이다. 외면했던 마음과 만나는 순간은 애잔했다.

깊게 내 마음을 들여다볼 때, 아마 마음이 심하게 어리광을 피울지도 모른다. 마음을 들여다보겠다고 마음먹은 것과 직접 마주하는 것과는 다르다. 예상외의 난관을 맞닥뜨릴지도 모르겠다. 마치 내가 학생들의 낯선 모습에 놀랐던 것처럼 당황할 수도 있다. 하지만 분명한 것은 사랑이 지속될 때 그 모든 것은 제자리로 돌아간다는 사실이다.

# 거절은 나를 아끼는 방법 중 하나다

우리는 거절은 '안 되는 것'이 아니라 '안 되는 이유를 알려주는 것'으로 재정의해야 한다.
그렇다면 내 앞에 거절이 다가올 때 절대 불쾌하게 생각하거나 두려워할 필요도 없다.
나아가 거절을 통하여 내 모순을 발견하고 바로잡으면 다시 성장할 수 있다.

– 서정규

## 죄책감이라는 고질병

우리나라에는 도인이 참 많다. 일명 '도를 아십니까'에 여러 번 붙잡혔다. 길을 걷다가 나를 뭔가 관심 있게 쳐다본다 싶으면 백이면 백이었다. 얼마 전에는 한참 어려 보이는 사람이 "이 동네 사세요?"하며 말을 걸어왔다. 그때 광화문이었으니 안 산다고 했다. 그랬더니 인상이 참 좋아 보인단다. 이 인상 때문에 그동안 겪은 상처를 아냐고 되묻고 싶었다. 그냥 웃으면서 "괜찮습니다."하고 지나갔다. 그랬더니 다급하게 "아이 참, 말좀 들어보시지?"라며 다시 말을 걸었다.

예전에는 이런 눈치도 없었고 능숙한 대처도 못했다. 모르는 사람 부탁도 척척 들어주고 그랬다. 한번은 중학교 때 하교하는데 대학생이 술을 먹고 길바닥에서 한숨 자고 일어났는지 "저기 정말 쪽팔리고 미안한데, 택시비 좀 빌려줄 수 있니?" 했다. 돈이 있으면 줬을 텐데 없어서 죄송하다고 했다. 그 사람은 쓸쓸하게 돌아섰다. 그런데 집에 와서 주머니를 보니 돈이 있었다.

붙잡으면 붙잡는 대로 서서 들어줄 때가 있었다. 그들은 보통 두 명씩 짝지어 다녔다. 처음에는 몇 번 다 들어주었지만 대충 레퍼토리도 비슷하고, 그들을 따라가서 헛돈을 쓸 생각도 없었으니 슬슬 거절하는 요령이 생겼다. 그런데 어떤 날은 "괜찮습니다." 하고 가려는데 앞길을 자꾸 막았다. 그러지 말라고 끈덕지게 달라붙는데 무슨 스토커 같았다. 나는 스토커가 싫다.

우리는 스스로 모든 것을 책임질 수 없다. 분명 삶의 일부분을 타인에게 의존하고 있다. 삶이란 생태계는 복잡한 그물망이다. 사회는 전문가들을 양산한다. 일의 종류가 많아지면서 내가 하지 않아도 될 일이 넘쳐난다. 내 능력이 모든 것을 감당할 수 없으니 부탁할 일이 생기고 부탁받을 일이 생긴다.

나는 웬만하면 부탁을 잘 들어주는 사람이었다. 그래서 주변인들이 넌지시 던져놓는 부탁들도 많았다. 무시하려 하면 보고도 못 본 척할 수 없는 죄책감이 슬며시 올라왔다. 어떤 부탁이 있으면 그것을 내가 책임져야 할 임무로 받아들이기도 했다. 그런 태도가 자연스러울 때는 문제없었다. 마음에 금이 그어지고 나서부터는 문제가 되기 시작했다.

부탁을 들어주면 은근히 기대가 뒤따랐기에 곤란했다. 그것은 나 스스로 피곤하게 만드는 일이었다. 내 선의가 다른 누군가의 행동을 재단하는 순간들이 있었다. '내가 이렇게 해줬는데 너는 그렇게밖에 못 해?'라는 생각이 치고 올라올 때면, 그때 시작이었다. 그럼 부탁을 들어줘봐야 좋은 소리를 못 듣는다. 쉽게 말해 생색을 내는 것이었다.

죄책감에 길들여져 있는 사람은 결국 타인에게도 죄책감을 무기로 휘두른다. 그러니 다른 사람의 호의도 쉽게 받아들이지 못한다. 부탁도, 호의도 부담으로 받아들이는 것이다. 감사함을 감사함으로 받아들이지 못한다. 마음의 짐이 늘어나는 기분이 든다. 내가 절박해서 매달린 사람이 정작 은혜를 베풀어줄 때 선뜻 받아들이지 못한다. 죄스럽고 몰염치한 기분이 든다.

죄책감이란 사람을 좀먹는다. 마음을 좀먹는다. 거절은 둘째 치고, 세상에 널려 있는 사랑과 축복을 곧이곧대로 받아들이지 못한다. 행여 '누가 되지는 않을까, 폐가 되지는 않을까.' 생각한다. 나는 어디를 가나 수그리고 수긍해야 마땅한 존재가 되어버린다. 한번 뿌리박힌 죄책감은 평생 자책한다. 한가득 뿜어내는 두려움이 자가 증식한다.

호혜를 지나치게 자의적으로 해석한다. 내가 해준 것은 크게 포장하고, 남이 해준 것은 작게 본다. 그러면 피해 의식이 뒤따른다. 항상 손해를 보는 듯한 결핍감에 괴로워한다. 하지만 막상 부탁은 거절하지 못한다. 왜? 부탁을 거절하면 나는 나쁜 사람이 되니까. 너그럽지 못한 사람이 되니까. 그러면 사람들이 날 좋아하지 않을 테니까.

## 알아차리는 자에게 해답이 드러난다

어떤 경험들이 그런 사고방식을 만들어냈든지 중요한 것은 그것을 알아차려야 한다는 것이다. 내 안에 죄책감이 꿈틀대며 내 속을 헤집고 다니는 것을 잡아 멈추어야 한다. 두려움 중에서도 가장 무서운 녀석이 죄책감이다. 우리는 괴로워하면서도 한편으로는 죄책감을 잘 드러내지 않는다. 나약한 인간은 죄책감을 드러날 때 더욱 약해진다. 얕보이고 싶지 않은 열등감은 죄책감을 애써 둘러댄다. 부자연스러운 말과 행동이 계속된다. 세차게 흔든 콜라를 딸 때처럼, 제대로 감정을 따라 내릴 수 없다. 망가진 마음은 보이지 않는다고 외면하면 더 큰일을 낼 녀석이다. 반드시 돌봐주어야 한다.

내 죄책감의 원인이 무엇인지 살펴야 한다. 거절할 때 느끼는 불편함을 마주해야 한다. 내 이상과 현실 사이의 유격을 면밀히 들여다보아야 한다. 왜 틈이 벌어졌는지를 알아야 한다. 현실의 감각은 왜 이상과 같아질 수 없는지를 알아야 한다. 분명 내가 오해하고 있거나 무시하고 있는 것이 있다.

그것이 과거의 경험이든, 사회의 영향이든 아무래도 괜찮다. 원인이 있다는 것만 알면 된다. 혹자는 지금의 상태가 온전히 자신의 탓인 것처럼 괴로워한다. 자책감에 몰입한 자에게 냉정한 인식은 어려운 일이다. 인간은 유전자의 산물이기도 하지만 문화의 산물이면서 경험의 산물이기도 하다. 그 모든 산물의 산물이다. 앞서 말했듯, 인간의 삶에 일대일대응은 '없는' 일이다.

원인이 있다는 것을 알게 되면 문제점은 또렷해진다. 사람들의 대화에서 이런 이야기를 종종 듣는다. "아니, 말을 해야 알지." 스스로에게도 마찬가지다. 말을 해야 한다. 단지 느낌과 생각대로 흘려버리면 우리는 아무것도 건져내거나 배울 수 없다. 내 마음에 말을 걸고 대화를 해야 한다. 내 생각과 감정에 말을 걸어야 한다. 모든 사건 경위를 파악하고 지금을 마주할 때 우리는 솔직해질 수 있다. 죄책감에서 자유로워질 수 있다.

죄책감은 스스로를 감옥에 가둔다. 그리고 죄수처럼 지내게 만든다. 당당하지 못해 당당함을 연기해야 한다. 행복하지 못해 행복함을 연기해야 한다. 죄의식에 시달리느라 자존감은 꿈도 못 꿀 일이다. 뿌리를 뽑지 않으면 죄책감이란 가시덩굴은 계속 내 마음을 할퀴고 말 것이다.

내 안의 불편함이 죄책감을 마주하면 이유를 알아가는 과정이 이어진다. 나도 모르는 사이 뭔가 영향을 받고 있었다는 사실을 알게 된다. 그걸 아는 순간 자유로워질 수 있다. 원인을 찾는다는 것은 뜬구름을 잡는 것이 아니라 눈앞에 보이는 흙을 움켜내는 일이다. 구체적이며 정확하다.

그때부터는 죄책감이라는 감정을 인정하기가 수월해진다. 사람도 그 사람의 삶이 인정받고 존중받아야 만족하고 행복하다. 우리의 감정도 마찬가지다. 죄책감의 삶을 인정하고 받아들여야 한다. 그리고 존중해줘야 한다. 그러면 죄책감이 우리를 괴롭히는 일이 차츰 줄어들기 시작한다. 그동안 그것은 존재를 강력히 주장해왔지만 인정하고 보듬어주는 마음 앞에 서서히 잠잠해진다. 내 안의 모든 것이 똑같다. 직시하고 받아들이고 인정해야 한다. 그것이 나를 알아가는 과정이며 나답게 살아가는 조건이다.

# 06

# 타인 중심이 아닌 나 중심으로 살아라

자기 자신을 싸구려 취급하는 사람은 타인에게도 싸구려 취급을 받을 것이다.

— 윌리엄 해즐릿(William Hazlitt)

## 그동안 나는 누구를 살고 있었나

사람들은 지구가 우주의 중심이 아니라는 것에 놀랐다. 놀라기만 하면 될 걸 분개하기까지 했다. 그 사실을 알아낸 주인공은 한동안 입을 닫고 살아야 했다. 사람들은 왜 분개했을까? 그것은 기존의 신념과 가치관을 흔들어놓았기 때문이다. 지구가 우주의 중심이라는 신념, 그리고 인간이 신으로부터 선택된 피조물이라는 신념이 무너졌기 때문이다. 그것은 그때껏 믿고 살던 방식에 타격을 줄 터였다. 질서를 깨는 혼란은 언제든 귀찮은 것이었다.

살아가다가 나에 대해 깨닫는 과정도 이와 비슷하다. 언젠가 놀란다. '와, 이게 아니었네!' 그리고 어쩌면 화도 난다. 깜빡 속았다는 느낌에 약이 오른다. 그런데 우리의 진리는 우주의 것과는 조금 다르다. 그동안 세상이 나를 중심으로 돌아가고 있는 줄 알았는데, 알고 보니 내가 세상 주위를 도는 행성이었던 것이다. 우리 삶에서 태양이란 남들의 가치관이다. 자유를 제한시키는 만유인력이다. 우리는 그렇게 비슷한 경로를 돌고, 또 돈다.

벗어나려면 궤도를 이탈할 원심력이 있어야 한다. 한번 궤도를 벗어나기만 하면 온 우주가 내 놀이터다. 어디로든 갈 수 있고, 어디든 자리 잡을 수 있다. 이끌리는 곳에 정착할 수 있다. 무한히 팽창하는 우주처럼, 내 가능성도 무한히 팽창한다. 가늠할 수 없는 성장의 기회가 널려있다. 원심력이란 우리의 결단이자 선택이다. 궤도를 벗어나겠다는 결정이다.

우리의 욕망은 자주 무시되었다. 욕망이란 단어에서 느껴지는 불쾌감을 나는 안다. 탐욕스럽고, 이기적이고, 물질주의적인 느낌이 짙다. 그러나 욕망이란 무엇인가? 그것은 나를 나답게 만드는 것이다. 내 마음의 솔직한 바람이다. 소망이요 욕구다. 뭔가 원하는 것은 원초적인 본능이다.

**307**

늘 사회의 잣대에 나를 맞추다 보니 욕망을 잃어버렸다. 현대인들의 욕망은 차츰 몸집이 작아져 '소소하지만 확실한 행복'에 머무르게 되었다. 줄여서 소확행이라 부른다. 우리는 특별하고 위대하다. 나는 소소한 행복으로 연명하기에는 우리 삶이 너무 값지고 귀하다는 생각이 든다. 소소한 것이 일부는 될 수 있지만 전부는 될 수 없다. 그리고 그것이 궁극적인 만족이 되어서는 안 된다고 생각한다.

매슬로의 욕구 단계 이론에 따르면 인간은 생리적 욕구, 안전의 욕구 같은 하위 단계의 욕구들이 충족되어야 애정과 소속의 욕구, 존경의 욕구, 자아실현의 욕구를 추구하게 된다. 그런데 인간의 욕구 대부분이 남의 손에 쥐어져 있으니 자아실현은 꿈도 꾸기 어려운 환경이다. 욕구 결핍은 인간을 타락하게 만들고 지극히 수동적으로 만든다. 또한 욕구 충족이 좌절될 때 그것은 학습되어 인간은 그 과정을 통해 무기력함을 장착하게 된다.

내 욕망에 순수해지는 것은 '나'다워지는 것이다. 나를 숨기지 않고 드러내는 것에 거리낌 없어 지는 것이다. 남들의 시선은 신경 쓰지 않고 내 갈 길을 가는 것이다. 나로서 태어났으니 나로서 사는 것이다. 나에게 집중하는 것이다. 내가 원하는 바를 명확히 하는 것이다. 더 이상 타인의 욕망을 내 욕망으로 착각하지 않는 것이다.

## 판단하지도, 분별하지도 않는 태도

닐 도날드 월시의 『신과 나눈 이야기』를 읽고 나서 나는 정말 많은 깨달음을 얻었다. 나는 한때 선비처럼 굴었다. 스스로는 도덕을 취사선택했던 주제에 이상향은 높아서 친구들을 만나면 도덕에 대해 장광설을 늘어놓았다. 사회적 이슈에 대해 토론 벌이기를 좋아하고, 내 의견을 관철시키는 것을 좋아했다. 내게 옳고 그름이란 흑과 백처럼 명확한 것이었다. 그러나 경계가 뚜렷할수록 꼬이는 일들이 많았다.

나는 내 믿음체계들을 면밀히 들여다보았다. 도대체가 하나같이 모순투성이었다. 모든 것이 예외를 너무 많이 내포하고 있었다. 믿음은 내 입맛 따라, 네 입맛 따라 달랐다. 오래된 믿음들은 누군가의 이익을 위해 약속된 것이 많았다. 그러한 믿음들은 사회를 유지시키는 기반이었다. 일종의 허구였다. 그 믿음들을 믿어야지만 질서가 유지되었다.

사람들은 원래 태초부터 없던 이야기들을 잘 만들어냈고, 또 잘 믿었다. 통제할 수 없는 세상 속에서 인간이 의지할 것은 '보이지 않는 것'이었다. 보이는 것으로부터 인과관계를 설명할 수 없으니 그럴듯한 이야기를 꾸며낼 수밖에 없었다. 그러한 습성은 살아가는 데 아주 효과적이었고, 그렇기에 지금까지 질긴 생명력을 유지하고 있다.

내가 안 된다고 생각했던 것들, 나쁘다고 여겼던 것들 그 모두가 전부 내 마음에서 일어나는 일이었다. 하나님의 창조물 중에 완벽하지 않은 것

**309**

은 없었고 틀린 것은 없었다. 완벽하지 않은 것은 오로지 내가 그렇게 볼 때만 완벽하지 않았다. 틀린 것은 오로지 내가 틀렸다고 볼 때만 틀렸다. 그러나 부정하고 거부할수록, 그렇게 주홍글씨를 새길수록 좁아지고 아파지는 것은 내 세상이었다.

그것들을 열린 마음으로 받아들여야 할 필요가 있었다. 세상의 제약을 놓아버릴 필요가 있었다. 과거의 의미를 재해석하며 현재에 일어나는 일들을 새로운 눈으로 바라봐야 했다. 그래야 살게 되고 살아갈 것이었다. 나는 차츰 나를 덮고 있던 믿음의 무게들을 내려놓기 시작했다.

네빌 고다드는 자유로운 삶의 시작은 내 욕망에 솔직해지는 것이라고 말한다. 그리고 현재에 만족하지 않고, 이루어진 미래에 만족하는 평안함을 유지하라고 말한다. 위대한 형이상학자들은 보이는 것에 집착하지 않고 보이지 않는 것에 열광한다. 형이상학자인 그들은 강당에서 말만 읊는 사람들이 아니다. 그들은 인생에서 성공을 이뤘고 존경받고 행복하다.

"당신은 더 이상 분별과 심판을 하지 않는다. 분별과 심판의 작용이 그저 멈추는 것이다. 오로지 음미와 감사와 존중만 있다. 단정과 비판만 있던 곳에 이제는 존경과 사랑과 소중히 여기는 태도가 있다. 가리고 따지는 것은 분별이요 심판이다. 보고 경험하고 존중하는 것이 뒷전에서 심판

하지 않고 삶 속으로 뛰어드는 것이다."

마이클 A. 싱어는 저서 『상처받지 않는 영혼』에 이렇게 적었다. 우리는 하루에도 얼마나 많은 판단을 내리는가? 우리가 원하지 않아도 세상은 끊임없이 우리에게 정보를 주입하고 상황을 제시한다. 굳이 골몰하지 않더라도 우리는 무의식중에 '이건 이렇고, 저건 저렇다.'라는 판단을 내리고 있다. 주어지는 것이 대개 부정적이기에 생각과 감정 역시 은근히 부정성에 침전된다.

더 이상 세상의 잣대로 판단하지 않는 것, 내 욕망에 순수해지는 것, 지금 있는 모든 것과 함께 나아가는 것, 그대로 받아들이고 존재를 인정하는 것이 바로 우리 삶에 자유를 안겨줄 열쇠다. 이제는 남들의 시선을 신경 쓰지 않으려고 '노력'해야 할 필요 없이, 그냥 '저절로' 그렇게 된다. 나는 나에게 집중하고, 남들은 그들 스스로에게 맡긴다.

자유를 얻은 마음은 행복하다. 편안한 상태에서 노래를 부른다. 그동안 못 보던 사랑과 감사를 본다. 그것이 원래 나를 감싸고 있었다는 사실을 깨닫는다. 그동안 달리던 삶이 빨라서 벗어난다는 것이 위험해보인다. 하지만 뱅뱅 맴도는 철길 위에서 뛰어내릴 때, 나에게 남는 것은 고작 금방 회복될 상처뿐이라는 것을 알게 된다. 이제 두 다리로 맘껏 자유를 누리면 된다. 차창 밖으로 관람하는 것이 아니라 직접 풍경의 일부가 된다.

**311**

# 07

# 타인의 기대보다 나를 더 만족시켜라

자신을 사랑하는 것은 평생에 걸친 연애의 시작이다.

– 오스카 와일드(Oscar Wilde)

## 엑셀 좀 다룰 줄 아나요?

나는 무언가 하나를 우직하게 한 적이 없었다. 내 삶에서 외부의 강제력은 막대 자였다. 나를 통제하는 무언가가 없으면 올곧게 뻗어나가던 직선은 구불구불해졌다. 곡선이 되었다. 이리저리 휘었다. 하고 싶은 것은 많은데 깊이 들어가 보지 않았다. 진정 하고 싶은 것을 생각할 때쯤에는 이미 초조해진 상태였다. 늦깎이 대학생은 자연스럽게 늦깎이 취업 준비생이 되고, 늦깎이 사회인이 될 것이었다. 그게 불안했다.

아무리 심각한 일도 지나고 보면 별일 아닐 때가 많다. 따지고 보면 심각한 상황은 심각한 대로 뭔가 의미 있는 일이기도 했다. 꼭 해결되지 않아도 괜찮았다. 그때 내가 느낀 초조함은 이런 종류의 것이었다. 인생을 판가름하는 중요한 순간이라고 여겼지만, 사실 중요한 것은 그때뿐만이 아니었다. 오히려 아무 생각 없이 허비하는 수많은 일상이 더 중요할 수도 있었다.

막연함은 참 미지근하다. 차가운지 뜨거운지 알 수가 없다. 밋밋하고 심심하다. 결정을 내릴 수가 없다. 막연함이란 결국 내가 겪지 않으면 그 모습 그대로일 것이었다. 하지만 인간이란 원래 불확실한 것에 두려움을 느끼는 동물이다. 두려움은 나를 머뭇거리게 만들었고 지지부진한 일상이 이어졌다.

제약회사의 면접을 본 적이 있었다. 이력서를 쓴 것도 얼마 없었지만, 그마저도 결과들이 안 좋았기에 기분이 별로 좋지 않았다. 이력서라는 것에 뭘 그리 쓰라는 것이 많은지 답답했다. 하긴, 내가 한 게 없으니 쓸 게 없었다. 스펙은 학교와 봉사활동을 한 것이 전부였다. 혹시나 하는 마음에 따두었던 자격증과 영어 점수도 있었지만 그것은 특별한 것이 아니었다. 누구나 다 갖고 있었다.

인턴 되기가 하늘의 별 따기라고 한다. 그런데 요즘은 하늘의 별 보기로 바꿔 말해도 괜찮을 듯싶다. 뿌연 하늘에 밤이 찾아와도 별들은 저들

**313**

끼리만 빛난다. 여기까지는 닿지 않는가 보다. 별 본 지가 오래되었다. 하여튼 나는 인턴이나 연구 같은 것도 한 적이 없었다. 마지막 학기에 내 전 공지식은 교양 수준이었다. 시험 기간에만 바짝 하고 말았으니 남은 것이 별로 없었다.

그런 와중에 면접 일정이 잡히니 뭔가 설레었다. 뭔지는 모르겠지만 무언가가 이루어지고 있는 느낌이었다. 나는 마케팅 직무에 지원했다. 영업은 아무리 생각해도 못할 것 같았다. 영업사원으로서 고된 일과를 견뎌낼 자신이 없었다. 사람 상대하는 것이 제일 어려운데 오죽하겠는가.

평생 관심도 없던 것들을 마구 조사하기 시작했다. 면접을 가야 하니 일단 공부를 해야 했다. 필립 코틀러의 『마켓 4.0 시대 이기는 마케팅』을 비롯한 마케팅 책을 읽었다. 데이비드 색스의 『아날로그의 반격』 등 현대 소비자들의 경향을 파악하기 위한 책도 읽었다.

해당 제약회사의 광고들을 뒤져보았다. 플랫폼들을 샅샅이 찾아가며 어떤 식으로 광고를 하고 있는지, 사람들의 반응은 어떤지, 나는 어떻게 느끼고 있는지를 알아갔다. 면접에서 무슨 말을 할까 정리해보았다. 해당 기업의 상품들을 조사했다. 곧 알게 되겠지만 하나도 쓸모없는 것이었다.

이윽고 면접날이 밝았다. 면접을 위해 정장을 하나 맞췄다. 졸업사진 찍을 때도 안 입었던 정장이었다. 이때까지 나는 정장 한 벌 없었다. 일단 필요를 못 느꼈다. 내게 잘 어울리지도 않았고 입기도 너무 불편했다. 뭔가 어른스러워지는 듯한 느낌이 썩 좋지도 않았다. 편한 게 좋았다. 구두를 신고 걷는 발걸음이 어색했다. 면허를 따고 장롱에 처박아두면 장롱면허라 하는데 지금 내 정장은 장롱 정장이 되었다. 이때 이후로 한 번도 안 입었다.

면접을 봤다. 네 명이 함께 들어갔다. 면접관도 네 분이었다. 자기소개를 하는데 누구는 한의대, 누구는 약대, 누구는 다른 유명 제약회사 출신이었다. 속으로 '아니, 경력은 그렇다 해도 한의대, 약대는 왜 여기를 와?'라고 생각했다. 당시 내 머릿속엔 한의대는 한의사가 되기 위해 가고, 약대는 약사가 되기 위해 가는 곳이었다. 인생이란 이름만으로 되는 것이 아닌 것을 직접 겪어놓고서도 사고가 편협했다.

면접에서 내가 하고 싶은 말은 다 했다. 남김없이 했고 미련은 없었다. 오히려 준비했던 말들을 너무 잘해서 '덜컥 붙어버리면 어쩌지?' 하고 걱정했을 정도다. 물론 그런 일은 일어나지 않았다. 그리고 그랬을 때의 기분 역시 그리 좋지는 않았다. 왜냐하면 나는 다시 방황의 길로 접어들어야 했기 때문이었다.

면접을 보며 가장 기억에 남는 것은 한 면접관의 말이었다. "엑셀 좀 다룰 줄 아나요? 들어오게 되면 막상 생각했던 것과는 다른 일들을 많이 할

**315**

텐데…" 하며 네 명에게 동시 질문을 하셨다. 일단 나는 허울 좋은 말로 둘러대야 했다. 왜냐하면 나는 엑셀을 못하기 때문이다.

나는 나와 함께한 면접자들이 진정으로 그 일을 원해서 지원했는지 모른다. 하지만 나는 아니었다. 어느 때와 마찬가지로 지금이 불안하니까 잠시 안주할 만한 도피처를 찾은 것이었다. 그리고 일이 잘 흘러간다면, 그것을 내 길이라고 세뇌시킬 작정이었다. 세뇌가 얼마나 지속될지는 잘 모르겠지만 계획은 그랬다.

하지만 원해서 지원했더라도 결국 자신이 염원하던 일과는 다른 일들을 해야 한다. 진정 재미있고 만족할 만한 일을 찾으려면 다시 또 투쟁의 시간을 거쳐야 한다. 어찌하고 싶은 대로만 살 수 있으랴. 참 염세주의적인 말이다. 하기 싫은 일을 하기로 선택했으니 그것에 내 욕구를 끼워 맞출 수밖에 없다. 재미를 느끼려고 노력하거나 적당한 둥지를 찾아 옮겨 다녀야 했다.

## 설렘이라는 바퀴는 회전을 멈추고

기대하지 않는 삶은 설렘이 없다. 특별할 것도, 궁금할 것도 없다. 한마디로 뻔하다. 너무 예상이 되는 삶이라 기대할 만한 것이 없다. 내 삶은 내가 창조하는 것보다 남들이 창조해주는 것이 더 많다. 남들이 내게 기대하는 것은 무리에서 이탈하지 않는 것이다. 얌전히 하라는 대로 하고 반복된 삶에 순응할 것을 기대한다. 그래야 너도 좋고 나도 좋다. 누이 좋고 매부 좋다.

기대라는 것은 일종의 의존 성향을 띤다. 누군가는 다른 누군가에게 기생해서 산다. 그 누군가는 또다시 누군가에게 기생한다. 그러니 이 눈치도 봐야 되고, 저 눈치도 봐야 한다. 사는 게 힘든 것은 자립하지 못한 마음 상태 때문이다. 우리에게는 물질적 자립보다도 심적 자립이 우선이다.

타인의 시선과 기대에서 자유로워지기 위해서는 그것이 내게 미치는 영향을 알아야 한다. 그리고 그 영향은 언제부터, 어떻게, 왜 미쳤는지도 파악해야 한다. 그래야 본질을 알고 객관적으로 판단할 수 있다. 결국 나라는 존재가 원래 그것으로부터 자유로웠다는 결론에 이른다.

'나'라는 세상을 알아가는 것은 참된 삶을 살아가는 데 필수조건이다. 꼭 해야만 하는 것이다. 정정하겠다. 하면 좋은 것이다. 나 자신에게 좋고 나 자신이 충만해지는 것이다. 나를 잊은 채 삶을 이어가도 좋다. 다만 유예될 뿐이다. 진정 나에게 솔직해지고 순수해지는 것이 자꾸 늦춰질 뿐이다. 알게 모르게 불만은 쌓이고 내가 체념하고 있다는 사실도 모른 채 체념과 하나가 된다. 당신은 어떤 삶을 살고 싶은가?

내면 깊은 곳에 막연한 갈망이 꿈틀대는 것을 느낄 때가 있다. 하지만 그것만으로도 좋다. 우리가 이상과 현실의 괴리를 느끼고 있다는 증거다. 작은 증거도 귀중히 여겨야 한다. 그런 것들을 세밀하게 채집하고 관찰할 때, 결국엔 해답에 이를 수 있다. 이 세상에 가장 실체적인 것은 오로지 순수한 '나' 외에 아무것도 없음을 깨닫고 자연스럽게 한계들을 놓아버린다. 그리고 내 것을 편안한 마음으로 선택한다. 그것들이 이뤄지지 않을 거라는 의심은 의미가 없다. 왜냐하면 우리는 그것 역시 받아들이고 놓아버릴 수 있기 때문이다.

# 스스로 굳게 서야 세상도 이해할 수 있다

자아는 나의 의식이자 인식이다.
내가 자신에 대해 어떤 생각을 지니고 있느냐에 따라
그 자아가 살고 있는 세상이 결정된다.
— 네빌 고다드(Neville Goddard)

## 아무리 뛰어도 결국 제자리

루이스 캐롤의 장편소설 『거울나라의 앨리스』에서 앨리스는 붉은 여왕과 함께 나무 밑을 계속 달린다. 하지만 아무리 달려도 도통 나무를 벗어날 기미가 보이지 않는다. 어찌 된 일일까? 앨리스는 붉은 여왕에게 묻는다. "계속 뛰는데, 왜 나무를 벗어나지 못하나요? 내가 살던 나라에서는 이렇게 달리면 벌써 멀리 갔을 텐데." 그리고 붉은 여왕이 대답한다. "여기서는 힘껏 달려야 제자리야. 나무를 벗어나려면 지금보다 두 배는 더 빨리 달려야 해."

**319**

끊임없는 경쟁 속에서 잠시도 쉬지 못한다. 쉬는 순간 경쟁 끝, 도태 시작이다. 승리의 월계관은 남의 것이 된다. 노력, 노력, 발전. 이것이 붉은 여왕 효과다. 경쟁이 지배하는 사회에서 개인은 지칠 여력도 없다. 지쳐 봐야 본인 손해다. 끊임없이 비교하고 판단하며 달리기를 계속한다. 아무리 빨리 달려도 빠른 줄 모른다. 왜냐하면 모두 빨리 달리기 때문이다. 그들의 상대속도는 제로다.

풍경이야 바뀔 일이 없다. 우리는 같은 것을 보고 같은 자리를 맴돈다. 한 시도 다른 사람의 영향에서 자유로울 수 없다. 보이지 않는 매듭이 서로의 손목을 꽉 묶고 있다. 공기에는 으스스 한 기운이 맴돈다. 판단, 눈치, 비교, 무시, 질투, 비난이 허공을 채운다. 숨을 들이쉬면 숨이 턱하고 막힌다. 가슴을 콕콕 찌르는 듯 아프다.

나를 돌아볼 시간이 없다. 일상에서 겪는 불편함이 무엇 때문인지 정확히 모른다. 잘 모를 때 가장 쉬운 해결책은 남 탓으로 돌리는 것이다. 그러면 '나를 돌아본다'는 어렵고 귀찮은 일을 안 해도 된다. 남이 잘못해서 일어난 일들 때문에 나를 성찰할 필요가 뭐 있겠는가? 인간관계나 사회생활은 그렇게 덮어두고 지나가는 일이 많다.

버스를 타면 창밖을 본다. 창밖에는 사람들이 있고, 건물들이 있고, 하늘이 있고, 나무가 있고, 분수가 있고, 함께 바퀴를 굴리는 자동차들이 있다. 어릴 때부터 나는 차만 타면 하염없이 바깥을 구경했다. 말없이 보고 있으면 엄마가 묻는다. "순규야, 뭐 보니?" 그러면 나는 이렇게 대답했다. "그냥, 밖에." 내가 보는 것은 그 어떤 특정한 것이 아니라 바깥 그 자체였다. 밖에 보이는 모든 것이었다. 휙휙 지나가면서도 수많은 생각이 떠오르고 여러 가지 감정을 느꼈다.

밤길을 거닐다 낯선 풍경을 보면 궁금하다. 저 집에 사는 사람들은 어떤 삶을 살까? 저 불 켜진 빌딩에는 어떤 사람들이 있을까? 그들은 무슨 일을 하고 무슨 생각을 할까? 차가운 바닥에 몸을 웅크리고 텅 빈 두 손바닥만 올린 노숙자들을 보며 '그들도 누군가의 아버지, 형, 동생, 아들이었을 테지.'라고 생각한다.

한때 〈응답하라〉 시리즈 드라마가 화제였다. 드라마에는 지금은 잘 볼수 없는 풍경들, 상황들, 옷차림, 머리 스타일, 가구, 집, 생활, 노래, 거리, 건물 등 많은 추억이 담겨 있었다. 따뜻함과 교감하는 일은 굳이 그시절을 직접 겪지 않아도 된다. 세대를 막론하고 대다수의 우리는 순수했던 모습에 감동받고 안정감을 느꼈다. 사람은 아날로그다. 우리의 영혼은 무뎌져도 무감각해질 수 없으며, 잊혀져도 소멸하지 않는다. 우리를 편안하게 하고 사람답게 만드는 것은 두려움보다는 사랑에 가깝다. 모난 미움이 모서리를 감출 때, 사람은 사랑이 된다.

군대에 가기 전에 모교를 찾았다. 5학년까지 다녔던 초등학교를 찾았다. 친구들과의 추억이 아련해 얼굴이라도 보고 싶었다. 졸업앨범이라도 구할까 싶어 교무실 문을 두드렸다. 앨범은 있다고 했지만 아쉽게 빈손으로 돌아와야 했다. 기억이 있던 장소를 두리번거리며 흔적을 떠올렸다.

좋았던 기억들을 찾으면 대부분 옛날이야기, 순수했던 추억이다. 설렘이 가득했던 시절, 아침에 눈을 뜰 때면 햇살이 반갑던 시절, 추우면 추운 대로 신나고, 더우면 더운 대로 신나던 시절, 놀이터 흙바닥에 먼지를 뒤집어쓰며 노는 게 좋았던 시절, 작은 공간이라도 장난감 하나만 있으면 온 우주가 그곳에 있는 것 같았던 그 시절이 그리웠다. 현재의 결핍감은 미래의 희망보다 과거의 추억을 되짚었다.

아무리 힘들다고 해도 결국 돌아보면 '언젠가의 좋은 이야기'가 된다. 늘 그렇다. "차라리 그때가 좋았지."라는 말은 언제 하더라도 입에 착 달라붙는다. 여기저기서 얻어맞은 마음이 움츠러든다. 한 치 앞을 보지 못하고 희망을 잃고 사랑을 잃는다. 이곳저곳에서 상처를 받는다. 희망이 없으니 기대할 것이 없다. 기댈 것은 지나간 과거뿐이다. 과거에서 때로는 원망을 찾고 때로는 행복을 찾는다. 하지만 과거는 언젠가의 '지금'이었다.

후회만 남기는 삶이 괴롭다. 작아진 영혼은 시야를 좁히고 마음을 닫는다. 나는 늘 뒷전이고 세상에 맞추려는 시도를 한다. 악착같이 남들을 따라가서 보폭을 맞추려 한다. 비교하고 판단하고 상처를 주고받는다. 내 마음이 순수할 때, 행복은 애쓰지 않아도 얻는 것이란 사실을 잊는다.

## 지금이라는 순간의 기적

글을 쓰기 위해 카페에 자리를 잡았다. 수많은 사람이 눈에 들어온다. 직원, 직장인, 대학생, 주부, 어르신이 평일 오후를 바쁘게 채운다. 커피를 책상에 올리고 노트북을 열었다. 그전에 담배 한 대 피울까 싶어 밖을 나섰다. 그 짧은 거리를 오가는데 머리는 끊임없이 생각을 분출해냈다. 흩어 사라지는 생각들 중에 몇 개는 음량이 높았다. 그러면 금세 거기에 빠져버리고 말았다.

우리는 모든 것을 누릴 수 있는 존재다. 사랑, 연민, 행복, 감사, 겸손, 풍요, 건강, 양보, 배려, 이해, 공감, 원망, 분노, 질투, 초조, 두려움 등. 일일이 이름 붙이자면 끝이 없다. 존재로서 겪는 모든 것이 '나'인 것이다. 나는 분별과 판단, 한계와 제약으로부터 자유로운 무한한 가능성의 장이다. 이 세상과 우주는 내가 인식하기를 멈추는 순간 존재하지 않는다.

경험을 거부하지 않고 경험하는 것, 생각나는 것을 생각하는 것, 느껴

**323**

지는 것을 느끼는 것, 다만 우리가 원하는 바를 선택하는 것, 나로서 나답게 살아가는 것, 이렇게 하기로 선택하고 결정하는 것, 이미 된 것을 믿고 되어가는 것을 인정하고 받아들이는 것. 이것은 스스로 묶어놓은 족쇄를 푸는 과정이다.

그동안 우리는 우리에게 너무 무심했다. 아파도 아픈 줄 몰랐다. 괴로워도 괴로운 줄 몰랐다. 이게 힘든 건지, 아닌 건지 아리송할 때도 많았다. 다들 괜찮다고 하니 괜찮은 줄 알았다. 있는 것을 없다고 할 때, 없는 것을 있다고 할 때 우리는 거짓말을 하는 것이다. 잠시 남은 속일 수 있을지 몰라도, 나 자신은 속일 수 없다. 속는 척해봐야 불편해지는 것은 결국 또 나 자신이다.

생각과 감정들을 고스란히 인정하고 관찰해버리면, 남는 것은 '나'밖에 없다. 이 모든 것을 받아들이고 느끼는 '나'라는 존재를 의식하라. 이 존재의 의식이야말로 우리의 삶에서 유일한 것이다. 그리고 삶을 이끌어가는 것은 '선택과 결정'이라는 의지다. 내 순수한 욕망에 귀를 기울이고 내 마음을 존중하면 된다. 수많은 가능성 중에 나는 무엇을 선택할 것인가?

분노, 열등감, 원망 이 모든 것에서 헤어 나오기까지 단 하나면 되었다. 바로 그 생각과 감정들에 솔직해지는 것이었다. 애써 감추지 않고 또렷이

**324**

마주함으로써 그 존재를 인정해갔다. 생각과 감정도 대화를 해야 원인을 알고 해결책을 찾을 수 있었다. 그렇게 인정해버리면, 그것을 관찰하는 자아는 더욱 확고히 자리를 잡아간다.

우리가 스스로 굳게 설 때, 비로소 조화롭게 하나 될 수 있다. 늘 기대고, 바라고, 휘두르고 휘둘리며 살아가는 개인은 결코 행복할 수 없다. 그 개인이 이루는 집단 역시 마찬가지일 것이다. 하염없이 공허하고 힘들 때가 있는가? 괜찮다. 그것 역시 사람다운 일이다. 행복과 불행까지 전부 살아가는 모습이다. 그것들을 거부하려 애쓰지 않아도 좋다. 다만 이 모든 것을 알아차리고 받아들일 때, 그리고 그것을 인정하면서 존중해줄 때 우리는 자유로워질 수 있다. 그 수많은 가능성을 그저 바라볼 수 있는 것이다. 그러면 남은 것은 선택과 결정뿐이다. 나답게 살아가겠다는 선택과 결정. 그때 우리는 한 치의 망설임과 두려움도 없이 살아갈 것이다.

다른 사람 신경 쓰지 않는 연습

# 혹시나 나 때문에 상처받지 않을까?

상처받은 마음은 상처가 어떤 느낌인지 안다. 내가 받았던 아픔이 다른 누군가에게 전이되길 원하지 않는다. 적어도 상대방의 아픔이 나로부터 생기지는 않기를 바란다. 아픔은 고통이며 때로는 원망이라는 것을 안다. 우리는 모두 사랑받고 싶지, 미움받기를 원하지 않는다.

상처에 민감한 사람은 남에게 쉽게 상처를 주거나 혹은 상처를 주지 않기 위해 입을 닫는다. 쉽게 말해 독기를 품은 사람은 상처를 준다. 상처를 면밀히 들여다보지 않고 단지 끓어오르는 감정에 스스로를 맡긴다. 성찰을 거치지 않은 생각과 감정은 나를 집어삼키는 급류다. 우리는 자신의 생각과 감정을 보살피지 않을 때 공격적이 된다.

본인의 아픔을 인정한 사람은 입을 닫는다. 그 느낌이 나에게 얼마나 괴로운 것인지를 안다. 우리는 혹여 남에게 괴로움을 심어줄까 봐 말 한 마디를 경계하고 조심한다. 이것은 배려이기도 하고 위축된 모습이기도 하다. 남들의 아픔을 공감한다는 점에서는 배려이고, 내 생각과 감정을

**327**

고스란히 전달하지 못하는 점에서는 위축이다.

말과 행동이 수시로 검열을 받을 때 우리는 자연스럽지 못하다. 만남과 대화는 어색하며 흐름이 끊기고 꾸며낸 모습으로 서로를 대한다. 서로 마음을 닫아 진심이 만날 일이 없다. 뜬구름 잡는 이야기로 시간이 흐른다. 그렇게 교감이 이루어지지 않으면 멀어진다. 몸이 멀어지면 마음이 멀어지는 것이 아니고, 마음이 멀어지면 몸이 멀어지는 것이다.

진정한 사랑과 공감이란 마음이 텅 비어 있을 때 자연스럽게 나오는 태도다. 내가 통제할 수 없는 것을 그저 관찰하고 놓아버린다. 그것을 자각하는 존재로서 나는 어떤 생각과 감정을 선택할 것인지 결정을 내린다. 하나님의 창조물 중에 조화롭지 않은 것이 없으나, 다만 우리의 느낌만은 실존하니 나를 행복하게 만들어주는 것을 선택하는 것이 좋다. 옳고 그름의 이름표를 붙이지 않고 나는 자유롭게 나아간다.

감정을 떨어뜨려 바라보지 못하고 그것에 휩쓸려다닐 때 공감은 어려워진다. 인정받지 못한 감정들이 아픔이 된다. '혹시나 내 말이 상처가 되지 않을까?'라는 질문이 떠오를 때면 '나는 상대방을 공감하고 있는가?'로 바꿔 생각해도 좋다. 책 전반에 걸쳐 나는 하나를 이야기하고 있다. 단 하나, 내 생각과 감정에 솔직해지는 것이다. 그리고 그것을 적나라하게 바라보는 것, 인정하는 것, 놓아버리는 것, 선택하는 것이 필요하다.

남의 것은 남의 것이라, 완전한 이해라는 것은 불가능해 보인다. 하지만 남에게 있는 것이 나에게도 똑같이 있다면 우리는 그 느낌을 실감할 수 있다. 기쁨, 행복, 환희, 사랑, 감격, 슬픔, 분노, 원망, 후회 등 모든 것이 그렇다. 남의 것을 이해한다는 일은 나를 온전히 들여다보고 이해할 때 가능한 일이다.

# 나를 인정하면 행복이 찾아온다

행복은 밖에서 찾으려 할 때 모습을 감추었다. 누군가에 종속되고 누군 가를 의지할 때 행복은 그림자마저 보이지 않았다. 행복을 지금이 아니라 과거에서 찾으려 할 때도 마찬가지였다. 내게 실존하는 것은 오로지 지금 뿐인데, 없는 것으로부터 있는 것을 찾으려 하니 태양을 등지고 동굴로 들어가는 격이었다.

생각과 감정이라는 녀석은 고집이 셌다. 그런데 그 고집, 누가 키웠을 까? 오냐오냐하며 키운 자식은 버릇이 없다고 한다. 생각과 감정은 버릇 없는 자식이었다. 나는 그들이 소리칠 때 하염없이 내버려두었다. 될 대 로 되어라. 나는 내 일이 더 중요하단다. 내가 무시했던 아이들은 슬퍼서 눈물 흘리고 분노로 나를 탓했다. "나를 좀 봐주세요!"라고 외치는 소리를 뒤로 하고 나는 밖으로 나돌았다.

인정받지 못한 아이들은 괴로워했다. 골방에 틀어박혀 숨을 죽이고, 틈만 나면 아우성을 쳐댔다. 그들의 목이 쩍쩍 갈라졌다. 듣기 싫은 소리가 났다. "이제 그만해, 그만!" 그들은 억누르려는 내 손길을 매몰차게 뿌리쳤다. 인정해달라는 목소리에 악이 가득 찼다. 그들의 눈이 새빨갛게 충혈되었고 핏줄이 터졌다.

그들을 가둬놓고 내가 했던 일이 애잔하다. 남들을 신경 쓰며 나를 꾸며내고, 속고, 속이고, 좌절하고, 절망하고, 허탈해하고, 혼란스러워하고, 방황했다. 그 사이 내 마음이 문드러지고 있었다는 사실을 몰랐다. 돌아보니 상처가 나서 흐른 피가 굳어 거뭇했다.

더 이상 아무것도 할 수 없다고 느낄 때 나는 비로소 내 생각과 감정을 마주했다. 그리고 그들의 이야기를 경계 없이, 판단 없이 받아들였다. 한 치의 거짓이 없는 솔직함으로 나는 나와 대화를 나눴다. 그들이 내게 안겨 펑펑 우는 느낌이었다. 나도 눈물이 났다. 미안하다.

나의 의식은 모든 것을 인식한다. 존재들이 아름답다. 더 이상 제 멋대로의 꼬리표를 붙이지 않는다. 있는 그대로 바라보며 받아들인다. 휩쓸리지 않고 관찰한다. 지켜보는 시선에는 오로지 초연함만 있다. 나는 다만 선택하는 영혼이기에, 옳고 그름의 잣대에서 벗어나 내 순수한 욕망이 이

**333**

끄는 곳으로 행동을 옮길 뿐이다.

세상 모든 이름 있는 것은 그 이름대로 불려야 마땅하다. 그것이 보이는 것이든, 보이지 않는 것이든 마찬가지다. 나, 너, 우리, 세상, 생각과 감정 다 그렇다. 이름을 불러줄 때 우리는 인정하는 과정을 거친다. 티끌만큼의 숨김도 없이 받아들인다. 애써 존재를 주장하던 괴로움들은 인정 앞에 녹아내린다.

아픔과 상처를 인정한다. 두려움과 원망을 인정한다. 분노와 나약함을 인정한다. 질투와 죄책감을 인정한다. 사랑과 행복을 인정한다. 감사와 욕망을 인정한다. 용서와 연민을 인정한다. 희망과 꿈을 인정한다. 그러면 그들은 편안해질 것이다. 그들이 편안하면 나 역시 편안하다. 왜냐하면 그것들이 곧 '나'이기 때문이다.

나답게 살아간다는 것이 말로는 쉽지만 실천은 어렵다. 원래 보이는 것을 통제하는 것보다 보이지 않는 것을 통제하는 것이 힘들기 때문이다. 우리는 마음을 다스려야 하는 기로에 서 있다. 분명한 것은 삶의 많은 문제, 어쩌면 모든 문제가 내 마음을 다스리면 해결되는 것이다. 그러면 우리는 어떻게 할 것인가? 결정을 내려야 한다.

나는 여러분의 모든 순간을 축복한다. 여러분은 내면의 큰 지혜를 갖춘 영혼들이다. 나는 여러분으로부터 영감을 받고 행복을 얻는다. 나를 축복하듯 여러분의 삶을 축복한다. 그리고 축복받은 영혼들이 오롯이 스스로의 선택으로 살기를 바란다. 진심으로.

1,800여 일의 염원을 단 60일 만에 이루게 해준 '한책협'의 김태광 대표님께 감사의 말씀을 드린다. 나의 첫 책은 그의 보살핌과 지혜 아래 탄생했다. 나의 스승은 책을 쓰겠다는 내 소망의 알파부터 오메가까지 함께해주었다. 나 외에도 수많은 영혼의 꿈과 행복을 위해 삶을 바치는 그에게 무한한 감사와 영광을 돌린다.

또한 권동희 회장님, '한책협'의 코치님들과 함께하는 작가 여러분에게도 감사의 마음을 전한다. 나는 그들의 뿌리에 기대어 줄기를 뻗을 수 있었다. 또한 사랑하는 나의 엄마, 아빠를 빼놓을 수 없다. 나의 깨달음과 성찰은 온전히 그들 덕분이었다. 그리고 이 글을 세상에 나오게 도와주신 미다스북스에 진심 어린 감사를 올린다. 나의 첫 결실은 이토록 아름답고 좋은 사람들 덕분에 나올 수 있었다. 그리고 끝으로 이 글을 읽는 당신에게 감사를 전한다.

고맙습니다.